日本が消えてなくなる日

The day
Japan disappears

藤原道政

Michimasa Fujiwara

新潮社
図書編集室

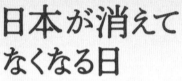

日本が消えてなくなる日■目次

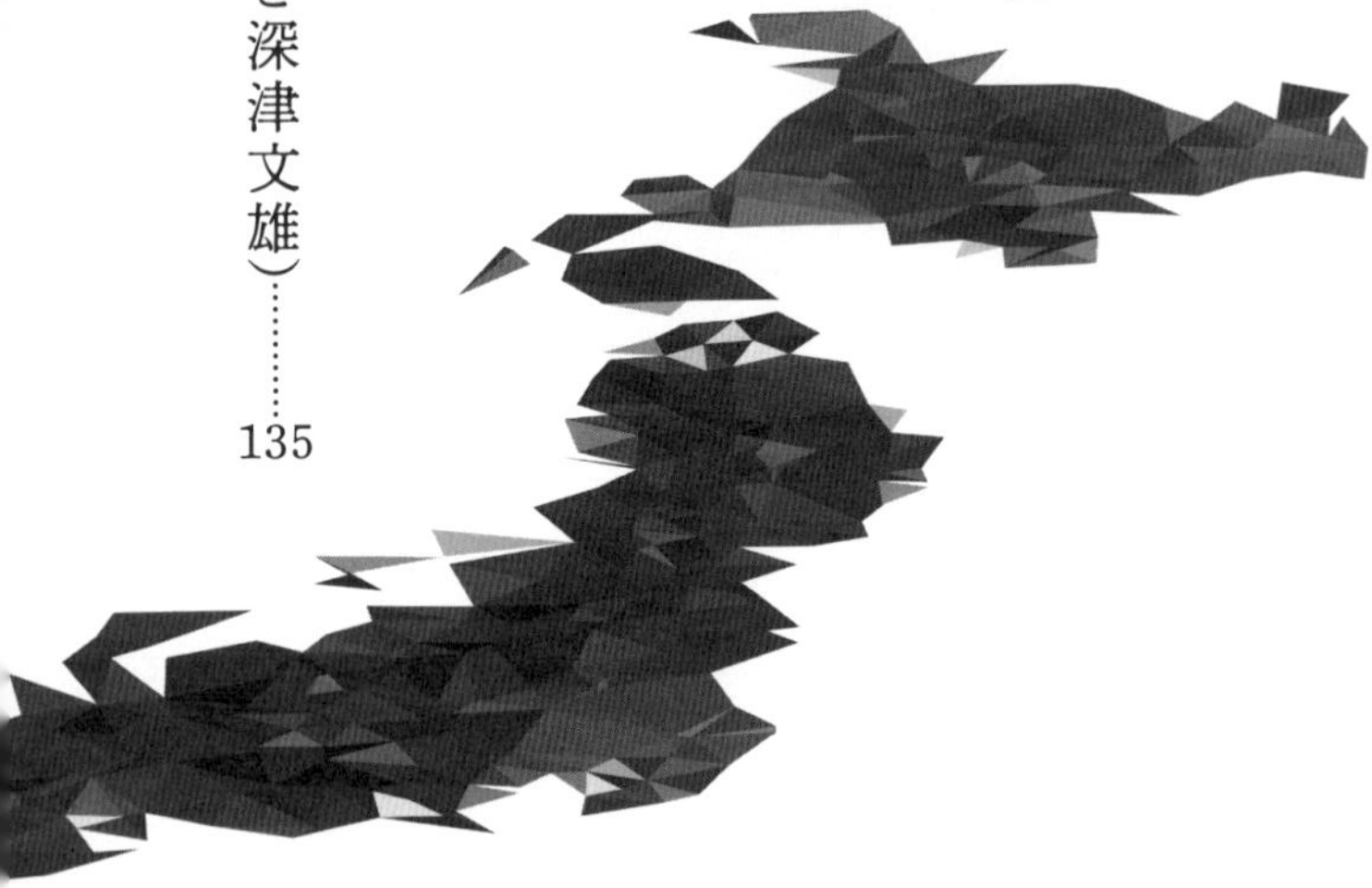

装幀／郷坪浩子
カバー・イラスト／FRANK RAMSPOTT

日本が消えてなくなる日

まえがき

「汝自身を知れ！」

私の携帯電話に、「恐れていたこと」が現実のニュースとなって飛び込んできたのは令和四（二〇二二）年七月八日午前一一時半過ぎのことであった。

それは奈良県下で参議院選挙応援のため街頭演説中の安倍晋三元総理が凶弾に倒れるという、絶対にあってはならない悪夢の出来事だったのである。

私は今から五〇年以上も前（昭和四四・一九六九年）、「治安の良さは水と空気のようだ」と評されていた日本の世に「理不尽は許さない！」という強い決意で警視庁警察官となった。

その当時日本にも押し寄せてきた、「造反有理！　革命無罪！」を叫ぶ「文化大革命」の騒乱の時代を経て、後に私は様々な犯罪に取り組んでいったのであるが、何事も「平等かつ公正でなければならない」という社会風潮（原理原則）の中で平成一二（二〇〇〇）年にその職を辞した。

それから九年の時が経ち、平成二一（二〇〇九）年に「親・中国共産党」の「民主党」政権が樹立され、同政権下の平成二三（二〇一一）年三月一一日、東日本大震災とともに「菅直人による人災」とも言うべき「福島第一原発爆発事故」が起き、同原発では吉田昌郎所長以下、多数の所員たちが「死」に直面したのであった。

そして再び成立した自民党（第二次安倍）政権下の平成二六（二〇一四）年、この吉田所長以下の取り組みを世界に貶めるかのようにその調書を歪曲して報道した朝日新聞社が、その後突如として「従軍慰安婦問題」に関わる「吉田清治（本名：吉田雄兎《ゆうと》）の証言」を「虚偽と認め」取り消したのである。

それまでは何も気にも留めていなかった私は、この騒ぎをきっかけに、朝日新聞社の裏には「何かあるのではないか？」と感じ、この「従軍慰安婦問題」の真相解明に取り組んでいった。

その結果分かったことは、昭和二七（一九五二）年四月、日本の独立と同時に、占領軍（GHQ）にとって代わり日本を無血占領（日本人民民主共和国を樹立）するための対日「国交樹立工作」を開始した中国共産党は、昭和三一（一九五六）年日本に「売春防止法」が制定されると、旧日本軍の「慰安婦制度」を歪曲し、「旧日本軍は多数の朝鮮人女性を挺身隊と言う名目で慰安所に強制連行して慰安婦とし、性奴隷のようにして使い捨てにしていた。」（従軍慰安婦）と言う「虚構の事実」と「造語」をでっち上げ（ねつ造し）、これを韓国に信じ込ませ日本政府にも認めさせることによって、日韓を離反させるための取り組みを開始したのだということであった。

そして日中国交樹立五年後の昭和五二（一九七七）年から翌（昭和五三・一九七八）年（「日中平和友好条約」締結）にかけて、当時まだ一三歳であった「横田めぐみ」ら一三人もの日本人たちが、この工作に関連して、朝鮮労働党（北朝鮮）と中国共産党の連携によって北朝鮮に連れ去られたのだということであった。

しかも朝日新聞社と毎日新聞社が前記「でっち上げ（ねつ造）」に取り組み、朝日新聞社に至っては、「吉田清治の虚偽証言」報道に加えて昭和六〇（一九八五）年、自らが「天声人語」で「日本人従軍慰安婦（城田すず子）」をでっち上げる（ねつ造する）という、自由主義社会の報道機関としてあるまじきことまで行っていた。

加えて翌年には、日本共産党によって「神奈川県警備部の日本共産党幹部宅電話傍受」が暴露され、同社はこれを憲法違反として追及し、以後政権与党と治安・国防機関の意思疎通は「癒着」として断罪・分断され、天皇陛下をはじめとした要人警護さえ過剰警備（「国民との分断」）の批判を恐れ、国家公安委員会委員長（国務大臣）はもとより、当局の責任者も現場も委縮させられ、警察の機能は弱体化していったのであった。

しかし、日中国交樹立後中国共産党に取り込まれていたとみられる国防・治安機関の総帥であった後藤田正晴はじめ日本政府はこれらを容認し、平成二（一九九〇）年韓国に「従軍慰安婦問題」が起こり、同党の工作による自民党の分裂・下野が決定した平成五（一九九三）年八月四日に、宮澤政権下の官房長官・河野洋平が「談話」（河野談話）を出してこれを追認してしまったのであった。

さらに自民党総裁となった河野は、平成七（一九九五）年の第五九回党大会で、結党以来党是として掲げてあった「自主憲法制定」と「厳に容共的破壊勢力を排除し」と言う文言を、それぞれ綱領と党則から削除してしまい[1]、時の中国首相・李鵬は、オーストラリアの首相に、「日本はあと二〇年もしたら消えてなくなる」と高言していた[2]。

1　『自由民主党第五九回党大会』資料。平成七年『党則』。

その翌（平成八・一九九六）年に、中国共産党と深いかかわりを持つ「民主党」が、あたかも二大政党の一翼（保守）を担うかのようにして結党されたのである。

後藤田が引退したのはその翌年の平成九（一九九六）年であるが、前記「拉致」はそれまで実に二〇年間にもわたって蓋がされていたのであった。

実は日中国交が開始された昭和四七（一九七二）年に、北東アジア視察旅行中の西内雅・中央学院大学教授（当時）が入手したとされる『中共が工作員に指示した日本解放の秘密指令』[3]と題するものが、国交開始の調印前に国民新聞社から小冊子として発行されていた。

これを読めば、これこそがまさに「三戦（輿論戦、心理戦、法律戦）」[4]と称される中国共産党の対日破壊工作そのものであり、日本はこの通りに籠絡されて今日を迎えているのだということが実によく分かるのである。

しかし、発行当時前記対日工作開始からすでに二〇年の時が経ち、中国共産党の世界戦略によってアメリカも日本の政財界も籠絡されていく中で闇に葬り去られたまま、この「日中国交樹立」から二三年後、通算四三年もの時をかけた中国共産党は、ついに自民党の金看板である前記「自主憲法制定」と「厳に容共的破壊勢力を排除し」という文言削除させ、日本を骨抜きにすることに成功したのであった。

これを支えたのが、朝日新聞社などの中国共産党に支配された日本のマスコミであり、日本という国家・社会は、がん細胞が人体を侵すかのように、気付いた時（現在）はもう手遅れという政治的・社会的状況（「ゆでガエル」状態）が作り上げられていった。

令和元（二〇一九）年、参議院選挙最中JR札幌駅前の街頭演説に立った安倍総理（当時）

に、激しいヤジを飛ばした聴衆が北海道警の警備陣に排除されたが、これを不服とした裁判で、札幌地裁は「警察は表現の自由を侵害した」として、北海道庁に八八万円の国家賠償を命じた。

そもそも選挙では、いかに公共の場所とはいえ、これに声を上げて抗議をする行為は、これを「聴こうとする自由」の妨害であり、選挙のための「表現の自由」に対する侵害（選挙妨害）そのものである。

にもかかわらず、「憲法の立場から」だとか、「警察監視の下で」とか、「別の機会での取り扱いはこうだった」とかいう理由で、公正な裁判をすべき判事までもがすでにこの謀略に侵されてきていたのであった。

安倍元総理の暗殺は、この対日工作の延長上での出来事にほかならないのである。

戦後日本の地位回復と「拉致被害者の奪還」を掲げ、未だに世界各地に建てられている「従軍慰安婦像」の前で日本人が戸惑う姿を思い浮かべながら、これをでっち上げた（ねつ造した）朝日新聞社に対して闘いを挑んだのが安倍元総理であった。

まさに同氏は、中国共産党の対日工作によって「戦後日本の治安（国防）機関がズタズタに破壊された現実（警護もできない警察）」と、「あらゆる理不尽を全て他の責任に転嫁して良し

2　第一四〇回国会・衆議院・行政改革に関する特別委員会4号（平成9・1997年5月9日）総務庁長官・武藤嘉文発言。
3　『中共が工作員に指示した日本解放の秘密指令』国民新聞社編（昭和47年8月25日初版発行。昭和47年9月15日5版）。
4　https://www.mod.go.jp/asdf/meguro/center/img/113memo1.pdf『中国安全保障レポート』防衛省防衛研究所（2011年）「3　中国による三戦の定義等およびエア・パワーに関する三戦の事例」。

とし、自らの安心・安全を守ろうともしない、『共産主義思想に侵された日本』の現状」を私たちに気付かせるために、命を捧げてくれた政治家だったのである。

いみじくも「安倍元総理ならば殺されても当然であるかのような川柳」を報じた朝日新聞社のかつての論説委員（北畠清泰＝故人）は、「従軍慰安婦」に疑義を呈した読者に、「知りたくない、信じたくないことがある。だが、その思いと格闘しないことには、歴史は残せない」[5]と説いていたが、私も全く同じ思いでこの書を著した次第である。

と同時に私は、「真の人類愛」の裏に隠されている「底知れない猛毒」を知った。

その猛毒こそ、「神」を否定した「物質万能の科学」によって「幸せを実現しよう」と説く「科学的社会主義」[6]（共産主義）であり、中国共産党の行動原理だったのである。

李鵬の予言によれば、中国共産党による日本の無血占領（日本人民民主共和国樹立）が達成されるのはあとわずか一年後（令和七・二〇二五年）のことであるが、それは人民解放軍が台湾に侵攻を開始した時なのかもしれない。

「彼を知り、己を知れば百戦危うからず」

この危機から逃げることなく、安倍元総理の死を絶対に無駄にしないことを固く心に誓いながら、哀悼の意を寄せてくださった台湾有志の皆様とともに衷心よりご冥福をお祈り申し上げ、「人類の様々な不当な抑圧からの解放！　改革・革新！」を掲げることができるのは、「自由とともにある保守主義者」であることをここに強く訴えるものである。

5　『崩壊　朝日新聞』長谷川熙（２０１５年12月29日　ワック）51頁「吉田清治を称えた論説委員」。
6　『共産党宣言／共産主義の諸原理』マルクス／エンゲルス（２００８年12月10日　新日本出版社）。

第一章　破壊されていた日本

一　「鯛は頭から腐る！」（自由主義社会の崩壊）

ここに言う「鯛」とは「自由主義社会」のことであり、「頭」とは江藤淳の言う「言語空間」すなわちマスコミ（メディア）のことである。

私は警察官となった二〇歳の時、職務として爆弾事件に遭遇し、翌朝これを報じる新聞記事全てに目を通したことがあった。

その結果「黒色靴下」を「白色」と報じた大手新聞に驚くとともに、最も忠実に真実を報じたのは「東京新聞」であったことから、家庭を持って長らく同紙を購読していた。

しかし、昭和六〇（一九八五）年を過ぎたころから「人権問題」報道の偏りを感じるようになり「読売新聞」を購読するようになった。

私が幼いころからの我が家の新聞は「朝日新聞」であった。

私の思春期（中学二・三年生以降）の記憶をたどれば、それは東京オリンピックが開かれた昭和三九（一九六四）年以降のことである。

大人社会の雰囲気は同新聞の威光とともに私の脳裏に刻まれて、佐藤榮作政権から田中角榮政権へ変わろうというころ、佐藤総理が記者会見場から新聞記者全員を締め出したことも、当時の私の知見では「権力者の横暴」くらいが関の山であった。

そして「天声人語」を読まなければ大学受験にも合格しないとまでいわれていた。

当時結婚したての私の給料では、「東京新聞」が打ってつけだったのである。

それがやがて「読売新聞」に代わり、平成二一（二〇〇九）年「民主党政権」を迎えたころ、「市民の党」という「共産主義革命」を目指す団体組織の構成員が、民主党有力政治家の秘書や事務担当者となり、菅直人の政治団体を通じて資金的にもべったりとなっていたことが産経新聞社によって報じられ国会で問題とされたことがあった。

にもかかわらず、この重大な問題を朝日・毎日はもとより「読売新聞」も全く報じようとしなかったことから、私は家族の猛反対を押し切って「産経新聞」を購読するようになった。

思えば私がまだ三〇歳代の現職警察官のころ、黒人に職務質問したことがあった。

ここで話は飛ぶが、「黒人」と言えばこれは「差別」（ヘイト）なのであろうか？

私にはその感情は一切ない。

しかしその感情を含んでの「黒人」である場合もあるであろう。

日本には「案山子《かかし》」という心和む童謡がある。

私は好きである。だが、片足が不自由な人を目の前にして私はこれを唄うことはできないし聴くこともできない。

とはいえこれは不適切な歌であるから抹消せよと誰がどのような権利で決めつけることができるのであろうか？

なぜならこの歌を、自分の足が不自由でも、自ら皆と一緒に明るく唄う人の存在を私は知っているからである。

話は戻るが、先の「黒人」は、「パスポートの提示」を求めた私に、今にも殴りかからんばかりに抗議してきた。

私が職務質問したのは黒人だったからではない。「挙動不審」だったからであり、これにも「主観・客観」という問題を含みはするが、私にはこれを解消する法的な職務上の（右）義務と同時に相手に対する不愉快を与える職務上の権利があり、一方彼にも「パスポートの提示」の義務があることが自由主義社会の約束事（ルール）であると考えるのである。

しかし優位に立つのは私のほうであり、それゆえに私には、相手の不愉快を和らげる努力も相手の抗議を受忍する義務もあるのである。

と同時に私が言う「黒人」とは、「白人や黄色人」などという合理的かつ妥当な「区別」のためであって「不当な差別」のためのものではない。

ところが、「黒人」という言葉さえも差別とし、「移民」や「同性愛者」などの「少数者」（マイノリティ）を弱者と決めつけ、社会の維持に必要な「国境の壁」や「通常の家族制度」さえも破壊しようと言わんばかりの人々や、これらの主張のみを誇張し、あたかも「人権」の守護者であると言わんばかりのマスコミ（メディア）が存在し、これを背景に過激な運動を展開する集団なども存在している。

「警官が市民を射殺」しただけで「その原因」が報じられなければ、それは大問題となり、それが「白人警官が黒人を」であれば世界を揺るがす大問題となるであろう。

かつてオウム真理教による松本サリン事件では、まさに「野次馬的報道」によって、何の罪もない一市民を犯罪者扱いするという悲しむべき事件があった。

ある報道対象を一個のリンゴに例えれば、これに付いていた些細な傷（疑い）を捉え、何も知らない大衆に向かって、まるで「このリンゴは腐っている」（犯人）かのような報道が行われた結果であった。

当時ＴＢＳの番組にその無実の人を登場させ「まるで犯人でもあるかのような質問を浴びせて窮地に追い込んだ」当時のニュースキャスターが、その後参議院議員に選ばれるなどということは一体何を物語っているのであろうか？

その「リンゴの傷」は落ちて付いたのか？　傷付けられたのか？

報道機関が、その「傷」だけを捉えていかようにも報道し、印象操作を行っても「人の噂も七十五日」、その責任は問われることなく、報じられた対象は多大な被害に遭ったにもかかわらず、その後何事もなかったように時が過ぎ、そしてまた繰り返されることとなる。

その対象が「時の政権」であるとしたら、政権党を選択した国民にとってこれほど甚大な被害はないのである。

古くは自民党の「政・官・業の癒着」や「金権政治（政治とカネ）」、「事務所費問題」、近くは「森友、加計」や「桜を見る会」、さらには「統一教会」等々、針小棒大な面白おかしい報道が許されるマスコミ（メディア）ならまだしも、それらの「傷」を「冷静に解説」して報じるべき公的報道機関までがその先頭に立ち、「政権打倒」の旗を振っているのが現在の日本の現状なのである。

前記「市民の党」の問題と同様に、「旧統一教会」の問題を例にとってみても、いかにその教義や「霊感商法」等々に問題があるとはいえ、この問題はかつての民主党の「健全なネットワークビジネスを育てる議員連盟」のように、政治家グループが政策集団としてマルチ業界団体と持ちつ持たれつの関係を持った問題に重なる部分もあれば異なる部分もあるものと考えられる。

「旧統一教会」が「反共」を掲げて日本に進出してきた経緯やその後の団体の変遷、そしてこれら団体との政治家との関わりは、一朝一夕ではなく、約七〇年にも及んでいるのである。

したがって現在の政治家の、どのような関係がどのように問題であるのかを、一般大衆に解説すべき報道機関までが、卑近な例で誠に恐縮ではあるが、「味噌も糞も一緒」のように報じるような状況ならば、自由主義社会が「腐った鯛」（崩壊）へと導かれていくことは間違いないであろう。

マスコミ（メディア）は人間に例えれば「頭脳」に相当すると言える。

共産主義集団の支配下に落ちたマスコミ（メディア）はその「集団」の意に沿った報道しかできないのであるから、自由主義社会にとってみればそれはまさに「腐った頭」であり、これが幅を利かす「自由主義社会」は、やがて「腐った自由主義社会（鯛）」から「共産主義社会」へと進んでいくことになると私は考えるのである。

二　「世論（マスコミ）」を乗っ取られた「日本社会」

朝日新聞社が「従軍慰安婦問題」に関わる「吉田清治証言」記事を取り消したのは平成二六（二〇一四）年のことであった。

私はこれをきっかけとしてこの問題の解明に取り組んだのであるが、この世に公表されてから全く問題にもされてこなかった「中共の秘密文書」なるものを目にすることとなった。

私は昭和四四（一九六九）年四月、東京オリンピックから五年後、「家付きカー付きババア抜き」や「三K（高学歴・高収入・高身長）」に始まり、「消費は美徳」へと向かう経済発展（高度成長）の最中、中野にあった警視庁警察学校の門をくぐった。

そして道路一杯を埋め尽くすデモ集団に「勝共連合」の街宣車が右翼団体の街宣車とともに大音響を上げて立ち向かう騒然とした中で、ゲバ棒から陰湿かつ凄惨なリンチ殺人、爆弾殺傷、ハイジャックからパレスチナでの大量銃撃殺人事件等々、今となっては悪夢でしかない動乱ともいうべき暴力革命の嵐の中で、昭和四七（一九七二）年七月に田中内閣が成立し、同年九月に日中国交が樹立されたのであった。

今私の手許にある小冊子は、同年六月、北東アジア視察旅行中の西内雅・中央学院大学教授（当時）が入手したとされる『中共が工作員に指示した日本解放の秘密指令』[1]と題するもので、同年八月二五日に国民新聞社から小冊子として発行されていたものである。

この書の「推薦の辞」は共産党幹部党員から転向した鍋山貞親であり、末尾には外交評論家・広田洋二が『今日の日本に重大警告』と題し、

《田中内閣成立にも中共の陰謀があったことは明らかである。（中略）国民は、自民党が真面目に日本国家のために日本改革案を立てて勇気を以て邁進するならば、必ず支持しようと待ち構えていることを、自民党は知らねばならない。》（八四・八五頁）

小冊子『中共が工作員に指示した日本解放の秘密指令』

と記している。

なお公安警察官を経験した私の知識から言えば、ここに記されている「民主聯合政府」とは、「日本共産党」またはこれに代わり得る「共産主義の党」が加わった「政府」であり、現在の日本共産党が呼びかける「野党連合政府」とその性格は同じである。

同冊子において『日本解放第二期工作要綱』と記された当該秘密文書を忠実に書き写すとこのように記されている。

《天皇処刑と共産党政権が最終目標（見出しは本社が便宜上つけたもの）

Ⓐ 基本戦略・任務・手段

一、基本戦略

我が党は日本解放の当面の基本戦略は、日本が現在保有している国力のすべてを、我が党の支配下に置き、我が党の世界解放戦に奉仕せしめることにある。

二、解放工作組の任務

日本の平和解放は、下の三段階を経て達成する。

㋑ 我が国との国交正常化（第一期工作の目標）。

㋺ 民主聯合政府の形成（第二期工作の目標）。

㋩ 日本人民民主共和国の樹立―天皇を戦犯の首魁として処刑―（第三期工作の目標）

田中内閣の成立以降の日本解放（第二期）工作組の任務は、上の第㋺項、則ち「民主聯合政府の形成」の準備工作を完成することにある。

三、任務達成の手段

本工作組の上記の任務は、工作員が個別に対象者に接触して、所定の言動を、その対象者に行わしめることによって達成される。即ち、工作員は最終行動者ではなく、かくれたる使嗾者、見えざる指揮者であらねばならない。以下に示す要領は、すべて対象者になさしめる言動の原則を示すものである。

（中略）

中共への好感・親近感植える

Ⓑ　工作主点の行動要領

第一　群衆掌握の心理戦

駐日大使館開設と同時になされなければならないのは、全日本人に中国への好感、親近感をいだかせる、という、群衆掌握の心理戦である。好感・親近感を抱かせる目的は、我が党、我が国への警戒心を、無意識の内に棄て去らせることにある。

（中略）

このために、以下の各項を速やかに、且つ継続的に実施する。

一、展覧会・演劇・スポーツ

1　『中共が工作員に指示した日本解放の秘密指令』国民新聞社編（昭和47年8月25日初版発行　昭和53年9月30日　改訂増補発行）。

中国の書画、美術品、民芸品等の展覧会、舞劇団、民族舞踊団、民謡団、雑技団、京劇団の公演、各種スポーツ選手団の派遣を行う。

第一歩は、日本人大衆が中国大陸に対し、今なお持っている「かがやかしい伝統文化を持っている国」、「日本文化の来源」、「文を重んじ、平和を愛する民族の国」、というイメージをかきたて、更に高まらせることである。

（中略）

無報酬教員の派遣で洗脳

二、教育面での奉仕

ⓐ　中国語学習センターの開設。

（中略）

ⓑ　大学への中国人中国語教師派遣の申し入れ。

（中略）

ⓒ　留学生奨学金。

（中略）

三、「**委員会**」**開設**

「中日文化交流協会」を拡充し、中日民間人の組織する「日中文化教育体育交流委員会」を開設して実施せしめ、我が大使館は、これを正式に支援する方式をとる。

なお、本項のすべての項目は、初期においては、純然たる奉仕に終始し、いささかも政治工作、思想工作、宣伝工作、組織工作を行ってはならない。

政権掌握の世論醸成を

第二　マスコミ工作

大衆の中から自然発生的にわき上って来た声を世論と読んだのは、遠い昔のことである。次の時代には、新聞、雑誌が世論を作った。今日では、新聞、雑誌を含めいわゆる「マスコミ」は、世論造成の不可欠の道具に過ぎない。マスコミを支配する集団の意志が世論を作り上げるのである。

偉大なる毛主席は「およそ政権を転覆しようとするものは、必ずまず世論を作り上げ、まず、イデオロギー面の活動を行なう」と教えている。田中内閣成立までの日本解放（第一期）工作組は、事実で、この教えの正しさを証明した。日本の保守反動政府を、いくえにも包囲して、我が国との国交正常化への道へと追いこんだのは、日本のマスコミではない。日本のマスコミを支配下においた我が党の鉄の意志と、たゆまざる不断の工作とが、これを生んだのである。日本の保守反動の元兇達に、彼等自身を埋葬する墓穴を、彼等みずからの手で掘らせたのは、第一期工作組員である。田中内閣成立以降の工作組の組員もまた、この輝かしい成果を継承して、更にこれを拡大して、日本解放の勝利を勝ち取らねばならない。

一、新聞・雑誌

ⓐ　接触線の拡大。新聞については、第一期工作組が設定した「三大紙」に重点をおく接触線を堅持強化すると共に、残余の中央紙及び地方紙へと接触線を拡大する。

雑誌、特に週刊誌については、過去の工作が極めて不十分であったことを反省し、十分な人員、経費を投入して掌握下におかねばならない。

接触対象の選定は「十人の記者よりは一人の編輯責任者を獲得せよ」との原則を守り、編輯者を主対象とする。（後略）》（一七〜二四頁）

ここに記されていることから明らかなことは、

ア、「日中国交正常化」のための「第一期工作」が既に行われたこと。

イ、「三大紙」をはじめ、日本のマスコミはほぼ同党に支配され、これを世論として「日中国交」が樹立されたこと。

ウ、今後も「見えざる指揮者」によって「群衆掌握の心理戦」が継続され、これによって「田中角榮」以降の日本の「保守政権」は、今後とも自らを「埋葬する墓穴を、（中略）みずからの手で掘ら」されていくのだということ。

エ、「『中日文化交流協会』を拡充」するということであった。

つまり後述の通り「従軍慰安婦」とは、「著述」として登場してきたものであり、これをでっち上げ（ねつ造）したのも自称作家と称する人物（千田夏光）であって、著述業すなわち作家の世界と深い繋がりを持ち、この集団の「日本作家協会」と「中日文化交流協会」がこれに大きく関係していたのであった。

と同時に何よりも注目しなければならないことは、「従軍慰安婦」をでっち上げる（ねつ造する）ためにも、まずは「マスコミを支配」しなければならず、そのために「十人の記者よりは一人の編輯責任者を獲得せよ」ということであって、これによって日本社会は益々変質させられていったと同時に、「朝日新聞社」と「毎日新聞社」の取り組みによって、読み物の世界の「造語」であった「従軍慰安婦」は、日本人にとっても世界の人々にとっても「真実のもの」とされてしまったことである。

いずれにせよ人間も動物である。

「パブロフの犬」の条件反射は、動物の「生きよう！」という意思の表れであり、「男女の性の営み」もそうである。

そして人間もまた「家族、私的所有（私有財産）、国家」（以後「家族、私的所有、国家」とする）からなる社会に生まれ落ちた時から、知らず知らず「その一員」としての言動をするようになり、そしてその一生を全うしていくものなのであろう。

私はこの営みの中でこそ人類は、「自由、平等、博愛、平和」に満たされた理想社会を実現していくことができるのだと考えるのであるが、マルクスが考えたのはそうではなかった。

彼が考えたのは、「まずは『今』を生きている人間（大人や子供）たちに、『社会のために自分を律し真面目に働く』（万人が労働者となる）習性を付けさせなければならない」ということであり、そのために考案されたのが、「集団の意志」によって、「人間が人間を躾ける（調教）する」制度、すなわち「プロレタリアの独裁」[2]であったと私は推測するのである。

そしてこの「集団の意思」によって動く人間たちが、今現在も世界の至る所で、「共産主義」

2　『国家と革命』レーニン　大塩平八郎訳（昭和41年9月30日　角川文庫）「プロレタリア独裁論」（マルクスの国家学説）54～56・57頁。

ではない社会を「そのような社会にする」ために、必死で取り組んでいることを知るべきなのである。

と同時に、「マスコミの支配は『共産主義』になってから」ではなく、彼らは、とっくの昔に「自由主義社会」のマスコミを乗っ取り、今現在も「独裁社会」に相応しい社会作りに取り組んでいるのだということなのである。

それが、前記『日本解放第二期工作要綱』の「第二　マスコミ工作」に記された

《マスコミを支配する集団の意志が世論を作り上げるのである。》

という記述であり、戦後日本の主要マスコミは今日まで一貫して、被占領中はＧＨＱに支配され、独立後は中国共産党に支配されてきていたのだということであった。

このことは、同「要綱」に記されている次のことからも明らかであろう。

《右翼団体の団結を阻止

第四　極右極左団体工作

一、対 極 右 団 体

（中略）

世論の動向はどうか？　我が方は、いち早く「マスコミ」を掌握して、我に有利なる世論作りに成功した。

敗戦日本を米帝が独占占領したことは悪質極まる罪悪であるが、米帝が日本の教育理念、制度を徹底的に破壊し、国家・民族を口にすることは、あの悲惨な敗戦をもたらした、軍国主義に直結するものであると教育せしめたことは、高く評価されねばならない。（後略）》（四二頁）

三　がんじがらめ（言われっ放し、やられっ放し）の日本社会

マルクスが言う「共産主義（独裁）社会」は、人類が理想社会（自由の王国[3]）へ到達するためには避けて通ることのできない道（社会制度）であるから、「自由（資本）主義社会」とは絶対に相容れない（共存できない）ことは言うまでもないことである。

現ロシアもさることながら、中国共産党が「覇権主義」を止められないのは、私たちにとっては「鯛」である「自由主義社会」も彼らにとっては放逐すべき「腐った鯛」であり、旧政権を打倒して作り上げた自分たちの現在の体制を「腐敗」させないためにも、「自由主義社会」は絶対にこの世に存続させておいてはならない「制度」であるからなのである。

「共産主義（独裁）社会」とは、徹底した監視、密告によって支えられる社会であり、そこには「男女間の性的問題」はもとより、「政治と金の問題」も「持ちつ持たれつ」も「社交儀礼」も「情実」等の問題も全く必要がなく、むしろ「あってはならない問題」にほかならない。

3　『資本論　⑬』マルクス（２０１５年2月5日新日本出版社　日本共産党中央委員会付属社会科学研究所監修資本論翻訳委員会訳）「第7編　諸収入とその源泉　第48章　三位一体定式Ⅲ」１４３４・１４３５頁。『空想から科学へ』エンゲルス（２０１１年6月20日第11刷　新日本出版社）91・92頁。

これに対して、自由主義社会は、「個々人の自由」とともに、これらの関係があって初めて機能する社会にほかならない。

したがって「共産主義社会」実現のためには、古今東西万人が持つ様々な人間の心理（猜疑心、虚栄心、妬《ねた》み・嫉《そね》み・僻《ひが》み）や、日本人古来の「清廉潔白でありたい、公平無私でありたい」等という心理を捉え、「虚礼の廃止」や「公的か私的か」や「忖度《そんたく》」など、私たちの内心にまで立ち入って、様々な社交儀礼などを「腐敗の温床」（悪）あるいは「合理化の妨げ」等と捉えさせ、「原理原則」によって相互離反（対立）させると同時に、「透明化」を徹底する[4]必要があるのである。

そしてそれらに関わる政治家等の「非違・非行」を尾行・張り込み・隠し撮りまでして追い求め、「疑わしいこと」であれ「過去の時効にかかること」であれ、その「事実の問題」のみならず、その人物の人格・資質の問題までへと転化・拡大して攻撃し、打倒することであり、そのためにマスコミ（鯛の頭）を支配せよということなのである。

かつて「教科書検定」問題や「ポルノの自由化」（表現の自由）で、私たち有権者が選択した政権を、まるで「一党独裁」社会の「国家権力」ででもあるかのごとく攻撃してきたマスコミ（メディア）は、今も自らが正義のごとく時の政権を攻撃することを常としている。

そして野党もまた国会審議の場を「人民裁判」の場とでもしたかのようにし、これこそが政権与党の責任であるとして攻撃する姿は、まるで「共産主義社会」の裏返しと言えるであろう。

そもそも「自由主義社会」とは、万人が「自由（平等）」であり、「より良い暮らしをしたい」という自由な「経済活動」から得られる「財（税金）」を、一般大衆の信任を得た官僚と議員が議会を通じて運用する仕組みであって、「『政権政党』が独断で運用する」という仕組みではない。

したがって「自由主義社会」には様々な要望を政治に反映させるための議員と政党が必要なのであり、これを支援する有権者がその活動資金を献金することは当然あり得ることであり、「政・官・業」の一致協力なくして国際競争は不可能ではないであろうか。

つまり、「共産主義社会」の政治は「独裁」によって営まれ、「自由主義社会の政治」は「選挙」によって営まれる社会制度であると言えるであろう。

にもかかわらず、政治家と一般庶民の生活を同次元でとらえ、「庶民感覚」と称する「節約」を要求し、「政党助成金」ゆえにその使途の全て（「一円領収書」など）を明示せよというのであればいっそのこと政党助成金は廃止したらいかがであろうか？

かつて小沢一郎は、自らの政治団体「陸山会」の資金を使い、「権利能力なき社団」（政治団体）は不動産登記ができないことから、自らの名義で不動産売買を繰り返して問題とされたのであるが、その本人が作ってきたのが現在の政治制度ではなかったのであろうか？

「政党助成」を謳うのであれば、政治家の「自由闊達な活動」を後押しするのが「自由主義（政党政治）社会」の鉄則であって、そのための「資金調達と運用」を「縛る」というのでは本末転倒と言うべきであろう。

「男女共同参画」、「ゆとり教育」、「個人情報の保護や内部通報制度」、「取り調べの可視化」、

4　『信頼壊れた「言論の府」』朝日新聞（2021・令和3年10月22日　朝刊・総合4）。

「同一労働同一賃金」、「子どもの権利」等々法律漬けとなり、個々人の意識の変化とともに、「楽しい」はずの学校も家庭も家族も企業も社会もバラバラにされてきたのが今日の姿ではないであろうか。

最も危険であったのは「人権侵害救済法案」提出の動きであった。「公人」であれば「いかなるプライバシーでも暴露することが許される」かのような報道被害（人権侵害）から個々人の「差別的言動」に至るまで、今はやりの「第三者委員会」あるいは「公安委員会」のような機関にその判断と是正措置を委ね、「裁判官を省略する」という考え方である。

しかしかつてはフランス革命においてこの手法が取られ、その結果多数の人々の命が恣意的に奪われた[5]ように、この根底にあるものは「三権（司法・立法・行政）分立」によって成立する国家機関の権能を無視（破壊）しようとする目論見と重なるものにほかならないのである。「自治基本条例」もまた耳触りは良いが、「中央集権と地方分権」によって成立する国家の体制を破壊しようという目論見に重なるものなのである。

さらには、「一票の格差」などと言う「有権者の数の差によって議員の役割の質が異なる」かのような問題をはじめとして、自由主義社会に最も大切な「公職選挙法」はまるで候補者と有権者を分断するためであるかのような過剰な規制法となっている。

そもそもこのような「がんじがらめの社会」を、国家権力が実現しようということ自体が、「共産主義社会」への道であることに気付くべきである。

しかもロシアによるウクライナ侵攻からやがては中国共産党による台湾侵攻へということの危

機の中で、今もって私たちが立ち上がって戦う体制（軍事法制や非常事態対処法等）も何もないままに、多様な生き方をするのは自由であるのにもかかわらず、「ＬＧＢＴ理解の是非」が論じられている有様なのである。

北朝鮮に連れ去られた人々やその家族の苦しみはいかばかりであろうか？

「統一教会」等の問題も、私たちが戦後、「自由主義社会」対「共産主義社会」の政治・経済・社会の違い（哲学）を曖昧にしたまま「共産党」の政治活動を許し、前記中国共産党の「対日解放工作」を野放しにしてきたことによってもたらされたものだったのである。

彼らが言う「解放」とは、資本主義社会は「資本家が労働者を支配」する社会、あるいは「日本人民は天皇から支配されている」社会であり、この支配から「解放」する、すなわち「日本を共産主義社会にする」という意味である。

そのために、「持てる者」や「持たざる者」など「多様な人々」が「お互い円満に生きていこう」とする「自由主義社会」を「対立・差別・腐敗社会」と思わせ、前記のような人間心理に着目してまずは「マスコミを支配」し、まるで「企業献金」や「世襲」や「権力者と友人・知人・身内関係」等は「全てやましいものである」かのような報道（輿論戦・心理戦）を行い、訴訟等（法律戦）によって世の中をがんじがらめに（硬直化）し、さらにはテロ等によって現政権を瓦解させ、ついには「共産主義社会」（政権）へ導こうという戦術・戦略にほかならないのである。

5　『ロベスピエール――ルソーの血ぬられた手』井上幸治（昭和37年12月23日　誠文堂新光社）。

この思想に侵され「腐った頭」となったマスコミによって、選挙は利権争奪のための権力闘争にすぎないかのように煽られ、「政治とカネ」で縛られ、「統一教会と国会議員の関係」を糾弾されて右往左往し、国防・治安もおろそかにされてしまう（「言われっ放し、やられっ放し」で墓穴に落とされる制度）ならば、今や中国共産党が「我々の社会体制こそが『民主主義社会』として優れている」と胸を張るのにも納得がいくであろう。

そしてもう一つ絶対に見落としてはならない記述がある。

それは、

《一、新聞・雑誌

（中略）

ⓒ　強調せしむべき論調の方向。

（中略）

㋩　政府の内外政策には常に攻撃を加えて反対し、在野諸党の反政府活動を一貫して支援する。

特に在野党の反政府共闘には無条件で賛意を表明し、その成果を高く評価して鼓舞すべきである。

大衆が異なる政党の共闘を怪しまず、これになじむことは、在野諸党の聯合政府樹立を許容する最大の温床となることを銘記し、共闘讃美を強力になさしめるべきである。》

（二六・二七頁）

と言う記述である。

つまり、日本の「マスコミと野党」は政府のあらゆる政策に「常に攻撃を加えて反対」するために存在するのであり、しかもそれは「民主聯合政府樹立のため」であって、「国家国民のため」ではないということなのである。

と同時に私は、かつての「民主党政権」の成立はこの「対日工作」によるものであったという強い疑念を持つに至ったのであった。

四　警視庁退職の時

(一)　憧れの本部（組織犯罪対策課）へ

私が警視庁警察官となって二八年後の平成九（一九九七）年三月、それは私がこの問題に取り組む一七年前のことであるが、最後までドサ回り（各警察署勤務）を覚悟していた私は、『七人の刑事』（私が一一歳のころから一九歳になるまで続いたテレビ番組）でかならずテーマソングとともに流れていたあこがれのA字形の旧庁舎の映像を思い浮かべながら新しくなっていた現本部庁舎の玄関をくぐった。

私が着任したのは自社さ三党連立第二次橋本龍太郎内閣の時で、世界を震撼させた「オウム真理教事件」から二年後のことであり、所説はさまざまであるが警視庁の現職警察官が長官を狙撃したとされることをめぐって公安部と刑事部とが反目していた。

そして小学生の首切り事件「神戸連続児童殺傷（酒鬼薔薇聖斗）事件」が起きたのもちょう

どこのころのことであった。

私の主な仕事は反社会勢力から狙われる恐れのある会社や人々を守るための「保護対策係」で、私も懐に小型自動式拳銃を忍ばせて、バブル崩壊後金融の後始末のために作られた整理回収機構・中坊公平社長のボデイガード等に従事した。

同年一一月には四大証券会社の一つ、山一證券の損失隠しが発覚して同社は自主廃業するという、まさに「自由主義経済システム」の崩壊であった。

『マルサの女』や『ミンボーの女』などを手掛け、平成四（一九九二）年暴力団に襲われ重傷を負った伊丹十三監督が、突然の死を遂げたのはそのころのことであった。

「組織犯罪対策課」が立ち上がり、私は刑事部・公安部・生活安全（保安）部の合同チームに従事することとなった。

「従軍慰安婦」報道はもとより、「吉田清治証言」をめぐって朝日新聞社が開き直ったことなど知りようもなかった。

池袋の夜の繁華街で入国管理事務所と一緒に、売春婦を補導し、不法就労の店に立ち入りを行ったが、ほとんどが外国人であった。

私は中国人と日本の反社会組織が絡むパスポート偽造事件を扱ったが、私が担当した中国人は調べも終わり正月を挟んでしばらく某署に留置されることとなった。

その中国人には面会に訪れる人もいなかったことから、私は正月三が日の間に何度か「取り調べ」と称し、留置場から出して世間話をしながらお茶と喫煙を許したのであるが、今では「冤罪や利益誘導による不正な捜査の温床になる」と御法度とされてしまっていることであった。

やはり「角を矯めて牛を殺す」（被害者や警察官の人権よりも被疑者の人権が優先する）かのような規制によって、「犯人も人の子」、「罪を憎んで人を憎まず」などと言う人間関係から更生の道が開けたり、重要事件が解決したり等と言う効用はすでになくされてしまっていたのであった。

しかしその時私に、文化大革命当時両親が大衆の面前にひきずり出されひどい仕打ちを受けたことや、おいしい中華料理の作り方や食べ方など事細かく、目を輝かせながら語ってくれた中国人は、帰国後警視庁の私宛に感謝の手紙を送ってくれた。

平成一〇（一九九八）年一月、中国人女性が経営する「ノーパンしゃぶしゃぶ店」で大蔵官僚が銀行から接待を受け大規模な汚職事件が発覚したが、行政改革を行った当の橋本総理までもが、後に週刊誌等によって中国人女性からの色仕掛け（ハニートラップ）にかかっていたことが報じられた。

同年七月三〇日、自由民主党単独の小渕恵三内閣が成立したが、その翌年に自由党を結成していた小沢と公明党が加わった連立政権が誕生した。

平成五（一九九三）年に自民党が下野した当時まるで犬猿のような仲であった小沢らとの連携は、誠に不思議なことであった。

和歌山では「毒（ヒ素）入りカレー事件」が起こっていた。

翌平成一一（一九九九）年四月に山口県光市母子殺害事件が起き、続いて同年九月神奈川県警本部長が自己保身のため部下を使って県警察官の覚醒剤使用事件をもみ消すという前代未聞の不祥事等が続発した。

そして私は、暴力団を背景としたみかじめ（用心棒）料の要求や対立抗争時の組事務所の使用を止めさせる係となった。

折しも関東の有力団体に内紛が勃発し、ついに同会は山口組に吸収されることとなったが、早速私は関係組事務所の使用中止命令を実行する役目を担わされることになった。

㈡　警視庁ＯＢの殉難

そのような平成一一（一九九九）年九月一〇日午前四時ころ電話のベルで目が覚めた。九日夜一〇時ころ品川区にある名刹で警備員が銃で射たれて亡くなったので、ワープロを持って現地に出勤するようにとの本部からの指示であった。

まだまだ残暑が厳しい暑い日であったが、片道二時間以上はゆうにかかる現地に出勤すると境内を異様な連中がうろうろと徘徊している。

その連中は、お寺の内紛に乗じて反住職側につき乗り込んできた右翼団体を仮装した山口組系暴力団員らであった。

同年正月から連日周辺を、街宣車で大音響を鳴らしながら誹謗中傷したり夜な夜な境内を鉦《かね》を鳴らして徘徊するなどしながら一〇カ月にわたり放火・暴行などの乱暴狼藉を繰り返して脅し、あわや大金を手にしようとしたところで同所を警備していた警備会社に阻止されてしまった。

その社を撤退させようと、山口組系暴力団は元自衛隊レンジャー隊員であった警備隊長を狙い、その隊長が配置につく時間・場所を狙ってヒットマンが墓地から拳銃を発射したのであったが、たまたま人相・体格ともよく似た警視庁ＯＢの警備員がその不運を背負ってしまったのであった。

事件当夜、当の警備隊長が逃げるヒットマンを追いかけ格闘となり、拳銃を取り上げて逮捕したのであるが、日ごろから住職の母屋に押し入ろうとする彼らに対し、隊長自ら身体を張り、唾を掛けられ胸ぐらをつかまれ蹴られても手を後ろに組んだまま頑として引き下がらないビデオがある。

彼らは散々脅され暴力や嫌がらせを受けながら、社長の指示を守り、警察顔負けの規律で対処していたのでありこれなくして恐喝未遂事件も殺人未遂事件も解決できなかったのであった。彼らの活動は当時の社長の手によって『第二警備隊』として映画化され、当時の様子が忠実に再現されているが、実際はそれ以上の驚くべき惨状であった。

これらは、当初から警備会社が管轄署に相談するも、「民事であるから双方円満に解決してもらいたい」と取り合わず、彼らはこれを良いことに、檀家総代の仕事先にまで嫌がらせをし、親戚宅には発砲までしていた。

一一〇番は連日で、署長室に制服警察官が適切な対応を求めて抗議に入ったという。

私は部下と二人で被害者らからの事情聴取担当となり、事件の全貌を明らかにしながら、管轄警察署が目を閉じていた彼らの余罪を次々とあぶり出し、捜査四課のＭ管理官は街宣車や彼らが寝泊まりしていたプレハブ小屋を差押え、余罪を立件しては次々と逮捕していった。

この事件は当時から遡ること五年前に、お寺の僧と石屋と地元の不逞の輩が共謀して住職の母屋を全焼させた現住建造物放火事件から始まり、捜査一課が入って逮捕寸前であったにもかかわらず、オウム事件のため転進させられてそのまま宙に浮いていたことが原因であった。

私が捜査会議の席上でこのことを報告するとM管理官は、すかさず別件で逮捕取り調べ中であった彼らに対する「放火容疑」での取り調べを命じ、これを突き付けられた彼らは飛び上がったという。

捜査一課が後を継ぎ全面解決となったが、これができたのは前記警備会社の活躍と、かつてヤクザの刃物で負傷した名管理官の果敢な指揮があってのことであった。

(三) 崩壊する日本社会

平成一二（二〇〇〇）年三月一杯まで私は前記「射殺事件」に従事したが、同年一月には、平成二（一九九〇）年に誘拐・監禁されていた当時九歳の少女が発見保護されるも新潟県警がずさんな対応をしたことが大きく報じられていた（この時の警察の失態の内情は『日本警察が潰れた日』[6]で克明に記されている）。

さらにその前（平成一一・一九九九）年の一〇月には桶川ストーカー殺人事件が起きていた。

そして平成一二（二〇〇〇）年五月には長野県諏訪署の交番勤務の警察官が暴走行為を行った少年に拳銃を突き付けて「死んでみるか！」と言ったことから同県警は即刻同人を特別公務員暴行陵虐罪で逮捕・懲戒免職にしたことが報じられた。

しかしこれは逆に住民からの強い抗議となって同人は復職ができたものの、これほどまでにことなかれ主義（便宜主義・ご都合主義）が蔓延ってしまっていたのである。

前記名刹での射殺事件発生当初、私の通勤途上にある駅の改札には、大人の身丈ほどもある大きな看板に「警察手帳お断り！」が掲げられた。

異常なほどの警察不祥事に加え、大勢の捜査員が警察手帳で駆け付けたからであろうが、すでに日本社会は「お互い様」の連帯意識もないに等しくなった証であった。

「あなた作る人、私食べる人」のコマーシャルに代表される、自分さえ良ければそれで良いという殺伐とした今の社会は一体どのようにして作られたのであろうか？

「差別反対！」を叫ぶデモ隊が自衛官や警察官に対して浴びせる「人殺し！　税金泥棒！」と言う差別の罵声はさりとても、学校で日教組の先生からその子供たちにまで差別的言動が行われた時代は、今も姿形を変えて続いているのかもしれない。

認知症で徘徊中の老人の着衣に書かれた電話番号で住所を知ろうにも、必要書類がなければＮＴＴは回答してくれなくなっていた。

「悪用を防ぐ」という「ことなかれ主義」による「得体のしれない『裁量』」が、「現場に必要な『裁量』」を封殺してその活動を阻害していったのである。

㈣　退職の時

地に落ちた公安（国防・治安）機関、それは世界に冠たる警視庁の威信そのものであり、私はその崩壊を思い知らされた前記お寺の事件を一区切りとして、また新しい感覚で日本の社会

6　『日本警察が潰れた日』小野義雄（平成22年5月20日　産経新聞出版）。

を見直してみたい衝動に駆られていった。

私は平成一二年五月を最後に、悪戦苦闘している仲間を後にして、三一年間の警視庁に別れを告げたのであるが、その直前には私がO署に勤務していた当時の小学六年生が成人式を迎えようという同年三月二四日、国立市立第二小学校の卒業式で国旗を掲げた校長先生が、児童の前で土下座をさせられるという前代未聞の事件[7]が起こっていた。

その事実は、日教組に支配された教育現場で小学校教諭として戦ってこられた鷲野一之先生が、その教育現場の恐ろしいまでの荒廃の実態とともに、その後自ら希望して同小学校へ赴任し、堂々と国旗を掲げることのできる学校作りに取り組んだ悲痛な実体験を、『先生助けてください』（平成一七・二〇〇五年出版）という書で明らかにされている。

私は長い間、犯罪少年たちを扱ってきたが、彼らの荒みきった心理もまた「今さえ、自分さえ良ければそれで良い」という「過去を支配する」心理であり、その多くが、自分一人の力でこの世に生まれ成人できたと言わんばかりの身勝手な親や、親もないに等しい境遇の中で生きていかなければならない少年たちであった。

彼らは大人たちの「夫婦別姓」や「人権尊重」の叫びをどのように感じ取っていたのであろうか？

平気で人を殺傷する人間が後を絶たない日本の惨状は、戦後日本の頭である政治も報道も、そしてこれをつくる教育までもが、「理想社会実現のために、『家族、私的所有、国家』とともに形成される『人間としてあるべき心構え』ともども、これを否定・破壊・廃止しよう」[8]というマルクス思想に汚染されてきたことへの、残酷かつ強烈な反面教師にほかならないのではないであろうか。

当時ここぞとばかりに警察不祥事を取り上げ、時の小渕総理はじめ閣僚や官僚を追及した野党の中でも、「鯛は頭から腐る」、「嘘は警察の始まり！」などと言う流行語を生み出したのは、後に総理大臣となり「ルーピー」とまで揶揄された鳩山由紀夫であった。

驚愕すべき暗澹たる世情の中で、同年四月に小渕総理は度重なる心労のために倒れついに帰らぬ人となった。

そして森喜朗内閣が誕生すると、小沢一郎の自由党は連立を離脱し、同党から分裂した保守新党が連立に参加した。

その当時の私には、これが一体何を物語るものなのか知る由もないまま、森内閣は一年後には「いわゆる『神の国』発言」やスキャンダル追及等によって退陣へと追い込まれていった。

五　「何としても安倍を葬れ！」

㈠　「昭和天皇を有罪とする公開裁判」を宣伝する朝日新聞社

その当時マスコミは、これでもかとばかりに、平成八（一九九六）年橋本内閣の時に菅直人と鳩山由紀夫が結党した親中国共産党の「民主党」を、あたかも二大政党の一翼を担う保守政党であるかのようにもてはやし、同党は影の内閣（シャドー・キャビネット）を作って政権獲

7　『先生助けてください』鷲野一之（平成17年4月3日　展転社）。
8　『共産党宣言／共産主義の諸原理』マルクス／エンゲルス（２００８年12月10日　新日本出版社）48～86頁。

得を目指していた。

　平成一二（二〇〇〇）年一二月八日、天皇陛下を「従軍慰安婦」の責任者として裁くための民間裁判である「女性国際戦犯法廷」が開催された。

　主催者は「『戦争と女性への暴力』日本ネットワーク」（「バウネット・ジャパン」）で初代代表はかつて「従軍慰安婦」報道に関わり、昭和天皇の処刑を夢見て退職した朝日新聞記者松井やより[9]であり、同社の現役記者・本田雅和が加わりキャンペーン報道を展開した。

　それればかりか、本田は同年八月には、かつて日本赤軍活動家と関係があったといわれ、その後元民主党の国土交通副大臣や内閣総理大臣補佐官（災害ボランティア活動担当）となった辻元清美らが設立したとされる「ピースボート」による訪朝団に同行して、北朝鮮外務省外郭団体日本局長から、「女性国際戦犯法廷」のための調査・起訴状作成協力を取り付けていた[10]とされる。

　そして同法廷は韓国女子挺身隊問題対策協議会（代表・尹貞玉）と共同で開催され、工作員と目される朝鮮対外文化連絡協会日本局長・黄虎男《ファンホナム》らが検事役を務めていた。

　私が前記『日本解放第二期工作要綱』を知ったのは、この「従軍慰安婦問題」に取り組んでからのことであり、その「要綱」の「二、解放工作の任務」には前記の通り「㈧日本人民民主共和国の樹立―天皇を戦犯の首魁として処刑―」と書かれてあった。

　つまり、同要綱が当面の目標とした「自民党分裂工作」は「非自民（細川護熙）政権」の樹立をもって前進はしたものの、「民主連合政府」樹立前に昭和天皇が崩御されたことから、ひとまずここでその最終目的に片を付けようとしたものと私は推測する。

(二)「女性国際戦犯法廷」を報じるＮＨＫ

同月三〇日深夜から大晦日にかけて、「世田谷一家」四人が原因・動機が全く分からないいま何者かに惨殺される事件が起きた。

明けて平成一三（二〇〇一）年一月三〇日、二〇年以上前から北朝鮮が「横田めぐみ」はじめ多数の日本国民を拉致していたことがようやく明らかとなり、これを悪意のデマであるという反論もあった。

そのような中で、私たちから受信料を徴収するＮＨＫ教育テレビ番組が「女性戦犯国際法廷」を取り上げ、「戦争をどう裁くか」、第二夜「問われる戦時性暴力」として放映した。同法廷のシンポジウムが行われた明治学院大学「国際研究所」には同局のチーフプロデューサーが在籍するなどし、朝日新聞に加えてＮＨＫまでもが参画して私たちを欺こうとしていたのである。

当然のことながらこれを見た国民から抗議の声が沸き起こった。

(三) 拉致被害者五人の生還

9　『崩壊　朝日新聞』長谷川熙（2015年12月29日　ワック）115・116頁「『女性国際戦犯法廷』という不可解」〔「昭和天皇が木に縛り付けられて目隠しされ、そこに二挺の拳銃が向けられている図（中略）だった。」〕
10　『ＳＨＯＫＵＮ』〔特集　お騒がせな朝日新聞〕「天下の朝日に『本田雅和』記者あり」西村幸祐（２００５・３月号　文藝春秋）

平成一三（二〇〇一）年三月、外務省の官僚が莫大な官房機密費を横領して一四頭もの競馬馬を所有し、放蕩の限りを尽くすという想像を絶する事件が発覚した翌四月二六日、小泉純一郎政権が成立した。

同年六月八日、大阪府池田市の小学校で児童八人が殺害される大量殺傷事件が発生。

同年九月一一日、アメリカ同時多発テロ事件が勃発。

平成一四（二〇〇二）年九月一七日に小泉総理が訪朝（日朝首脳会談）。

この時随行したのが官房副長官・安倍晋三であった。

そしてついに一〇月一五日、拉致被害者、地村保志夫妻・蓮池薫夫妻・曽我ひとみの五人が羽田空港のタラップに降り立ったのである。

しかし前記「女性国際戦犯法廷」のキャンペーン報道に携わった本田記者は、その五カ月前の同年五月、いわゆる「元従軍慰安婦」らが集う「日本の過去の清算を求める国際連帯協議会会議」を取材するため訪朝。

さらに彼は同年八月（日朝首脳会談一カ月前）にもピースポートを追って訪朝し、よど号犯若林盛亮と会見するなどしていた[11]とされる。

中国では小泉総理靖国参拝などをめぐって大規模な反日デモが繰り広げられていた。

同年一〇月二五日、世田谷区において石井紘基衆議院議員暗殺事件が発生。

㈣　政権を揺さぶる朝日新聞社とＮＨＫ

平成一六（二〇〇四）年四月には、大掛かりな「イラク・自衛隊派兵反対」運動が起こり、左翼反戦運動の若者三人がイラクで人質となる等の事件が発生した。

平成一七（二〇〇五）年一月一二日、前記本田記者は「大見出し記事」を報じた。それは「女性国際戦犯法廷」をめぐって「中川昭一経済産業相と安倍晋三内閣官房副長官からNHK上層部に圧力があった」とする「NHK慰安婦番組改変　中川昭一・安倍氏　内容偏り前日、幹部呼び指摘」というものであった。

これによって、NHK・朝日新聞・政府三つ巴による「報道の自由」の問題、「適正な取材と公正な報道」等をめぐる大きな論争が巻き起こり、第三者委員会が設置される騒ぎとなった。NHKは私たちの受信料によって運営されるものであり、同局がいわゆる「従軍慰安婦」を基にした「女性国際戦犯法廷」を教育番組で取り上げることを、私たちの代表である政府が問題視しないことのほうが大問題であり、日本社会はこの常識がもはや通用しない「腐った鯛」になってしまっていたのである。

同年八月に郵政民営化をめぐって解散総選挙が行われ自民党が圧勝し、一〇月同法案が成立、一一月には耐震偽装事件が勃発して大騒ぎとなった。

㈤　第一次安倍内閣の成立と続発する不可解な殺人事件

明けて平成一八（二〇〇六）年早々ライブドア事件（決算虚偽記載）に続いて防衛施設庁談

11　『SHOKUN』［特集　お騒がせな朝日新聞］「天下の朝日に『本田雅和』記者あり」西村幸祐（2005・3月号　文藝春秋）。

合事件が勃発し、二月には国会を舞台に、自民党の武部勤幹事長を陥れるための「にせメール」事件が勃発。

そのような九月二六日、「戦後レジームからの脱却」と「拉致被害者奪還」を掲げる安倍内閣（第一次）が成立したが、この当時、「政治とカネの問題等あらゆる問題を総動員して、何としても安倍政権を倒す」という声が私の耳に伝わっていた。

すると翌（平成一九・二〇〇七）年三月、松岡利勝農林水産大臣の事務所費をめぐる問題が噴出し、四月一七日には山口組関係暴力団員が伊藤一長・長崎市長を射殺する事件が発生。そして五月二八日には松岡大臣が自殺する事態となった。

同年九月二六日、体調を崩した安倍総理に代わって福田康夫内閣（平成二〇・二〇〇八年九月二四日まで）が成立。

平成二〇（二〇〇八）年六月八日、東京都千代田区内において、七人が死亡し一〇人が重軽傷を負うという大惨事となった秋葉原無差別殺傷事件が発生。

同年九月二四日、麻生太郎内閣（平成二一・二〇〇九年九月一六日まで）が成立。

同年一〇月、小沢一郎のグループ「一新会」を中心とした「健全なネットワークビジネスを育てる議員連盟」問題が勃発し国会で追及を受けた。

彼らは、世界基督教統一神霊協会（旧統一教会）の霊感商法にも似通った問題を含む連鎖商法（マルチ）業界と結託し、堂々と献金を受けながらこれを推進しようとしたことから「マルチ推進議員連盟」と揶揄されたのであった。

そして同年一一月、「消えた年金」問題で大騒ぎのさなか、かつて年金を担当していた二人の元厚生事務次官宅が連続して襲撃され、一組の夫婦二人が殺害され、もう一組の妻が重傷を負うという不可解極まる事件が発生した。

犯人の動機は、「愛犬が保健所に殺された復讐だった」というのであるが、治安機関当局はこれを額面通りに受け止めて「良し」としていたのであろうか？

「内閣は短期に『コロコロ』交代」し、「一度（試みに）民主党にやらせてみれば」という当時の風潮は、戦前の昭和八（一九三三）年に日本がゾルゲの潜入を許し、朝日新聞などに煽られながら、やがて「英米とは戦ってみなければ分からない」などと大東亜戦争へと突入していった当時と酷似していることを、私はこの問題に取り組んで初めて知ったのであった。

政権は治安の維持の上に成立するものである。

政情不安を煽り喫緊の国家の舵取りをさせないことこそ「輿論戦・心理戦・法律戦」（諜報謀略活動）の目的であろう。

「世田谷一家殺人事件」や第一次安倍政権後のこれらの事件は、前記「中共の秘密文書」に記されたような、「見えざる指揮者」による「諜報謀略活動の一環」（広い意味でのテロ）ではないのか？と考えても不思議ではないのではあるまいか？

(六)　親中政権の成立

㈠　朝日新聞社と「民主党」の正体（「自衛隊は暴力装置」ほか）

平成一八（二〇〇六）年四月、外国人参政権を容認する小沢一郎が民主党の代表に就任。

平成二一（二〇〇九）年・第四五回衆議院議員総選挙で自民党が敗北し、九月一六日に鳩山内閣（平成二二・二〇一〇年六月八日まで）が成立した。

同日朝日新聞社は、コラム（風考計）「泣いている自民党だから言ったじゃないの 若宮啓文」を掲載。

そして民主党政権では、政党職員が政府内に政府職員として入り、行政への陳情は小沢幹事長が差配した。

まさに「政治主導」と言う名の「政党支配体制」への布石であった。

民主党政権が成立するや、同党は、「日中交流協議機構」を作り、小沢を先頭に民主党議員一四三人を含む四八三人もの大訪中団を繰り出し、小沢は、「（二〇一〇年夏の参院選について）こちらのお国（中国）に例えれば、解放の戦いはまだ済んでいない。人民解放軍でいえば、野戦軍司令官として頑張っている」[12]と述べたという。

まさにその通りのことであった。

故安倍元総理の盟友であった前記中川昭一衆議院議員が自宅において急死したのは、同年一〇月四日のことであった。

平成二二（二〇一〇）年一月、前記小沢の政治団体「陸山会」による不動産売買にまつわる「政治資金規正法」違反（不実記載）事件が発覚。

告発されると六月八日菅直人内閣（平成二三・二〇一一年九月二日まで）が成立。

この三カ月後には、尖閣諸島で領海侵犯をした中国漁船が巡視船に体当たりして公務執行妨害罪で逮捕されるも、同政権は中国共産党に忖度して起訴を待たず釈放を命じた。

しかも命がけでその無法を取り締まった現場のビデオ映像を国民に公開することすら禁じた

ため、勇気ある海上保安庁職員がそのビデオをインターネットに公開し、その職員はあわや「逮捕か」となったが、結果として書類送検されることとなった。

それればかりではなく同政権は、自衛隊の行事に参列した民間人の発言にまで注文を付けるなど、国民の知る権利や表現の自由の封殺が図られたのであった。

菅直人は「憲法に三権分立の文言はない。選挙によって政権を任せられた以上四年間の独裁は許される」と述べた。

そして同年一一月国会において、こともあろうに内閣官房長官の仙谷由人は、「自衛隊は暴力装置」であると言い放ったのであった。

同二八日、民主党の山岡賢次・党副代表、笠浩史・文部科学政務官、長島昭久・衆院外務委員会筆頭理事、太田和美・衆院議員の四人（当時）が、中国大使館の接待ゴルフをしていたことが、「週刊新潮」[13]によって報じられた。

言語道断のことであった。

㈡　菅直人の正体

「革命」を掲げる前記「市民の党」（後述）と緊密な関係を持つ菅直人が自由主義社会の総理

12　https://ja.wikipedia.org/wiki/小沢訪中団#cite_note-sankei20091210-1225-6—原川貴郎（２００９年12月10日）．"小沢氏、胡中国主席と会談「私は人民解放軍の野戦軍司令官」" 産経新聞から引用。

13　「『中国大使館』にゴルフ代を立て替えさせた4人の民主党代議士」（『週刊新潮』２０１０年12月9日号　新潮社）。

大臣となった。

かつて菅が人気を集めていたころの平成一五（二〇〇三）年に、彼が代表を務める「民主党東京都第一八区総支部」の政治資金収支報告書（二〇一六年届出）には、一人の女性から、一日に二〇〇〇万円の寄付があった。

決して違法ではないが、これ以外にもその女性から、平成一一（一九九九）年から平成一七（二〇〇五）年の間に、彼の関連団体への寄付を含めると合計八六九万円の寄付があるのであるが、前記『日本解放第二期工作要綱』の「政治献金は合法でありこれを拒む政治家はいない。」という文言が浮かんでしまうのである。

この収支報告書が政権与党のものであったのならば、寄付者はマスコミから根掘り葉掘り調べられたことであろう。

「市民の党」は、よど号事件の主犯格の息子を市会議員候補に擁立したほか、同党の幹部が民主党国会議員秘書に就いたり、事務所責任者になったりしていたことが産経新聞で報じられ国会で追及されたことは前記の通りである。

さらに菅直人が、元旧横浜商銀信用組合理事であった外国人（韓国人）から一〇〇万円の寄付を受けていたことが判明した。

国会で追及中の平成二三（二〇一一）年三月一一日、東日本大震災が発生し、翌日午後、福島第一原発が大爆発を起こしたのであった。

このことで菅直人への責任追及は頓挫してしまった[14]が、同年五月には前記「市民の党」に、菅直人の資金管理団体（草志会）から五〇〇〇万円の寄付があり、同会には民主党から合計一億数千万円の寄付があった（活動資金が流れた）ことが情報誌で報じられ国会で追及を受けたのであった。

㈢　菅直人の人災（福島原発事故は法規違反）

自民党政権から民主党政権に代わったとはいえ、原子力災害対策（緊急事態対処）の基本的な方法が変わることなどあり得ない。

東日本大震災の九カ月前に、総理大臣となった菅直人自身が最高責任者として模擬訓練を実施していた。

そして平成二三（二〇一一）年三月一一日大津波による福島第一原発事故が発生。「原子力災害対策特別措置法」に従い当日の午後九時過ぎに、菅総理は半径三キロメートル以内の住民避難指示（一〇キロメートル以内は屋内退避）を出した。

電源を喪失すれば「一時間四〇分で炉心溶融が始まる」ことから、原子炉の爆発を防ぐために、「第一義的に」事業者（東京電力）判断で「直ちに」放射能を含む蒸気を逃すこと（ベント）が「原子炉等規制法」（罰則付き）で定められ、保安院はその予定時刻を翌（一二）日午前三時二〇分と発表していた。

緊急事態なのであるから、政府（総理）が「住民避難（保護）」の義務を負う傍ら、事業者

14『菅直人よ、「日の丸に唾する」政治団体に「年間５０００万円」貢ぐつもりか！』田村建雄（『サピオ』２０１１年6月15日号　小学館）。

（東電）にはベントの義務が課せられ、この「ベント」に備えて、放射能の拡散予測を行う「スピーディ」（放射性物質拡散予測装置）も用意されていた。

大惨事を防ぐと同時に、避難中の住民への被ばくを極力防ぐためであり、「緊急避難措置」であるから、いざとなれば「住民避難完了未確認」であっても「ベント」は実行されなければならなかったのである。

しかし枝野幸男官房長官は同日午前三時過ぎから記者会見を行い、早朝福島第一原発に総理がヘリで向かうが「ベントをしても安全である」と明言しながら、ベントは「国民に報告（発表）してから行う」と言いつつ予定時刻を迎えるも、ついにベントは見送られ東電も「地元住民へ告知してから」としてベントを行わなかった。

このため、午前四時過ぎに原子炉の圧力が上昇し放射性物質が漏れ出したことから急遽、原発から一〇キロ圏外への総理の避難指示が午前五時四四分に出された。

さらに、その避難指示から約一時間後の午前六時五〇分、菅総理は東電がベントをしないのはけしからんとし、海江田万里経産大臣が午前六時五〇分にベント命令を出したがそれでも東電はベントを行おうとしなかった。

そして東電は、午前七時過ぎに現地に到着した菅総理の指揮を受け、総理のヘリが飛び去った後、総理の最初の避難指示から二一時間後（一〇キロ圏外への避難指示から二時間一六分後）の午前八時過ぎに「住民避難を確認した」として午前九時からベントに着手したが、時すでに遅く、午後三時三六分第一号機が水素爆発を起こした。

その放射能を含む蒸気や粉じんは海から陸へと変わっていた風に乗って、大勢の住民が避難している方向に流れていったのである。

そのベントの遅れが水素爆発を起こした（大参事を招いた）ことを、当時の原子力安全委員会班目《まだらめ》春樹委員長が国会で証言している。

政府も東電もスピーディによって風向きが変わることは百も承知であったであろう。

東電は、ベントが遅れた理由について、「住民避難確認（保護）徹底」のためであったかのように申し開きをしたのであるが、ならば同社が前記「予定時刻」にベントをしなかったのは、最初の避難指示から六時間が経過しても「三キロ圏避難完了」が確認されなかったからだったのであろうか？

もしもそうであったならば、さらに七キロ先まで逃げ延びた住民の避難を、僅か二時間一六分でどのようにして確認したのであろうか？

因みに吉田所長は「午前三時にはベントの準備はできていた」[15]と言う。

そもそも「住民避難（保護）」の指示は、「ベント」等を前提とするがゆえのものであり、その第一義的責任は「行政」（菅総理）にあったのである。

「国（住）民への告知を条件」とした前記記者会見を行わせながら、自らは平然と「ベント命令」を出すなど、まさに「ごまかし（ペテン）」であり、「人命保護」を絶対条件として東京電力の第一義的責任を封じ、これを優柔不断とする「総理自らの指揮」が「危機（爆発）を防いだ」という功績を世界に示す演出（パフォーマンス）を行うための記者会見にほかならなかっ

15『死の淵を見た男』門田隆将２０１３年２月８日　ＰＨＰ研究所）１２３～１３０頁「俺が行きます」。

たのである。

しかも政府はこの「東日本崩壊」の危機を国民に知らせることなく、一部の人たちは一早く関西方面や国外へと逃げ出していた。

まさに国民（被災住民）は菅総理のパフォーマンスのために、タヌキとキツネの「人命第一」を利用したご都合主義・便宜主義の談合（記者会見）に騙されながら、取り返しのつかない未曽有の大被害を負わされてしまったということなのである。

菅総理はこれらの罪で市民団体から告発を受け、検察庁から事情聴取を求められたがこれに応じなかった。

まさに「時の政権の人災」というべきにもかかわらず、その違法行為は今もって不問[16]にされ、司法の一部は東電の当時の責任者に「過去（想定外）」の責任を負わせて「良し」とするなど、まるで「共産主義者の現在は過去を支配する」（共産党宣言）[17]という共産主義社会のような有様なのである。

これらのことを見逃しながら、「政治家に責任を求める」ＮＨＫ以下主要マスコミのご都合主義に勝るものはない。

㈦「第二次安倍政権」成立と「血迷う」朝日新聞社

前記東日本大震災（福島第一原発事故）後の平成二三（二〇一一）年五月、朝日新聞社では、若宮啓文が主筆に就任し、木村伊量《ただかず》が取締役に就任した。

同年七月二五日、朝日新聞のコラム（風考計）に「さらば暗い政治　菅首相よ、ゲリラに戻

れ　朝日新聞社主筆・若宮啓文」が掲載された。

それはまさに、戦後日本の暴力革命集団のプロパガンダ機関紙そのものである。

同年九月二日、野田佳彦内閣（民主党政権、平成二四・二〇一二年一二月二六日まで）が成立。

平成二四（二〇一二）年初頭、農林水産省と民主党関係者の「農林水産物等輸出促進全国協議会」による対中国不正輸出疑惑が発覚した。

そして国会でこの件を追及中の五月、この問題にも関連した「李春光事件」が発生。

この事件は、中国駐日大使館の一等書記官が虚偽の身分で外国人登録証と銀行口座を取得し、ウィーン条約で禁ずる商業活動を行ったり、スパイ活動をしたりしていたとして警視庁に摘発された事件である。

一方民主党政権時に、中国から来日した女性レポーターが取材のために日本共産党を訪れていた。

「なぜ参加しない（政権がとれない）のか」、「民主連合政府はいつまでに実現できるのか」と言う質問に、ある回答者は「民主党の政策の七〇[18]パーセントは共産党の政策である」と答えるなど、日本共産党の全貌とその核心に迫るレポートとなっていた。

16　平成23（2011）年7月14日付、民間有志が「原子炉等規制法」・「業務上過失傷害」で告発、受理されるも平成25（2013）年9月9日不起訴処分、同年第二検察審査会に受理された審査申し立ても翌26（2014）年4月9日までに不起訴相当となっている。

17　『共産党宣言／共産主義の諸原理』マルクス／エンゲルス（2008年12月10日　新日本出版社）75頁。

私たちの「自由主義社会」にとって「安全装置」であるはずの「国家権力機構（裁判所・軍隊・警察など）」は、彼らにとっては「暴力装置」なのである。

その権力機構を日本共産党などが手中にした時、彼らの体制に反対する人々への権力機構の運用はどうなるのかは「死んだ香港」が明示してくれている。

この民主党政権に共産党が加われば、「野党連合政府」であり、まさに「中国共産党」が望む「民主聯合政府」（日本人民民主共和国）樹立であったのである。

平成二四（二〇一二）年六月、木村伊量が朝日新聞社社長に就任。

同年一二月・安倍内閣（第二次、自民・公明連立政権）が成立。

平成二五（二〇一三）年一二月「特定秘密保護法」が成立。

これらへの反対運動が続く平成二六（二〇一四）年五月、同社は東日本大震災の際「福島第一原発で事故処理に当たるべき所員らが吉田所長の命令に反して逃げていた」と報道し、その基となった吉田調書を政府が開示する騒ぎとなった。

そのような八月五日、今度は突如として同日付朝刊で「従軍慰安婦」に関わる「吉田清治証言」記事取り消しを発表したのである。

⑻「安倍叩き斬ってやる！」（こんな日本に誰がした）
そしてその翌（平成二七・二〇一五）年には新幹線車内焼死事件が、平成二八（二〇一六）年には「障害者には生きる権利はない」とばかりに一九人を刺殺した「相模原障害者施設殺傷事件」が、そして平成三〇（二〇一八）年には新幹線車内殺傷事件が起きた。

同年には、文部科学省事務次官であった前川喜平が、こともあろうに日本共産党肝いりの講演会（朝日新聞徳島総局など後援）に出席するまでになっていた。[19]

昭和五五（一九八〇）年に「サンケイ新聞」が報じた「アベック3組ナゾの蒸発」（日本人拉致事件）の記事が当時無視されたことが、『メディアは死んでいた』[20]「（検証　北朝鮮拉致報道）40年目の告白」として出版されたのは同年のことである。

思い起こせば昭和五二（一九七七）年には長崎バスジャック事件が、昭和五三（一九七八）年には制服警察官による女子大生殺害事件が、昭和五五（一九八〇）年には新宿駅前バス放火事件が起きていた。

その後もたび重なる鬼畜のような犯罪は、まさにモデルカイ・モーゼが、『日本人に謝りたい』[21]という書で、「占領軍が戦後日本に共産主義を残してきたこと」を謝し、「大戦中ゲッペルスがドイツ国民に警告を発した『人間獣化計画』が戦後日本で行われている」と説く、その通りの実情であった。

平成二七（二〇一五）年八月三〇日、安全保障関連法案に反対する市民団体が主催した国会周辺での集会において、山口二郎東大教授が「安倍、叩き斬ってやる！」と発言し、インターネットには「後藤田正晴の遺言」として「岸の血を引く安倍晋三を絶対に総理にしてはならな

18　https://www.miliya.com.cn/article/jzfplq『赵赤旗飘扬——和日共在一起』忆宁　２０１１年06月26日。
19　「２０１８年６月11日(月)３０１７号　民主青年新聞　列島 FULASH　前川喜平氏　講演会」。
20　『メディアは死んでいた』阿部雅美（平成30年５月28日　産経新聞出版）。
21　『日本人に謝りたい』モルデカイ・モーゼ（訳）久保田政男（１９９９年５月20日　日新報道）

い」という飛語が流れていることをご存じであろうか？（後藤田正純衆議院議員はこれを明確に否定）

そして「森友、加計」問題や「桜を見る会」が起き、「コロナ」騒動の中で安倍元総理と交代した菅義偉総理も退陣に追い込まれ、岸田文雄政権が成立した。

さらに安倍元総理暗殺へと続き、それから一週間もたたない七月一五、一六日、朝日新聞の川柳には次のような句が掲げられた。

「銃弾が全て闇へと葬るか」

「これでまたヤジの警備も強化され」

「疑惑あった人が国葬そんな国」

「死してなお税金使う野辺送り」

前記福島原発事故後しばらくして当時の民主党・菅政権の対応を擁護するかのような映画『太陽の蓋』が作られたが、「安倍元総理暗殺テロ」後には早速これを風刺する映画『ＲＥＶＯＬＵＴＩＯＮ＋１』が作られた。

日本はもとより世界の自由主義社会を打ち負かさなければならない中国共産党などの「反自由主義陣営」にとって、最強の難敵である安倍元総理は何としても葬り去らなければならない存在だったとしか思えないのである。

そして国葬反対派が不参加を海外にまで呼び掛け、その原因がまるで「旧統一教会」や「国際勝共連合」の存在そのものであるかのように転嫁されていったのであった。

第二章　尻尾を出した朝日新聞社

一　でっち上げ（ねつ造）であった「天声人語（「従軍慰安婦」）」

(一)　藪蛇だった「吉田証言」記事の取り消し

「光陰矢の如し」

朝日新聞社が「吉田清治証言」記事の取り消しを発表したのは今から九年前、私が警視庁を後にして一四年の時が経ち、私の目と耳と頭がようやく政治へと向き始めたころの平成二六（二〇一四）年八月五日のことであった。

実は同社は、昭和五五（一九八〇）年に初めて「吉田清治の証言」を報じて以降、一三年間も延々とこれを報じ続け、平成四（一九九二）年四月に産経新聞社が、同証言は「虚偽」であると大きく報道したのにもかかわらずこれを無視した。

そして平成五（一九九三）年八月四日に、「従軍慰安婦」を認めるかのような日本政府の「河野談話」が出されていたのであった。

その四年後の平成九（一九九七）年三月、朝日新聞社はまさに産経新聞社の報道を否定し挑戦するかのように、「真偽は確認できない（嘘か真実か分からない）」として「知らぬ顔の半兵衛」を決め込んできていたのである。

その同社が、それから一七年も経った後に突如として、「『吉田の記事』一六本は取り消すが、これまで『戦時における女性の人権問題』として報じた『従軍慰安婦』報道そのものにはいささかも誤りはなく、我々は『過去の歴史を直視し、正しくこれを後世に伝え』ていかなければならない」と開き直りながらこれを取り消したのである。

したがって、取り消し発表後に木村社長自ら記者会見を開いて謝罪したのは、「吉田証言」記事を「取り消すのが遅れたこと」と「これを謝罪しなかった」ことを「謝罪」するための記者会見であり、「従軍慰安婦」報道を取り消すための記者会見（謝罪）ではなかったのである。

しかしこの取り消しは同社にとっては「藪蛇」であり、私にとっては「ひょうたんから駒」であった。

平成二六（二〇一四）年、同社が「吉田証言」記事を取り消す四カ月前（四月一日）、『正論』（平成二六年五月号）で大高未貴が、朝日新聞社がかつて「天声人語」で「元慰安婦であった城田すず子を『従軍慰安婦』として報道」していたことを指摘していた。

そして前記記事取り消し後の同年八月二八日には『週刊新潮』（九月四日号）が、同じくそのことを指摘する記事（「1億国民が報道被害者になった『従軍慰安婦』大誤報」）を掲載していた。

調べてみると、そのいきさつは、『「慰安婦」言説再考：日本人慰安婦の被害者性をめぐって　木下直子』[22]にも次のように記されている。

《1985年に朝日新聞記者が記事を書くにあたり，城田さん自身が慰安婦であったのかどうかの確認を求めた．（中略）職員の桜庭歌子さんは、城田さんに非常に聞きにくい質問をすることになった．城田さんは「特要隊」すなわち慰安婦であったことを認め，「本当は苦しくて，そこを先に言いたかったのだけど」と語ったという（２０１０年10月７日，かにた婦人の村施設長の天羽道子氏と桜庭歌子氏への筆者インタビューより）》（一六六頁）

つまり「城田すず子」は朝日新聞記者の質問によって初めて、「私は特要隊と呼ばれる慰安婦だった」と語ったというのであるが、記者の氏名は不明のままであった。

【従軍慰安婦】と題する問題の「天声人語」（昭和六〇・一九八五年八月一九日付）には、

《数日前の「八月一五日」、千葉県館山市の「かにた婦人の村」（施設長、深津文雄）の丘で小さな儀式があった。従軍慰安婦と呼ばれた女性たちの鎮魂の集いだった▼（中略）▼「兵隊さんや民間の戦没者は各地でまつられるけれど、中国、東南アジア、太平洋諸島で戦時中、性の提供をさせられたあげく死んで行った娘たちはまつられない。自分には今でも昔の仲間の姿が夢に浮かぶ」▼特要隊と呼ばれる慰安婦だった城田さんがそう訴えたことがある。私は女の地獄を見た、と。（中略）▼六〇をすぎた城田さんに会った。話はパラオ諸島での特要隊のことになった。「台湾の娘さんがカエリタイカエリタイといっていた。朝鮮半島の娘さんも、カエリタイヨオッカサンオッカサンといっていた。（中略）▼「外地」から戦地へだまされて連れ

22 『「慰安婦」言説再考：日本人「慰安婦」の被害者性をめぐって』木下直子「［九州大学学術情報リポジトリ出版情報：九州大学，２０１３，博士（比較社会文化），課程博士］」36・37頁「慰安婦被害者をめぐる新聞報道——城田すず子さん」https://catalog.lib.kyushu-u.ac.jp/opac_download_md/1398291/scs0207.pdf。

て行かれた女性の数はわからない。日本の女性を含め、彼女たちは軍需物資なみに扱われた。軍馬と共に船底に押しこまれて運ばれることもあった（千田夏光『従軍慰安婦・慶子』）▼軍隊の暗部を今さら、という人もいるだろう。だが軍需物資として消耗品のように捨てられた女性たちの存在はやはり、戦争史に刻まれねばならぬ▼（後略）》

などと記されていた。

(二) 奇妙な工作

(一) 「六〇を過ぎた城田すず子さん」と『従軍慰安婦・慶子』

後述するが、昭和五二（一九七七）年一月には毎日新聞社が千田夏光と「従軍慰安婦」を紹介したグラビア誌『1億人の昭和史』を出版していた。

吉田清治は、その二カ月後の昭和五二（一九七七）年三月一日と翌（昭和五三・一九七八）年一二月五日に、「それらの慰安婦は自分が狩り集めていた」と言う自らの自伝書『朝鮮人慰安婦と日本人 元下関労報動員部長の手記』[23]を出版していた。

そして横田めぐみら九件一三人もの日本人が北朝鮮に拉致されていったのは、同年九月から翌（昭和五三・一九七八）年八月にかけてであった。

朝日新聞社がそのような「吉田清治証言」を初めて報道したのは昭和五五（一九八〇）年三月七日のことである。

千田が『従軍慰安婦・慶子』[24]を出版したのはその翌（昭和五六・一九八一）年一一月三〇

日のことであった。

前記吉田はその二年後の昭和五八（一九八三）年には、元軍医・麻生徹男から提供されていたと思われる「慰安所や慰安婦等の写真」を用いて、より生々しく残酷な「慰安婦狩り」を描いた『私の戦争犯罪　朝鮮人強制連行』[25]を出版していた。

つまり、この時すでに毎日新聞社と千田と吉田は連携していたと言えるのである。

そして朝日新聞社が「城田すず子」を『従軍慰安婦・慶子』とともに「天声人語」で報じたのはその二年後、すなわち同書出版の四年後に行われたものであった。

しかし千田は、昭和四八（一九七三）年に『従軍慰安婦――〝声なき女〟八万人の告発』[26]を、昭和四九（一九七四）年に『続・従軍慰安婦　償われざる女八万人の慟哭』[27]を、さらに昭和五三（一九七八）年には『従軍慰安婦　正篇』[28]を出版していたのである。

したがって同社が前記「天声人語」で紹介する書はこれらの書や、前記吉田の書で十分であったのに、なぜ『従軍慰安婦・慶子』だったのであろうか？

不思議に思った私は早速その書に目を通してみた。

23『朝鮮人慰安婦と日本人 元下関労報動員部長の手記』吉田清治（昭和52年3月1日　新人物往来社）。
24『従軍慰安婦・慶子』千田夏光（昭和56年11月30日　光文社）。
25『私の戦争犯罪　朝鮮人強制連行』吉田清治（1983年7月31日　三一書房）。
26『従軍慰安婦――〝声なき女〟八万人の告発』千田夏光（昭和48年10月20日　双葉社）。
27『続・従軍慰安婦　償われざる女八万人の慟哭』千田夏光（昭和49年7月15日　双葉社）。
28『従軍慰安婦　正篇』千田夏光（1978年9月30日　三一書房）。

するとその最終章の締めくくりが、「彼女はもう六十歳の半ばをこえた。」[29]となって（記されて）おり、前記「天声人語」の「六〇を過ぎた城田さんに会った」と言う記述と一致するではないか。

すかさず私の頭に、これはまさしく世の人々に、『従軍慰安婦・慶子』に描かれているような女性が実際に存在することを信じ込ませるための仕掛け（工作）ではなかったのか？　という率直な疑問がよぎったのであった。

であるのならば、前記「大高未貴」の指摘（「城田すず子は従軍慰安婦ではなかった」）の「謎」は何としても解明されなければならないことであった。

㈡　「特要隊と呼ばれる慰安婦」ではなかった「城田すず子」

城田の自伝は、第一作は昭和三七（一九六二）年『愛と肉の告白』、第二作は昭和四六（一九七一）年『マリヤの讃歌』と題して出版され、これはさらに「戦後四〇年の節目」として昭和六〇（一九八五）年八月一五日に「再出版」されていた。

いずれも前記大高未貴が指摘した通り、最も重要な違いは、第二作の「再出版書」には、第一・二作にはなかった「私は見たのです、この眼で、女の地獄を……。」と言う、慰安婦の惨状と、「どうか慰霊塔を建ててください。」と言う彼女の願いが深津によって「あとがき」に加筆されていたことであった。

そしてもう一つの違いは、「第二作」と「再出版書」には、深津がその「あとがきに」、「『城田すず子』は昭和三三（一九五八）年一一月に西武病院に入院してから、昭和四〇（一九六五）年三月阿佐ヶ谷病院を退院してくるまで、まる六年四カ月のあいだ、生死をさまよったことも幾たびかあった」と記している点であるが、これが第一作に書かれなかったのは当然のことであった。

ひとまず彼女のおおまかな経歴を、第二作と再出版書に登場する「特要隊」を交えて私なりに簡単にまとめると、その前半は、

「高校生の時家庭の事情で花柳界に売られ、成り行きから恋愛とは無関係の、自らの意思に反した性の経験をして性病をうつされ、自暴自棄となり、売春婦の周旋屋を通じて台湾に渡った。そこで軍人に性病をうつさないよう軍医の検診を受けて娼妓の鑑札をもらい、遊郭に遊びに来た軍人相手に、土曜、日曜になると、……人肉の市で……一人の女に一〇人も一五人もたかるありさまの経験をした。そして遊び客をだまして借金を返し一旦は我が家に帰ったものの居づらくなって、再びサイパンに渡って売春業をやり、二〇歳になったころ、好きになった軍人の後を追ってトラック島に渡り、そこでも遊郭で働き、その島の実業家の二号に収まった。そのころになると状況が悪化して本土に帰るよう言われて、再度我が家に帰ったものの、再びトラック島を目指して、パラオに渡り、その時その船の中にコロール町海軍特別慰安隊の名目の若い女の子が二〇人程乗っていた。パラオでは行くあてもなくなり沖縄の男性が経営する遊郭の手伝いとして、海軍の慰安所の慰安隊（特要隊）の女の子の世話役として帳場の仕事をした。そして、そこで爆撃を受け、慰安婦（特要隊の女の子）三人が即死して自分も生き埋めになっ

29『従軍慰安婦・慶子』千田夏光（昭和56年11月30日　光文社）２８０頁。

た。その後その沖縄の男性の三号となり、爆撃で人間のバラバラになっている、だれの骨ともだれの肉ともわからないものをはじめて見て、気を失うなどしながら終戦を迎えた。」

そしてこの書の後半は、

「終戦後米兵を相手に売春するなどしながら身を持ち崩して嬌風会が経営する『慈愛寮』に転がり込み、入退院を繰り返して昭和三二（一九五七）年一〇月に深津が管理する軽井沢の別荘に身を寄せ、昭和三三（一九五八）年四月に深津が開設した『いずみ寮』に入所し、慰問に訪れた嬌風会会頭・久布白落実に『コロニーがほしい』と訴え、その後、水が入ったバケツを持って脊椎を骨折し入院してしまった」

と言うところで終わっている。

まさに城田すず子は元慰安婦ではあっても「特要隊と呼ばれる」慰安婦、すなわち「性奴隷」ではなかったのである。

しかしせっかくこのことを指摘しても、「なぜそうなってしまったのか？」を指摘しない限り「それは城田すず子がそう証言したからだ」と言って逃げられてしまうのである。

私のかつての仕事の血が騒いでならなかった。

私はこれを解明したいという一心で、深津が昭和五五（一九八〇）年二月に再出版していた彼の自伝書『いと小さく貧しき者に　コロニーへの道』[30]を開き、何かその手掛かりはないものかと目を通していった。

するとそこには驚くべきことが記されていたのである。

㈢　旧知の間柄だった「天声人語」担当者（辰濃和男）と深津文雄

それは前記「天声人語」報道から遡ること二八年前（昭和三二・一九五七年）の「売春防止法」施行当時のことであった。

売春婦保護施設造りに取り組む同人が、マスコミの寵児となっていた様子とともに次のようなことが記されていたのである。

《一九五七年一一月一日、新聞紙は一斉に、売春汚職を報じた。》（二〇〇頁）

《新聞が書き立てるようになったのは、そのころからである。（中略）それが口火で、一九五七年一二月九日、すべての戦犯が片付いた社会に、牧師と奉仕女で売春婦の世話をするというニュースがひろくながれた。（中略）つぎに朝日新聞がきた。日本のマグダラのマリヤをつくるため……というような見出しがついた。するとで降誕祭前夜の「人寸描」という囲み記事に、ぼくの顔がのった。》（二〇五・二〇六頁）

《それ以来ずっと、われわれに有利な報道をながしつづけてくれた人々も少なくない。特に印象にのこっているのは、日本テレビの（名称略）、朝日新聞の辰濃和男、アサヒ・イヴニング・ニュースの（前同）、地方新聞に寄稿した（前同）……とにかく、いずみ寮が代表して、婦人保護のためにかせいだ報道量は莫大なもので、（中略）

見学者のほうも同様で、東京は世界一のまち、売春は日本の名物というわけか、（中略）

30　『いと小さく貧しき者に　コロニーへの道』深津文雄（1980年2月25日再版　日本基督教団出版局）。

各国大臣級のひとから、教授、作家まで……。（中略）
「ぼくは世界をまわったことはないが、世界のほうが、ぼくのまわりをまわってくれる……」と、いいたいほど、いろいろなひとにあい、いろいろ勉強をした。》（二三四・二三五頁）

私の目は、ここに記されている「朝日新聞の辰濃和男」に釘付けとなった。

「辰濃和男」は、前記「天声人語」担当・辰濃和男と同姓同名であり、当時の編集長は、まさに広岡知男（当時五〇歳）だったのである。

この「辰濃和男」が同一人物であるとすれば、二人にとって「深津文雄」と「城田すず子」は、まさに格別の存在であったはずである。

㈣「朝日社会福祉賞」を授与された深津文雄

広岡が、自らが引退する昭和五五（一九八〇）年一月に、深津文雄に「昭和五四年度『朝日社会福祉賞』」を授与したのは、そのような同人の功労に報いるためであった。
深津の喜びは大きく、同人は受賞直後に、昭和四四（一九六九）年に出版していた自伝『いと小さく貧しき者に　コロニーへの道』を再出版していたのであるが、そこには、「朝日社会福祉賞を受賞した著者の半生記」と銘打った帯が付されていた。
当時の朝日新聞社の広岡知男以下の陣容は次の通りである。[31]
会長（日本新聞協会会長）広岡知男（七二歳）　終戦時三八歳
社長（代表取締役）渡辺誠毅（六五歳）　同　三一歳

東京本社代表（専務取締役）田代喜久雄（六二歳）　同　二八歳
大阪本社代表（常務取締役）一柳東一郎（五四歳）　同　二〇歳
総務・労務担当（常務取締役）伊藤牧夫（五五歳）　同　二一歳
編集担当（専務取締役）秦正流（六四歳）　同　三〇歳
東京本社編集局長　中江利忠（五〇歳）　同　一六歳
大阪本社編集局長　桑田弘一郎（五三歳）　同　一九歳
「天声人語」担当　辰濃和男（四九歳）　同　一五歳

「朝日社会福祉賞」表彰は、社の権威をかけた一大行事であり、そのような行事に、社長以下の首脳がその表彰の受賞者について関心を寄せないことはまずあり得ない。

ましてや当時男盛りの編集局長として活躍した広岡の下で、愛弟子の辰濃和男が「マグラダのマリヤをつくるため」などと、深津文雄に「有利な報道をながしつづけ」たことなど当時の思い出話で大いに盛り上がったに違いない。

ならば天声人語に記された「数日前の『八月一五日』、千葉県館山市の『かにた婦人の村』（施設長、深津文雄）の丘で小さな儀式があった。従軍慰安婦と呼ばれた女性たちの鎮魂の集いだった」と言う催しもまたこのためのものだったのではないのだろうか？

二　仕組まれていた「『従軍慰安婦』慰霊祭」（戦後四〇年の節目）

31　『朝日新聞社史　資料編』（1995・平成7年7月25日　朝日新聞百年史編修委員会編）。

(一)　泊まり込んでいた「天声人語」担当者

するとやはり深津はその表彰から五年後の昭和六〇（一九八五）年八月一五日に、「戦後四〇年の節目」として「かにた婦人の村」で「従軍慰安婦」鎮魂の慰霊祭を行い、これに同社の論説委員兼「天声人語」執筆担当者・辰濃和男が参加し、一泊までしていたのであった。

その事実は、機関紙『かにた便』に次のように記されている。

《朝日、天声人語の辰濃和男氏も参列一泊。》[32]

そして「城田すず子」が「『特要隊』の慰安婦」になったいきさつについて、

《一年迷ったすえ、終戦四〇周年という日に、（中略）内輪に、こっそり、誰も招かず、誰にも知らせず、やったつもりなのだが、朝日新聞の天声人語にかかれてしまった。さすがに、この論説委員は鼻がきく。

一泊して、翌日、提案者に会わせたら、彼女が特要隊だったということを聞きだしてしまった。従軍慰安婦とよばれていたもののなかにも、いろいろな種類、階級があったものらしい。》[33]

これは一体どういうことなのか？

客観的に見る限り「城田すず子の証言」は、これまでの経緯に照らしても「特要隊」ではあり得ず、「私は従軍慰安婦と言われるような慰安婦を見た」というものにならなければならなかった。

しかしそれが前記辰濃記者の質問によって「特要隊」であったと覆ったというのであるが、一体どのような質問をすればそのように覆ることができるのであろうか?

しかも彼は彼女の身の上を熟知していたのである。

つまり深津文雄と辰濃和男は、「城田すず子」と一緒になって同女を「特要隊」の「従軍慰安婦」にしてしまっていたのであった。

㈡　「天声人語（従軍慰安婦　城田すず子）」でっち上げ（ねつ造）報道の効果

このようにして、それまでは「真偽は確認できない（嘘か真実か分からない）」ものであった「従軍慰安婦」が「天声人語」に登場し、これがきっかけとなって全国に大反響が巻き起こった。

そして翌（昭和六一・一九八六）年正月のことを、深津は次のように記している。

《一月一九日㈪二〇時から五五分、全国TBS系の二九局を動員して公表された「ある従軍慰安婦の記録――石の叫び」は、車椅子の本人を山の頂きまで押しあげてのナマの証言で、終戦

32『かにた便 40』かにた後援会発行（1985年9月1日）10頁「日記抄」。

33『かにた便 41』かにた後援会発行（1985年12月1日）4104頁「鎮魂のうた つわものどもの夢の跡」。

の詔勅から、空襲の擬音までいれて真面目に構成された圧巻だった。》（『かにた便43』四三〇四頁「鎮魂のうた三　山征かば草むす屍」）

昭和六〇（一九八五）年当時、五年前に引退して日本学生野球協会会長に就任していた広岡知男は、まだかくしゃくとした七八歳であった。

これらの経緯を知る彼の心境はいかなるものであったのか今となっては知る術もない。

(三)　深津文雄の心境

深津は前記慰霊祭の時のことについて、『かにた便　四一』（一二月一日付）に、

《「従軍慰安婦鎮魂之碑」と書くべきだったが、どうもそこまで明言する勇気がなくて、上の五文字は略してしまった、なんとも性格不明のものになったが…。》[34]

と記し、「天声人語」報道後のことについては、

《（天声人語が）全国に大きな衝撃をあたえたことは、前にかいた。（中略）しかし、もっと多くの、意地わるい黙殺のなかには、

――なにも、いまさら……

といいたげな反対派の、声なき敵意がかくされていて、これを無視するわけにはゆかなくなっ

た。

ちょうど寝た子をおこすという諺のように、証拠煙滅して四〇年、ようやく時効が成立したかと思うころに、横あいから余計な人間がとびだしてきて旧悪を暴露した――とでも写ったのか、遠くから、じわりじわりと威しをかけてくるのが感じられた。

ことに、年を越して早々、ＴＢＳラジオが、一時間にわたり「石の叫び」をとりあげたときには「かにた」という場所も「フカツ」という人名も一切伏せねばならぬという警戒を必要とした。》[35]（四三〇四頁「鎮魂のうた3　山征かば草むす屍」）

と記している。

これが当時の、戦時中を知る老人の偽りのない心境（認識）であった。

「従軍慰安婦」という言葉を使うことへの忸怩たる思いや、ＴＢＳラジオが全国一斉報道したことへの怖れが感じられると同時に、当時の多くの日本人には「従軍慰安婦」という言葉など存在していなかったことが分かる。

三　朝日新聞社の嘘

㈠　元朝日主筆・若宮啓文（故人）の発言

34　『かにた便　41』かにた後援会発行（１９８５年12月１日）４１０４頁「鎮魂のうた　つわものどもの夢の跡」。
35　『かにた便　43』かにた後援会発行（１９８６年６月１日）４３０４頁「鎮魂のうた3　山征かば草むす屍」。

平成二七（二〇一五）年二月五日「テキストアーカイブ――BSフジLIVE プライムニュース『若宮啓文・元朝日主筆　櫻井よしこが直接対論』」[36]が報じられた。
そこで彼は注目すべき発言をしていた。

《慰安婦問題は、朝日が火をつけたわけではなくて、主として千田（夏光）さんという方が、綿密な、まあ取材をしてね、それをまとめて本にしたあたりから始まってくるんだけども、慰安婦の、元慰安婦の証言というのを初めて名乗り出た人を紹介したのが、まあ朝日新聞だった（一九九一年八月一一日の植村隆による金学順の記事）。それは匿名なんですけどね。しかし、（中略）別に朝日新聞が報道したから、そうなったわけでも何でもないんですよ。》
《吉田清治の問題は、朝日新聞は吉田清治だけに依拠して、慰安婦問題を報じていたわけではない》

そして「吉田清治証言」記事の取り消しについて、

《その意味はこういうことです。河野談話を検証しようという動きがずっとありましたよね。（中略）吉田清治の問題を朝日新聞が報道したために河野談話ができたみたいな大変な誤解が広がっているから、私は、河野談話はいろいろなことを考えた末、いろいろな調査もした末につくられた談話で、決して吉田清治の証言は採用していないですよ。》
《河野談話は良く読めば、非常に良くできていて、（中略）吉田証言を取り消すことと、河野談話がしっかりしたものであることはちっとも矛盾しないことなので、むしろ朝日新聞がこれをハッキリさせたことによって、切り分けて、これから河野談話の路線でもう一度、韓国としっかり向きあう。》

《河野談話を書き変える必要はない。政府が検証して、間違いないとお墨付きも出たのだから、これに依拠して、これにはみだす部分について、明らかに違うところはどんどん反論していけばいいことで、河野談話を揺るがします、と言った途端に、諸外国は日本を信用しなくなるんですよ。》

つまり若宮は、

●朝日新聞社が「慰安婦報道」の拠りどころに（依拠）したものは「吉田証言」だけではない。と言いながら、

●「河野談話」は「非常に良くできていて」朝日新聞社の「従軍慰安婦」報道への「お墨付き」である。

●したがってこれを取り消せば「諸外国は日本を信用しなくなる」から「書き変える必要はない」。

などと、同社が「吉田証言」以外に「依拠した」ものをなぜか明らかにしないまま、問題を

36　インターネット「2015年2月5日㈭若宮啓文・元朝日主筆　櫻井よしこが直接対論」「テキストアーカイブ―BSフジ LIVE プライムニュース」（www.bsfuji.tv/primenews/Text/txt150205.html）

「『河野談話』が果たした役割」にすり替えて終わっていたのである。

(二) 若宮発言の嘘

そこで同社の過去記事について調べてみると、問題の「天声人語」報道の後、昭和六一（一九八六）年八月一六日付同社千葉版が、「従軍慰安婦に鎮魂碑　募金実り館山のかにた村に」と題し、城田すず子の本名を元慰安婦三原良江さん（六四）」と明かし、「去年夏、朝日新聞『天声人語』がきっかけ」となって従軍慰安婦の石碑が建立されたことなどを報じていた。

さらに昭和六三（一九八八）年八月一〇日、同日付朝刊で「従軍慰安婦　鎮魂碑に心の重荷解く（証言私の戦争：一）千葉」と題し、「戦後四〇年目の夏」（昭和六〇・一九八五年八月一五日）鎮魂碑が建てられ、「城田すず子」は「翌日、『従軍慰安婦』だったことを、周囲に初めて打ち明けた。」とし、千田の書物に記された内容とともに、「慰安婦を狩り集めた実行者」も存在することを記し、「従軍慰安婦」がまるで真実であるかのように報じた。

そして「河野談話」が出された翌（平成六・一九九四）年一月二五日同社朝刊は、「政治動かした調査報道（朝日新聞創刊115周年記念特集：下）」として、

《隠れて生きるほかなく、実在が証明しにくかった従軍慰安婦を、マスメディアで具体的に語った先駆けは一九八五年八月のコラム『天声人語』だろう。千葉・館山の婦人施設にいた元慰安婦の願いで鎮魂の碑が建てられた話だ。しかし、元慰安婦自身の思いが詳しく書き留められるのは、それから三年後だった。》

と記し、前記「（証言私の戦争：一）千葉」の記事を次のように紹介していた。

《千葉支局の記者だった山之上玲子（三一）＝現・東京社会部＝から「戦争体験の証言として忘れてはいけないものを千葉版に書き残しておきたい」と、取材申し込みを受けた「ベテスダ奉仕女母の家」理事長の深津文雄さん（八四）は「女の記者さんだから、嫌なことは聞かないよ」と取り次いでくれた。その女性は、（中略）兵隊相手の「特要隊」の話に乗せられて四千キロ南のパラオ諸島へ。強制的に連れて来られた朝鮮人女性らと、毎日二十人以上も相手をさせられる日々……。聞き取りは一日で終わらず、二日に及んだ。（後略）。

二年後の九〇年夏、日本政府は「慰安婦は民間業者が連れ回ったもの」と国会で答弁した。前後して千葉の施設に取材に来た韓国テレビ局のカメラの前で、元慰安婦は「証人に立とう。恥ずかしいことではない。名乗り出ておいでよ」と呼びかけた。

（前略）『女たちの太平洋戦争』に、慰安婦問題が登場したのは、翌九一年五月。朝鮮に渡って強制的に慰安婦を送り出した元動員部長の証言に、読者から驚きの電話が何十本も届いた。（中略）、記者が朝鮮人慰安婦との接触を求めて韓国へ出かけた。その年十二月、韓国から名乗り出た元慰安婦三人が個人補償を求めて東京地裁に提訴すると、その証言を詳しく紹介した。年明けには宮沢首相（当時）が韓国を訪問して公式に謝罪し、国連人権委員会が取り上げるに至る。千葉の元慰安婦は、（中略）補償への動きが見えたことを喜んでいたが、九三年春に亡くなった。》

と。

しかし城田の自伝には「『特要隊』の話に乗せられて四千キロ南のパラオ諸島へ。」と言う記述は全くない。

もしもこれが真実ならば、その自伝は全て作り話と言っても良いものになってしまうのである。

まさに「死人に口なし」である。

これは産経新聞社による「吉田証言虚偽」の指摘から丸二年になろうとする平成六（一九九四）年の記事であるが、悪びれもなく「元動員部長の証言」として「吉田」を引用し、しかも「慰安婦との接触を求めて韓国へ出かけた」記者は後述の「植村隆」だったのである。

これらのことを総合すれば、千田や吉田がでっち上げ（ねつ造し）た「従軍慰安婦」を、世界にあたかも真実のものであると信じ込ませ、韓国に「従軍慰安婦問題」を根付かせたのは朝日新聞社であり、そのために同社自らが前記「従軍慰安婦　城田すず子」という新たな「でっち上げ（ねつ造）」に手を染めていたという、到底信じがたい驚くべきことだったのである。

したがって、前記発言の中で若宮は、

《元慰安婦の証言というのを初めて名乗り出た人を紹介したのが、まあ朝日新聞だった（一九九一年八月一一日の植村隆による金学順の記事）。それは匿名なんですけどね。》

と述べているが、本来ならば、（一九八五年八月一九日付「天声人語」による「城田すず子」の記事）と言わなければ「嘘」なのである。

にもかかわらず、彼は明確に「天声人語」を隠蔽していた。同社はこの「天声人語」ついては、「第三者検証委員会」の報告書でも一切明らかにしておらず、したがって若宮は同社の代弁者にほかならなかったのである。

四　あるまじきこと

社会通念上、先入観を持たない通常の取材であったのならば、その内容は彼女が自らの真意に基づいて証言したものとして読者が信じるに足りるものでなければならない。
したがって本人が記した自伝の経歴と異なった証言は、それこそ「真偽は確認できない」（嘘か本当か分からない）証言として採用してはならないものであった。

そして「万が一」報道するにしても、その証言が覆ったいきさつ（経緯）も添えなければならなかったのである。

にもかかわらず「城田すず子の証言」をもって、これがまさに真実であるかのごとく報道した行為は、読者に対し「従軍慰安婦」の存在を「『真実である』と信じ込ませる（欺罔《ぎもう》する）ため」の明確な意図に基づく、作為的偏向報道、すなわち明確な「でっち上げ（ねつ造）」報道であったと言わざるを得ない。
「真偽は確認できない（嘘か真実か分からない）」ものを、理由もなく一方的に決め付けて「これが真実だ」と公言すること自体「嘘」であり、報道機関がこれを行うなどもってのほかである。

厳密に言えば、深津らと同社のこの行為は「城田すず子」に対する「そそのかし」であり、旧日本軍と軍人（死者）に対する名誉棄損罪であろう。

さらに言えば、彼女の著書を購読し信じた読者や、同社の新聞記事を信用して購読した人々に対する詐欺行為とも言えるのではあるまいか？

そもそも戦時中を最もよく知る広岡知男の常識に鑑みても、ましてや千田の書に登場する麻生徹男元軍医らに取材しても、「朝鮮人女性を強制連行しそのような酷い扱いをしたかどうか」は個別具体的な事実関係の裏付けが必要であるし、「分からない」と否定されることは明々白々であった。

ではなぜ同社（広岡知男以下）はこのようなことをしなければならなかったのか？

以下は私の推測である。

それは同社は何らかの理由があって、少なくとも昭和五四（一八七九）年には、千田が作り上げた「従軍慰安婦」を政治宣伝（プロパガンダ）で報道しなければならない必要に迫られ、そこで同年度「朝日社会福祉賞」に深津を選び、今後の取り組みが話し合われたのではないのであろうか？

大義名分は「戦時における女性の人権問題」とすれば誰にも反対できないであろう。

そして昭和五二（一九七七）年に登場した「吉田清治の証言」（加害者）があればそこそこの報道は可能であろう。

しかしそれだけでは「報道機関が『真実』と信じるに足りる相当な理由がある」とは言い難

く、「報道倫理」上も問題にされかねない。

そこで考えられたのが、「城田すず子」（被害者）を吉田と同じ「狂言者」にすれば何も問題はなくなるということだったのだと考えられる。

そもそも「千田の書」そのものが、旧日本軍の「慰安婦制度の事実」を根拠に、まるでそれは非合法そのものであったかのように、「真偽は確認できない（嘘か真実か分からない）」様々な出来事をまるで真実であるかのように作り上げたものであった。

そして同社はこれを「『真実である』と世界を欺くため」に、前記「吉田と城田」という二人の証言者と「世の人々の記憶の劣化」を利用して、旧日本軍の「慰安婦制度の事実」に関する資料を取り上げ、これがあたかも「従軍慰安婦」の証拠であるかのごとく報じ続けたのであった。

したがって、「1億国民が報道被害者になった『従軍慰安婦』大誤報！」ではなく、「大虚報」であったのである。

平成元（一九八九）年に起きた「朝日サンゴ礁」事件と、その本質は全く同じだったのである。

ならばなぜ同社はこのことを認めようとせず、私たちと世界に向かって謝罪することもできないのか？

それは、戦後広岡知男に率いられてきた朝日新聞社が、かつて「鉄のカーテン」と称された共産主義陣営の様子を知りたいという読者層を獲得するためだけではなく、後述の通り、中国共産党の対日工作機関そのものとして活動してきたことが白日の下に晒されてしまうからなのであった。

五　「従軍慰安婦」とシールズ

㈠　シールズを煽る朝日新聞社

個々の「家族、私的所有、国家」からなる「自由主義社会」では、企業も含めて個々が存続していくための「必要な秘密」は当然に尊重され守られるべきである。

そのようなものが不要であるという考えは、「共産主義社会」では当然であるが、自由主義社会では通用しない。

にもかかわらず、明治学院大学を拠点にして「特定秘密保護法」反対運動を行っていた同大生を中心としたグループが、平成二七（二〇一五）年、「ＳＥＡＬＤｓ（シールズ）自由と民主主義のための学生緊急行動」を掲げて平和安全（安保）法制反対の活動を開始していた。

朝日新聞社は、かつての「反安保闘争（学生運動）よ！　再び！」とばかりに「天声人語」でこのように煽り、はやし立てた。

《（略）安保関連法案に反対する大規模な抗議行動が始まった。催したのは都内の大学生らによる「ＳＥＡＬＤｓ（シールズ）」だ。（略）「勝手に決めるな。憲法守れ」。（略）勝手に決めるな。それは、決めるのは私たち、主権者は私たちだという叫びである。投票だけが国民の仕事ではない。時の政権に常に目を光らせ、必要なら声を上げる。その声を軽んじる現政権に対し、「国民なめんな」のコールが起こるのは当然だろう。哲学者の柄谷行人《からたにこうじん》さんは（中略）、

「人がデモをする社会」という文章を書いた。人々が主権者である社会は、選挙によってではなく、デモによってもたらされる、と。（略）》（平成二七・二〇一五年七月一二日付）

「デモによって政治を動かす」つまり「直接行動こそが政治を変える」との発想は、「共産主義」の思想の反映と言える。

現に彼らは、毎週金曜日の夜ともなると国会周辺を取り囲み、耳をつんざく大音響とともに「サウンド・デモ」と称される抗議集会を行い、その様はまるでかのトランプ大統領を弾劾に追い込んだホワイトハウス占拠事件を思わせるかのようであった。

この中心的メンバーは、島根県にあるキリスト教愛真高等学校を卒業して明治学院大学等に進学した若者たちであった。

たまたま朝日新聞社による「従軍慰安婦」でっち上げ（ねつ造）疑惑に取り組んでいた私は、朝日新聞社と緊密な繋がりを持っていた深津文雄も明治学院大学出身の牧師であり、早速「キリスト教愛真高等学校」についても調べてみた。

するとこれが思いがけない方向への展開をもたらしてくれたのである。

㈡「従軍慰安婦」でっち上げ（ねつ造）と重なる設立の経緯

キリスト教愛真高等学校の開設は昭和六三（一九八八）年四月、創立者は高橋三郎、初代理事長は多田昌一とされているがその設立経緯は次のようなものであった。

㈠「かにた婦人の村」開設のころに遡って

前記若宮の発言に出てくる「千田夏光」については後述するが、千田が「従軍慰安婦」でっち上げ（ねつ造）準備（下地作り）のために毎日新聞社のグラビア編集に取り組んでいた昭和三九（一九六四）年、キリスト教者・政池仁は、昭和二四（一九四九）年に再建された「友和会」を代表して韓国に謝罪旅行するとともに、活発な反戦・平和運動を展開していた。

と同時に同人は戦時中治安維持法違反で逮捕された山形の基督教独立学園創設者・鈴木弼美《すけよし》の義兄として、戦後同学園高等学校として再建された同校の理事長を務めていた。

同年一一月九日に佐藤内閣（昭和四七・一九七二年七月七日まで）が成立した。

昭和四〇（一九六五）年二月、米軍が北ベトナムを爆撃、六月二二日に日韓基本条約が締結され、日本基督教団総会議長（大村勇）が訪韓して、三六年間に及ぶ日本の植民地統治を謝罪した。

同年「全日本キリスト者平和会議」は「ベトナムに平和を求めるキリスト者緊急会議（ベトキン）」（議長・鈴木正久、副議長・政池仁）を結成し、同年、「韓国キリスト者友和の会」（代表・政池仁）が結成されたが、その中にキリスト教者・高橋三郎がいた。

政池仁は、その活動の中で、韓国人との次のような興味深いやりとりがあったことを記録として残している。

《日本が謝罪する、韓国がゆるす、というようなものではなく、韓国が一旦日本にとられるようになったのは韓国人側にも責任があったのだから、お互いに主イエスーキリストにあって一つとなろう、と言って下さった。それを聞いていた宋氏の親戚にあたる在日韓国人は、聴衆の中には韓国のスパイがいてあなたの話は本国につつぬけになるのだから、もっと慎重に話せ、と注意したくらいである。》[37]

この当時、島根県では、戦前実家が平壌（北朝鮮）に移住して建設業を営んでいた多田昌一と、同じく実家が平壌で遊郭（売春宿）を営んでいた小林さや子が結婚して、昭和二一（一九四六）年から島根県江津市内で「愛真園」を設立・運営していた。（平壌にいた多田の両親らは昭和二二（一九四七）年の秋に帰国し、弟の公人が後を継ぎ「多田建設」を立ち上げていた。）[38]

そして同年四月一九日に山陰ヨシュア会が設立され、そこで高橋三郎と多田昌一が出会い知己を深めていった。

前記大村勇や鈴木正久は終戦直後深津文雄と一緒にGHQ軍政部のダーギンから宗教界の改革を指示され、深津は昭和四〇（一九六五）年四月二六日、千葉の館山に念願の「かにた婦人の村」を開設し、そうそうたる顔ぶれの人士が列席して開所式を挙行した。

瀕死の大病を患いようやく退院した「城田すず子」がここに落ち着いたことは後述するが、

37　『国際友和会・日本友和会の歴史』（政池仁「日本友和会とは何か」２００３年「日本友和会の歩み」誌より抜粋）13頁
38　多田さや子著『小菊の悲願』（１９８０年5月20日　聖燈社）。

この当時も彼らは、お互いの関連情報を全て共有して活動していたものと思われる。

昭和四二（一九六七）年三月二六日、日本基督教団総会議長・鈴木正久は「第二次大戦下における日本基督教団の責任についての告白」を全世界に発表したが、

《戦争直後の一九四五年、ドイツの「福音協会」が（中略）「罪責告白」を行なってから二一年後の一九六六年、日本基督教団は「戦責告白」を行ない大きく左遷回した。日基は中核派の教会幹部たちによって、天皇制反対、成田空港建設反対、部落差別反対、資本主義反対、靖国反対などのいわゆる「社会派路線」に乗せられた。一九六九年秋には大阪万博（一九七〇年）でのキリスト教館設置案に反対するゲバ棒、ヘルメット姿の牧師たちが大阪、東京で教団集会を「粉砕」した。》（東京純心女子大学教授澤田昭夫『カトリック教会の左傾化』[39]）

と言われるように、戦後日本の「左翼にあらずんば人にあらず」のような風潮の中で、キリスト教の世界にも共産主義が浸透していっていた。

㈡　「第二の独立学園を」

深津が前記自らの自伝を出した昭和四四（一九六九）年から、同人が前記『マリヤの讃歌』を出した昭和四六（一九七一）年にかけて政池仁は、

「今や第二の独立学園が必要になった。誰か若い人が立ち上がって、別のこのような学園をつくってくれないだろうか」[40]

と呼びかけていた。

後述するが、その間ソウルに「従軍慰安婦」でっち上げ（ねつ造）の合図が上がり、千田が『特別レポート　日本陸軍慰安婦』を「週刊新潮」（二七日号）に寄稿していたのである。

そして日中国交樹立翌（昭和四八・一九七三）年とその翌年に千田がそれぞれ『従軍慰安婦』第一と第二作を出版。

さらに同人は、「横田めぐみ」ら日本人一三人の最後の人が北朝鮮に拉致された日（昭和五三・一九七八年八月一二日）に日中平和友好条約が結ばれたのであるが、その翌九月三〇日に第三作『従軍慰安婦　正篇』を出版した。

大平正芳内閣（昭和五五・一九八〇年六月一二日まで）が成立したのは同年一二月七日であり、翌（昭和五四・一九七九）年七月に後藤田正晴が国家公安委員会委員長に就任した。

朝日新聞社が動き出したのは同年である。

そして一〇月二六日に韓国では朴大統領が暗殺され、その後「光州事件」が勃発した。

これによって韓国の保守陣営は大きく後退していったと言えよう。

このころ明治学院大学（第六代学長・平出宣道）の理事長に、郷司浩平が就任して実権を掌握し、明治学院大学校舎新設等の動きが始まっていた。

経済同友会会長でもある同人はその二〇年以上前、前記深津文雄が「売春防止法」成立に伴

39　https://itunalily.hatenablog.com/entry/20150402　ブログ版『ユーリの部屋』
40　『みんなでつくった小さな学校愛真高校物語』外村民彦（教文館　1994年1月1日24）。

う売春婦保護更生施設設立資金獲得に奔走していたころ、彼に便宜を図った人物であった。[41]
そのころ、東京青梅在住の渡辺晴季が鈴木弼美を案内して第二の基督教独立学校用地を探すも奥多摩の土地は地価が高く断念している。[42]
一気に動き出したのは、昭和六〇（一九八五）年一月、多田昌一が三重県愛農高校聖書研究会において、福井大学名誉教授島崎暉久から「新高校建設」の相談を受けたことから始まった。同年四月に政池仁はこの世を去るのであるが、その直後島崎は高橋三郎に「高校建設」を働きかけるとともに、多田に「山陰の地に、第二の基督教独立学園を創設してほしい」旨の速達を送付した。
同年七月末、多田昌一は、高橋三郎からも「新高校建設」の依頼の封書を受けることとなり、かつてヨシュア会で出会っていたこの二人が設立に動き出すこととなった。
愛真高校建築工事は当時一部上場の「多田建設」（多田公人社長は多田昌一の弟）が請け負っていた。
そして前記の通り、昭和六三（一九八八）年に開設されたのであるが、実質的設立推進者は島崎暉久だったのである。[43]
高橋三郎と島崎暉久の共著『昭和天皇と現代』を読む限り、たとえば私は「皇室（天皇陛下）」を大切に思い「家族、私的所有、国家」の象徴としてその存続を望むのであるが、彼らにとっては私のこの考えは絶対に認められないのである。
なぜならそれは、「サタンの勢力」（同書三・四四頁）を支えることであり、「日本軍の中国人虐殺・強姦・従軍慰安婦等の戦争犯罪の責任を取らない天皇と共犯関係にあった国民として、天皇の神格化に連なる一切の動向を阻止し、平和憲法を死守し、深く謝罪の心をアジアの人々に示し、戦争に連なる一切の動向を阻止する日本国民の使命」（同書八・一四三・一四四〜一四六・一九六・二二九・二三〇頁）に背くことになるからである。

私にとってはまさにこれこそが「オカルト」の世界（神秘思想）だと思うのであるがいかがであろうか？

ちなみに同校では「平和教育」と称し、終戦後中国共産党の捕虜となり、帰国後結成された「中国帰還者連絡会」（山陰支部）を招いて学習会を行っていた。[44]

この設立の経緯（流れ）を辿れば、まさに「源流」は戦前からの「反日（天皇制打倒）」運動であり、「従軍慰安婦」でっち上げ（ねつ造）工作もこの「反日の地下水脈」の流れの中にあったことが分かったのである。

㈢　「反日の地下水脈」を結んでいた「キリスト教愛真高等学校」

㈠　深津を取り込んだ多田さや子と言う女性

前記多田昌一と結婚した多田（旧姓小林）さや子は、昭和五五（一九八〇）年に自らの自伝『小菊の悲願』[45]を出版していた。

41　『いと小さく貧しき者に コロニーへの道』深津文雄（1980年2月25日再版　日本基督教団出版局）。
42　『みんなでつくった小さな学校愛真高校物語』外村民彦（1994年1月1日　教文館）。
43　『みんなでつくった小さな学校愛真高校物語』外村民彦（1994年1月1日　教文館）12・36頁。
44　『支部報でみる中連山陰50年のあゆみ』機関誌（1956・9〜2006・9）。

そしてそこには瞠目すべきことが記されていた。
それは、同人は矯風会に入会するやいなや、さっそく手紙とともに深津に「ずっしりと重い大金」を送っていたことであり、そのことが同書の「序」に、深津文雄によって次のように記されていたのである。

《わたくしは、（中略）百人ちかくの元売春婦といっしょに暮らしているものですが、ある時、おもいがけない人から、おもいがけない金をおくられ、それが涙と共にかかれた手紙にそえられていたのです。（中略）なんと、売春業者の家に育ち、幼少から、その家業を恥じ、力いっぱい反抗してこられた方とわかり、もし勇気があれば発表しませんか——ともうしあげたのです。》

つまり、深津は同人から資金提供を受けて同人に自伝出版を勧めたというのであった。
そしてこのことは、昭和五二（一九七七）年に「かにた後援会」が発行した機関紙『かにた便7』にも、「業者の言い分 多田さや子」と題した同人の寄稿文とともに、その冒頭に、深津によって次のようなことが記されていた。

《後援会ができて一年ほどたった或る日、ドサッと放りこまれた手紙の束のなかに、ひときわ重い大金があった。（中略）この内部告発の声、これだけは、ぜひ聞いてもらいたいと敢て本名をなのって御執筆ねがった次第であります。》[46]

と。

『小菊の悲願』によれば、同人は高橋喜久江が日韓廃娼運動に取り組む四カ月前の昭和四八（一九七三）年三月（私が機動隊に進もうとしていたころ）に矯風会に入会し、昭和五〇年（一九七五）年五月に「かにた村」を訪れた後、昭和五三（一九七八）年と翌年にも同地を訪れていた。

その「寄付」の真意は測りかねるが、重要な義援金であったことは否定できない。つまり多田さや子はこれを機として深津と親交を深め、それから七年後の昭和五五（一九八〇）年、深津が前記「朝日社会福祉賞」を受賞して時を同じくして、前記自伝『小菊の悲願』を出版し、これを千田の書物とともに韓国にも広めていっていたのであった。

そこには高橋喜久江の推薦の言葉とともに、千田の『従軍慰安婦』や「深津文雄と『かにた婦人の村』」のほか、同人が「朝日社会福祉賞」を受賞したことなどがしっかりと記されていた。

㈡　キリスト教婦人矯風会（高橋喜久江）と共産主義（千田夏光）の合流

毛沢東を信奉する連合赤軍が人質を取って立てこもり、機動隊長らを射殺した「あさま山荘

45 『小菊の悲願』多田さや子（1980年5月20日　聖燈社）。
46 『かにた便 7』かにた後援会発行（1977年6月1日）四頁「業者の言い分 多田さや子」。

事件」が冷めやらない昭和四七（一九七二）年五月一五日、沖縄が祖国に復帰すると、早速高橋喜久江は、沖縄を訪問して「沖縄の売春ととりくむ会」を発足させた。

同人は「従軍慰安婦」と出会った経緯について自著『売買春問題にとりくむ』[47]で次のように述べている。

《日本男性は経済的優越をたのみに自らの欲望を満足させるために韓国女性を性の奴隷としているとの抗議を知ったのは、一九七三年七月のことであった。（同書一二頁）《朝日新聞の松井やより氏から資料集の作成をつよくすすめられた。》（同一三頁）

「松井やより」とは、昭和天皇処刑を目論み前記「国際女性戦犯法廷」を主宰した人物であるが、すでにこのころから朝日新聞社（広岡知男）は、「従軍慰安婦」でっち上げ（ねつ造）工作と関わりをもって活動していたことが分かる。

そして高橋喜久江は千田と面談したことを次のように記している。

《慰安婦問題が広く一般に知られるようになったのに千田夏光『従軍慰安婦』の刊行があったといえよう。（中略）千田氏にいわせれば、密やかに読まれはしたが当時は大きな反響はなかったという。千田氏に会いにいった私は、（中略）、このように公然と大量に軍隊慰安婦が従軍させられるのは、日本の公娼制度に遠因があると思うと読後感を述べた。（中略）。キーセン観光反対運動で羽田空港ビラまきのことで出かけたさきでの初対面であった。》（同八三・八四頁）

と。

それは千田が昭和四八（一九七三）年一〇月に『従軍慰安婦――〝声なき女〟八万人の告発』（第一作）を出版し、その二カ月後のことであった。

そして前記「『慰安婦言説再考』――日本人『慰安婦』の被害者性をめぐって――木下直子」には同書の出版について次のように記されている。

《上記出版に一般の反響は殆どなかったが、強いてあげれば高橋喜久江から千田に対して『よく書いてくださいました。』と称賛の声が寄せられた。》（三〇・三一頁）

北朝鮮にゆかりが深い多田さや子が入会したのは、前記「売春防止法」施行から一六年後の同年三月であり、同人もまた前記『小菊の悲願』を出版するなどして「従運慰安婦」を韓国に広めていったのである。

まさに同社の「従軍慰安婦　城田すず子」でっち上げ（ねつ造）は、戦前から存在する「反日の地下水脈」（共産主義者やキリスト教系社会主義者の天皇制打倒運動）と連携して、日韓を対立・離反させるために行われたものだったのである。

47　『売買春問題にとりくむ』高橋喜久江（明石書店　発行2004年5月17日）

第三章　でっち上げられ（ねつ造され）ていた「従軍慰安婦」

一　「でっち上げ（ねつ造）」の準備工作（「売春防止法」制定とともに）

㈠　「日中文化交流協会」と「深津文雄・矯風会・朝日新聞社」の取り組み

昭和三〇（一九五五）年「秋風が吹きはじめ」た九月、娼婦として放浪中であった城田すず子（当時三四歳）が、御殿場駅の売店で手に取った『サンデー毎日』の記事（慈愛寮にて内職にいそしむ彼女たち）を見て、それが赤線などで身を持ち崩した女性の更生施設と知り、その足で「中央線大久保駅から五分」の矯風会慈愛寮へと向かい入寮した。[48]

同年一一月、周恩来の求めに応じ片山哲元総理と演出家の千田是也らが北京を訪問し、「日本中国文化交流協会」の設立が合意されていた。[49]

同年一一月一五日、自由党と日本民主党が合流して「自由民主党」となり、一二月に朝日新聞社では広岡知男が取締役となった。

そして翌（昭和三一・一九五六）年三月には片山哲を会長として「日本中国文化交流協会」が設立され、千田是也に井上靖らが加わり活発な活動が開始された。[50]

五月二四日に売春防止法が成立すると牧師・深津文雄は同年八月、「売春婦保護更生施設」を開設するため新宿区大久保にある矯風会館を訪れ、日本キリスト教婦人矯風会（以下矯風会とする）会頭・久布《くふ》白落実《しろおちみ》と面談を行っていた。[51]

同年一二月二三日に石橋湛山内閣が成立し、翌（昭和三二・一九五七）年一月、城田すず子は、「梅毒」・「関節リュウマチ」・「腹部穿孔」・「膣部糜爛」・「腸管癒着」のため新宿区西大久保の社会保険中央病院に入院した[52]。

同（昭和三二・一九五七）年二月二五日、岸内閣（昭和三五・一九六〇年七月一九日まで）が成立すると同月、深津文雄は小崎道雄（理事）の視察を受け、ベテスダの法人化について賀川豊彦（理事）から「社会福祉法人」とするよう助言を受けた。

そして練馬区大泉学園町に売春婦を受け入れるための「ベテスダ奉仕女母の家」東京本館建設候補地（一〇四一坪）を入手し[53]、「いずみ寮」開設へと進んでいった。

同年四月一日に「売春防止法」が施行されると、不思議なことに施行当日に、後に前記の通り「従軍慰安婦」を韓国に広める活動を展開した（「共産主義者」と目される）高橋喜久江が矯風会に就職した。

すると六日後の四月七日に、前記久布白落実が「売春問題解決のために」として日本婦人団

48　『愛と肉の告白』城田すず子（昭和37年7月30日　桜桃社）１７８～１８３頁。
49　https: //nufs-nuas. repo. nii. ac. jp/index. php? active_action = repository_view_main_item_detail&page_id = 13&block_id = 17&item_id = 353&item_no = 1「名古屋外国語大学・名古屋学芸大学　竹の庫：学術情報リポジトリ」の『真の「文化交流」とは何か：井上靖と冰心を通して』（著者：虞　萍）
50　右同。
51　『いと小さく貧しき者に』深津文雄（日本基督教団出版局　１９６９年11月25日）１４１～１４５・１８８頁。
52　『マリヤの賛歌』城田すず子（かにた出版　１９８５年８月15日）１８４・１８５頁。
53　『いと小さく貧しき者に』深津文雄（日本基督教団出版局　１９６９年11月25日）１７１～１７７頁。

体三〇人の代表として中国を訪問し、五月一七日まで一カ月以上も滞在していたのであった。

《これはまことにおかしな話だ。自由主義国家群の一員である日本の売春問題をどうするか研究のためなにも共産主義国の中共へ見学に行く手はなかろう。》[54]

と批判されたが、中国とアメリカが朝鮮半島において血みどろで戦い、三〇〇万人以上の死傷者を出した戦争が停戦してまだ四年しか経っておらず、中国とアメリカの間では「人・物・金」の往来が遮断されているその中国へ赴くのであるから当然のことであった。

因みに前記千田是也は、官報によれば昭和二四（一九四九）年に日本共産党に四〇〇〇円献金するほどの同党の支援者であった。

そして同年九月、戦争が終わり復員後九州の福岡市内で産婦人科医院を開業し、ＹＭＣＡの活動をしていた元軍医・麻生徹男が、博多の情報誌に、昭和一三（一九三八）年当時の上海での「慰安婦検診」の実体験を『戦線女人考』として発表していた。

と同時に同年一〇月、前記井上靖は日本作家代表団の一人として中国を訪問していた。[55]

後述するが、広範囲な日中文化交流を推進する上でも日本作家協会には様々な作家集団が構築され、その中に麻生徹男も取り込まれていったものと考えられるのである。

深津の取り組みは各界やマスコミの注目の的となり、前記の通り同年一二月にはこれを朝日新聞が大きく報じることとなった。

この時の同社編集局長が後の社長・広岡知男[56]であり、深津の取材を担当したのが後の「天声人語」担当（編集委員）・辰濃和男であった[57]。

因みに深津もまた前記「城田すず子」の自伝や自らの自伝を出版するなど作家の世界とも大きく関わっていったのであった。

㈡「軽井沢」に保護された「城田すず子」とその自伝『愛と肉の告白』

一方「城田すず子」は、同年八月に退院したのであるが、蒲田の実家に帰っても居場所がなく、やむなく深津のもとを訪ね、処遇に困った深津が同年一〇月から同人が管理する軽井沢の別荘に「別荘管理の手伝い」として保護することになった[58]。

そして翌（昭和三三・一九五八）年四月に「城田すず子」は深津が開設した前記「いずみ寮」に入寮した。

同人は、同年六月同所にあいさつに訪れた前記久布白落実に「コロニー」の建設を訴えるが、

54『久布白落実の研究―廃娼運動とその周辺―』嶺山敦子（2013年2月関西学院大学院　人間福祉研究科関西学院大学審査博士学位申請論文）191頁。
55『真の「文化交流」とは何か：井上靖と冰心を通して』虞萍（2012年8月　名古屋外国語大学外国語学部紀要43号）167～202頁。
56『朝日新聞社史　資料編』（1995・平成7年7月25日　朝日新聞百年史編集委員会編）。
57『いと小さく貧しき者に　コロニーへの道』深津文雄（1980年2月25日再版　日本基督教団出版局）。234・235頁。
58『いと小さく貧しき者に　コロニーへの道』深津文雄（1980年2月25日再版　日本基督教団出版局）199頁。

その後一一月に脊椎を骨折して入院し、昭和四〇年三月まで六年四カ月もの間ベッドに伏すこととなってしまった。

深津は病床に伏したままの同人に付き人を与え、同人からの口述筆記によって同人が娼婦となった経緯から前記入院までの体験談をまとめ、久布白とともにこれを世に出そうと奔走したのであった。

そして昭和三七（一九六二）年七月、「久布白オチミ」のまえがきで「売春更生者の記録である」と謳って世に出されたのが「城田すず子」の自伝『愛と肉の告白』[59]であった。

深津文雄が昭和四四（一九六九）年に出版した自伝『いと小さく貧しき者に　コロニーへの道』には『愛と肉の告白』出版の経緯が次のように記されている。

《ギブスにはいったきりまったく動くことのできない彼女のところへ、四期のシズコ姉が派遣された。そして看護のあいまをみて気分のよいときに、彼女の伝記を筆記した。一六才で神楽坂にうられ、一六年間、内外の人肉市場を遍歴した、その生涯は四〇〇枚をこえ、貴重な資料となった。久布白女史にみせると、ぜひ映画にしようと奔走してくれた。》（『いと小さく貧しき者に』二一五〜二一五六頁）
《しかし、その本がでたとき、あまりにも異なったものになっていたので、おどろき、あきれ、だれにも見せなかった。》（『いと小さく貧しき者に　コロニーへの道』二一五六頁）

しかしこれが真実なら、深津や久布白はそもそも「城田すず子」に『愛と肉の告白』を見せていたのであろうか？

社会常識から考えれば、肉親からも身を遠ざけなければならなくなった哀れな女性に対して、慈悲深いはずの深津や、久布白までもが一緒になってなぜこのようなことをしたのであろうか？

前記昭和三二（一九五七）年八月退院してすぐの彼女が、翌年四月には深津の施設が完成する予定であったのに、「なぜ慈愛寮を出なければならなくなったのか？」は記されておらず定かではない。

㈢　戦争作家を目指した千田夏光（毎日新聞記者を退職して）

日本共産党活動家と目され[60]、『従軍慰安婦』という読み物を作った千田夏光は、大正一三（一九二四）年に現・中華人民共和国の大連市に生まれ、本名は千田貞晴と言い、「なぜ従軍慰安婦について本を書こうとしたのか」[61]その理由を次のように述べている。

《私はあの戦争末期近くに学徒出陣で兵隊にとられた組だ。家族は〝満州〟におり敗戦後に侵攻してきたソ連兵などから口にいえないようなめにあい裸一つで日本へたどりついた引き揚げ

59『愛と肉の告白』城田すず子（昭和37年7月30日　桜桃社）。
60 https://38300902.at.webry.info/201105/article_9.html 千田夏光さんと不破哲三氏 満州っ子 平和をうたう ウェブリブログ「江東革新懇ニュース　Ｎｏ１１１号　２００１・４・25。
61『従軍慰安婦とは何か　高校生徹底質問!!』千田夏光（１９９２年7月25日　汐文社）52頁。

者だ。
そんなことで自分は戦争被害者の最底辺にいる存在だと思っていた。そこで一九五六年（S31）勤めていた毎日新聞を去り、物書きになろうとしたとき生涯のテーマをこんな人間を生んだ戦争ときめた。》（五二頁）
《戦後初に従軍慰安婦のことを書いたのは誰で何年か（中略）自分のことをいうのも何だが、従軍慰安婦制度の発端から終末までを活字にしたのは私だ。一九七三年のことだ。》（五〇頁）

そして彼は日中国交樹立翌（昭和四八・一九七三）年に『従軍慰安婦——〝声なき女〟八万人の告発』[62]を出版していた。

それは昭和一二（一九三七）年の所謂「南京事件」直後に、旧陸軍が上海に設けた「慰安所」で、慰安婦の検診を行っていた当時の軍医・麻生徹男が、その体験記を昭和三二（一九五七）年九月に、慰安婦検診手記『戦線女人考』として発表していた写真や報告書等を基にしたものであった。

そして千田が毎日新聞社を退職したのは「売春防止法」制定時だったのである。

そのころ千田と深津が顔を合わせていたか否かは定かではない。

二　原点は麻生徹男

㈠　「従軍慰安婦」とは

旧日本軍は、戦前から「軍人による性暴力」を防止するために「管理売春宿」（遊郭）を活用することにしていた。

　そこで旧日本軍は、梅毒検査などの厳しい管理のために「軍人相手の売春婦」を「慰安婦」、「軍人相手の遊郭」を「慰安所」と称し、軍が管理する所謂「慰安婦制度」を確立させたのであった。

　その始まりは明治維新であり、イギリス海軍をはじめ植民地政策で世界に展開するヨーロッパ列強の軍隊を見習ったものであった[63]という。

　ちなみに、公娼制度については、倉田百三の『出家とその弟子』[64]の中で親鸞の弟子が遊女と結婚したように、次のような理由から日本の歴史・伝統・文化の中では認められてきていたものであった。

《政治権力が売春を公式に管理する形態を公娼制といい，その制度下における売春婦を公娼という。公娼制は，売春を特定目的のために有用なものと認め，いわば必要悪としてその存在を承認するものである。具体的理由としては，ふつう一般社会の性秩序を守り，性病の伝染を軽減し，さらに直接または間接に税収その他の経済的利益をはかれることなどが挙げられる。それゆえ，公娼制は原理的には私娼の存在を否定するものであり，実施に当たっては集娼制や登

62『従軍慰安婦――〝声なき女〟八万人の告発』千田夏光（昭和48年10月20日　双葉社）。

63『上海より上海へ』麻生徹男（1993年12月20日　石風社）「付録・麻生徹男『従軍慰安婦資料』をめぐって天児都」237～238頁「資料の位置づけ」。

64『出家とその弟子』倉田百三（昭和24年11月14日　新潮文庫）。

録制をとることが多いのも，監督や性病検査などの管理に便利なためである。》[65]

まさに非公然の多様性を制度化したようなものであったが、洋の東西を問わず、悪徳な人間と貧困によって人身売買が行われていたことは紛れもない事実であった。

慰安婦の検診を行っていた麻生徹男の息女である天児都は、「慰安婦の事実を知ってください。そして、日本の名誉を回復してください。」という帯とともに出版した『慰安婦と医療の係わりについて』[66]に次のように記している。

《私はこの十年ほど慰安婦問題とかかわり、特異な経験をしてきました。それは作家千田夏光氏の著書『従軍慰安婦』で父が慰安婦制度を考案した責任者のようにほのめかされたため、平成三年（１９９１）ころから（中略）様々な人が連絡してきて、ある時は押しかけてきて、彼らと対応してきたことです。千田氏はこの件《くだ》りが誤りであり、今後誤解を招く記述はしないと平成八年（１９９６）四月十五日消印の手紙で謝罪してきましたので、三一書房と講談社に改訂を申し入れましたが、二社とも現在もそのままで出版を続けています。

私は、慰安婦問題は千田夏光氏の誤りを何ら検証せず、そのまま事実として平成三、四年ころ「慰安婦問題」に関連する著作を出版した人たちが誤りを再生産して日本中に広め、それが海外へ流出して日本叩きの材料とされた事件だと思っています。》（一五四頁）

と記されているが、この最後の「私は、慰安婦問題は」の後の部分は本来ならば、

「朝日新聞社が千田夏光氏の誤りを何ら検証せず、まるで事実でもあるかのように報道し、平成三、四年ころ（以下同）」としなければならないであろう。

同書にはさらに、「根拠なしに強制連行と結びつけた千田夏光『従軍慰安婦』正・続編の誤り」。「クマラスワミ国連人権報告」の基になった「ジョージ・ヒックス著『慰安婦』の誤り」に加えて、「宮沢首相の謝罪と河野官房長官の強制連行を認める発言の訂正」を求めたことなどが一〇頁にもわたって「一九九九年四月」付で記されている。

その「用語説明」には、

「慰安婦」とは、

《(Comfort　Women) 外国へ出て行った公娼と、外国の売春婦と同様、自分の意志で買春している私娼とが１９３７年ころから呼ばれた。外征軍相手の娼婦の婉曲な表現の名称。日本人が半数以上だった。》

「従軍慰安婦」とは、

65　https://kotobank.jp/word/公娼-495672 世界大百科事典 第2版の解説。
66『慰安婦と医療の係わりについて』麻生徹男・天児都（２０１５年８月31日　梓書院）。

《作家・千田夏光の造語で、間違った使い方。従軍というのは軍属の身分を表わし、従軍看護婦、従軍記者、従軍僧侶などの給料は軍より支払われるが、慰安婦は違う。》

と記されている。

㈡　「慰安婦検診手記」を発表した麻生徹男

麻生徹男の息女・天児都は同人の遺志を継いで『上海より上海へ』（麻生徹男著）[67]を出版していた。

その中に、同人が「慰安婦検診手記」を発表した経緯が次のように記されている。

《（中略）父・麻生徹男は昭和二十一年南太平洋の戦地から復員して、祖父の後を継ぎ産婦人科医として福岡市で働き始めました。戦争の傷が癒されて再び旧勢力の復活が目立ち始めた昭和三十二年九月の博多の情報誌「うわさ」に、中国戦線における体験（昭和十三年）をもとに父は「戦線女人考」と言う一文を書き、従軍慰安婦のことを紹介しました。

これが縁で作家の伊藤桂一氏、千田夏光氏らが本を書かれ、金一勉氏や吉田清治氏などとも知り合うようになりました。》（二五五頁）

したがってこの詳しいいきさつは定かではないが、同人に手記発表の機会が訪れたのは「戦争の傷が癒されて再び旧勢力の復活が目立ち始めた」売春防止法施行のころであり、「これが

「縁」で戦記作家の伊藤や千田が本を書き、金一勉や吉田とも知り合うようになったということは疑いようのないことである。

㈢「従軍慰安婦（事件）の当事者」として

麻生徹男は、千田が昭和四九（一九七三）年七月に前記第二作を出版したその五カ月前の同年二月に、なぜか一七年も前に発表していた『戦線女人考』を、『続 女人考』として再び発表していた。[68]

千田と連携して発表する何らかの必要があったものと考えられる。

麻生徹男は『上海より上海へ』の中で次のように記している、

《昭和十三年も夏を過ぎんとしているとき、私達、在上海第十四兵站病院は、近く南京方面へ移動する様子であった。（中略）一ころ私のような産婦人科医が戦場で何の役に立つのかといいながら、私ならではの仕事が待っていた。

（それは、今次事変にて起動した従軍慰安婦の一件である。このことはすでに「戦線女人考」の「証言」の項に記しているが、今更ここに私が、諜々する必要はない。千田夏光著『従軍慰安婦』は、すでに数十版を重ね、今日では文庫本としても本屋の店頭にある。）

67 『上海より上海へ』麻生徹男（1993年12月20日　石風社）初版第2刷。
68 『上海より上海へ』麻生徹男（1993年12月20日　石風社）46頁。

（中略）昭和十四年六月三十日行われた軍医会同に於て、私は「花柳病ノ積極的豫防法」なる、軍に対する建白書を提出した。（中略）その有力な資料たるべき写真の数々は、『一億人の昭和史』（毎日新聞社刊）の中に、（中略）混在せしめられ〈中略〉、色々の出版物に転載されている。それは、これらの写真が唯一無二、決定的な物であるためである。》（一二四頁「兵站病院外来診察室」）

と記している。【筆者注：本文中に用いられている（それは、～店頭にある。）はそのままのもの】

これを読むと同人は、「従軍慰安婦」という言葉はかつて存在していなかったことを承知の上で、これを書物にしようという千田らと交流していたことがよく分かる。

注目すべきことは、彼は「今次事変にて起動した従軍慰安婦の一件」と表現していることである。

すなわち、所謂「南京事件」で起きたとされる兵士による強姦事件を機として上海に開設された陸軍慰安所で、彼が検診した慰安婦は、彼の思考回路の中ですでに「従軍慰安婦」になっていたのである。

ちなみに『1億人の昭和史』（毎日新聞社刊）は、最初の手記発表から約二〇年後の昭和五二（一九七七）年一月一日に出版されていた。

この『上海より上海へ』の出版は、三六年後の平成五（一九九三）年八月一五日である。

それは「平成三年（１９９１）ころから（中略）様々な人」が押しかけてくるほど「従軍慰安婦」が世に広まった二年後のことであり、同年同月四日に「河野談話」が出され、五日後

（九日）に三八年間続いてきた自由民主党政権が倒れ、「非自民」で結集した細川政権が成立したその六日後のことであった。

天児都は同書の中で、

《父が陸軍に提出した性病対策レポートが原因で、朝鮮人の女性たちが慰安婦として連行されることになったとか、連行そのものの責任者のように記述されたり言われたりすることがあったので、「誤解を解くために、ちゃんと事実を書いて、本にしたらどうですか」と私は父に言ったことがありました。

その時父は「自分は事件の当事者であって、それを解釈するのは他の人なのだ。だから私は自分の体験したことだけを手記として残しておく」と言いました。》（二五六頁）

と記している。

彼が真実「自分は事件の当事者」であると言ったのだとすれば、同人は「慰安婦検診手記」を発表する機会が訪れた際に、最初から「貴方が診た朝鮮人の慰安婦たちは強制連行されてきたのだ」と告げられていたものと考えるのが自然であろう。

自分自身には「従軍慰安婦」をでっち上げようという意思もなければ、彼女たちが「強制連行」されてきたのかどうかも知り得る立場にはないが、彼女らが「強制連行」されてきたのだとすればそれは事件であり、自分が「慰安婦を検診した」以上自分は「事件の当事者」である。

ならば自分は自分として、戦時中の「戦線における女性の生きざま」とともに、「自分の体験したことだけを手記として書いておく」と言ったのだと考えられる。

つまり彼は、何者かから「強制連行されてきた朝鮮人慰安婦」を前提として「手記の発表」を持ち掛けられていたということなのである。


《父の残した資料は民族間の紛争をあおるために、また性的興味のために扱われるものではありません。私は戦争の悲惨さを特に女性に知らせたい思いで、いろんな圧力に耐えています。どうぞ父と遺族のこうした思いを正しく受け止めて下さい。》（二五七頁）

という天児都の悲痛な訴えも、麻生徹男にとっては、それが「でっち上げられ（ねつ造された」ものであろうがなかろうが、「強制連行してきた」と言う証言者（吉田清治と思われる）が存在する以上、「自分がその慰安婦を診たことに間違いはない」ということだったのである。

その事実を発表する必要があれば、「いつ発表してもやぶさかではなかった」のであろう。であるとすれば「自主憲法制定」と国防（日米安保）・治安の機構改革を掲げる岸政権が登場した（「再び旧勢力の復活が目立ち始めた」）」時代を背景として、麻生徹男元軍医に「貴方が上海の慰安所で検診させられた朝鮮人慰安婦たちは日本軍の命令で狩り集められた（強制連行された）慰安婦たちであった」と思い込ませることを企画し、それを実行し得る人物達（組織）が存在したものと考えることができる。

そしてその人物たち（組織）は、所謂「南京事件」で急遽設けられた「慰安所」と、そこに慰安婦が派遣されたこと、そして同女らの「検診」に従事させられた麻生徹男の愚直一徹な性格や、彼の生き様とともにある多数の「写真」や報告資料の存在などを知りうる立場にあった人たちに違いないことであった。

と同時に、これがこのでっち上げ（ねつ造）の原点だったのである。

三　千田夏光と毎日新聞社の「でっち上げ（ねつ造）」事前工作

千田が前記『従軍慰安婦――〝声なき女〟八万人の告発』を出版する九年も前の昭和三九（一九六四）年に、毎日新聞社が戦時中自社の従軍カメラマンが撮影していた膨大な写真をまとめ、『日本の戦歴』[69]として出版するための作業を開始した。

しかもこの際、八年も前に退職していた千田がこの「写真の選別から編集までを受け持って」いたのである。

昭和三九（一九六四）年と言えば、一〇月一〇日東京オリンピックが開催された年であり、当時私は一四歳だったが、雨にずぶ濡れになって遊び、「頭が禿げる」と怒られたことを覚えている。

今思えば当時台湾の参加を理由にボイコットしていた中国共産党が、タクラマカン砂漠（ウイグル自治区）で核実験を行い、偏西風に乗せて死の灰を降らせていたのであった。

そして同グラビア誌は昭和四二（一九六七）年、「七〇年日米反安保闘争」に向かって、激烈な日教組による反日活動が展開されているころ出版されたのであるが、その頭巻には、

69　『日本の戦歴』毎日新聞社編（昭和42年4月5日　毎日新聞社）。

《戦争は　日本人の真実の体験である　われわれは戦争を憎むが　体験をさげすむことは許されない　（中略）こんにち　われわれは平和に狎《な》れた　この平和が　刻々と奪われ　まったくそれが　失われた日々のあったことを　われわれは忘れ去ってはならない　戦争の体験　―　真実あった姿から　目をそらさず　それを直視することによって　平和への最も強い希求が生まれると（後略）》

等とかつてのGHQや朝日新聞社が喜ぶようなことが記されていた。

次の画像を見ていただきたい。

「黄河を渡る慰安婦たち」の写真右下に記されている説明文の部分を拡大したものであるが、そこには

《昭和13年6月18日　前進する部隊を追って　黄河を渡る慰安婦たち（右）　戦場にはミエも外聞もいらない　時にはフリチンで歩くこともあった　昭和13年5月16日　北支・微山湖の渡湖戦のひとコマだ》

と記されており、これを「千田が作成した」ことに思いを馳せる人は皆無と言ってよいであろう。

なるほどこの説明文をただ漫然と読み過ごしてしまえば、「軍人と一緒に渡る『慰安婦』」だ

これが“慰安婦”なのか？（昭和42年発行、毎日新聞社刊『日本の戦歴』より）

と錯覚するように工夫されているのである。

この二枚の写真を見比べながら説明文をよく読んで初めて、これは別々の機会の写真であり、改めて「これは本当に慰安婦なのか？　従軍看護婦ではないのか？」という疑問を持つことができる。

昭和一三（一九三八）年六月一八日と言えば、同年五月五日に国家総動員法が施行されて一カ月後のことであり、同法は日中が戦争状態（日華事変）になったことから制定されたものである。

この写真が「『女子挺身隊』の名目で強制連行されてきた『従軍慰安婦』である」（千田夏光）と言うのであれば、日本が「勅令第九九五号『国民勤労報国協力令』」[70]を定めたのは昭和一六年一一月二二日。「勅令第五一九号『女子挺身勤労令』」を発動したのは昭和一九年八月二二日、いずれも「対英米戦争に突入のため」であったのであるから、まさに現実としてはありえないことなのである。

「黄河を渡る」人間ならば、朝鮮人でなくともこのような姿態（ポーズ）をするのは当然であろう。

千田は前記『従軍慰安婦――〝声なき女〟八万人の告発』（昭和四八・一九七三年出版）の中で、

《私が慰安婦に興味をおぼえたのは、昭和三十九年毎日新聞社が写真集『日本の戦歴』を発行したときであった。（中略）二万数千枚の写真の選別から編集までを私は受持ってきた。ところがその作業の中に数十枚の不思議な女性の写真を発見したのである。兵隊とともに行軍する朝鮮人らしい女性。頭の上にトランクをのせている姿は朝鮮女性がよくやるポーズである。（中略）写真ネガにつけられている説明に〝慰安婦〟の文字はなかった。が、この女性の正体を追っているうち初めて〝慰安婦〟なる存在を知ったのであった。》（二一五頁）

と記していた。

にもかかわらず、八年後の昭和五六（一九八一）年に出版した『従軍慰安婦・慶子』[71]の中では同写真について、

《従軍体験のある古いカメラマンがかたわらから、「それは従軍慰安婦だよ」それなりに説明してくれた》（三頁「はじめに」）

と、今や世間一般の中に誰も咎めだてする者はいないことを見透かしたかのように、堂々と「嘘」を述べていたのであった。

千田がこのグラビア誌の中で、撮影年月日と場所まで明確にして編集していながら「従軍慰安婦」と説明できなかった理由は何か？

70　「国民勤労報国協力令・国民徴用令」http://dl.ndl.go.jp/info:ndljp/pid/1459752/47 から引用。
71　『従軍慰安婦・慶子』千田夏光（昭和56年11月30日　光文社）。

それは、当時はまだ戦時中のことを知る人々がいて「従軍慰安婦」を口にすることはできなかったからにほかならない。

つまり、千田はこの作業を通じて「朝鮮人慰安婦」の証拠写真を捜したものの見つからず、後にこれを用いるためにこのような工作を行っていたということなのである。

因みに彼は、前記『従軍慰安婦――〝声なき女〟八万人の告発』出版三年前の昭和四五（一九七〇）年六月、同書の原形とも言うべき『特別レポート　日本陸軍慰安婦　千田夏光』を「週刊新潮」（二七日号）に寄稿していたが、ここでもまだ「従軍慰安婦」の名称は使われてはいなかったのである。

そして昭和四九（一九七四）年に第二作『続・従軍慰安婦　償われざる女八万人の慟哭』[72]を出版したのであるが、私なりにかいつまんで言えば、第一作は「日本陸軍の慰安婦制度の実態を被害女性八万人と共に告発する」と言うものであり、第二作は、日本政府の謝罪と賠償に力点を置いたものであったと考えてよいであろう。

しかしこれらの書がいずれも欺瞞に満ちた書であることを指摘した書、

○　中川八洋著『歴史を偽造する韓国』（二〇〇二年四月三〇日　徳間書店）二三八頁「第二の吉田清治――千田夏光」。

○　加藤正夫「千田夏光著『従軍慰安婦』の重大な誤り」『現代コリア』一九九三年二・三月号。

等があることをここに挙げておきたい。

四　深津文雄の事前工作（「城田すず子」の自伝に隠された秘密）

(一)　出版に無頓着な（どうでもよい）「城田すず子」

深津文雄は前記の通り昭和三七（一九六二）年に「城田すず子」の自伝『愛と肉の告白』を出版していたが、昭和四六（一九七一）年にその題名を『マリヤの讃歌』と変え、内容はほぼそのままの同人の自伝を出版していた。

彼がその「まえおき」に記した次の内容について注目してみたい。

《「MYさんのことが、本になれば、ぜひ読みたい」という声が、あちこちから、きこえてきた。

ところが、それには、いくつかの困難があった。MYは、世にも珍しい、ただれた経歴をもつ遊女なのである。そんな物語を、どれだけ忠実に、日本基督教団の出版局から報道できるか、おのずと限界がかんじられる。きわめて建徳的な、きれいごとになってしまうのなら、こんな人物とりあげる意味がない。ぼくは、うたがい、ためらった。……ところが（中略）ぜんぶ、このままでけっこうです――という。

それにしても、かなり穢いはなしで、（中略）ぜんぶ仮名にしようかとおもったが、それでは、なんとも現実感がうすれる。仮名は、最小限にとどめて、（中略）本名をなのってもらうことになった。（中略）

72『続・従軍慰安婦　償われざる女八万人の慟哭』千田夏光（昭和49年7月15日　双葉社）。

もうひとつ、しぶった理由は、本人がまるで乗り気でない。いやとは言わないが、ぜひとも言わない。悟りきっていて、そんなことどうでもよい――という。それもそのはず。この物語は、かの女の幼少から筆をおこして一九五八年十一月十五日、腰柱骨折でたおれたところで終わっている。……ということは、まだ、そのあとに、一二年あまりの歴史がある。（中略）不本意だが、未完のままで、シリキレとんぼをごらんにいれることになった。》（二・三頁）

と記されている。

(二)『マリヤの賛歌』出版の経緯

深津は日韓基本条約が結ばれる二カ月前の昭和四〇（一九六五）年四月二六日、ついに念願の「婦人保護長期収容施設・かにた婦人の村」（千葉県館山市大賀五九四）を開設し、「三笠宮、千葉県知事代理（夫人）、国会議員市川房江、館山市長、市議会議長、松原一彦、久布白オチミ」などそうそうたる顔ぶれの人士が列席して、「小崎理事長」から式辞を受けていた[73]。瀕死の大病を患いようやく退院した「城田すず子」はここに落ち着いたのであった。

深津文雄はこの四年後の昭和四四（一九六九）年一一月、自らの終戦間近から「かにた婦人の村」建設に至るまでの活動を、「城田すず子」を「ＭＹ」とし、その出会いによってコロニー建設が実現できたことなどを記した自伝『いと小さく貧しき者に――コロニーへの道』を出版していたのだった。

その際そこに記していた「ＭＹ」が「城田すず子」の本名「三原良江」であったことは、昭和六一（一九八六）年、朝日新聞社が報道した記事から判明したのであるが、深津の自伝の読者から「MYさんのことが、本になれば、ぜひ読みたい」と言う要望があったというのである。そして彼は、前記のように誰にも見せなかった『愛と肉の告白』[74]をその要望者に見せたものと思われる。

そこで出た言葉が「（中略）ぜんぶ、このままでけっこうです——」であったのであろう。

その要望者は一体何者だったのであろうか？

㈢　九年後に登場した「特要隊」

このようにして深津は、前記自らの自伝を出版して二年後の昭和四六（一九七一）年（日中国交樹立一年前）に、この『愛と肉の告白』の表題を、『マリヤの讃歌』[75]と変えて出版していたのであるが、なぜか前者では「海軍の慰安所の慰安隊」と言う抽象的な説明であったものが、後者では「海軍の特要隊」になっていたのである。

しかも「城田すず子」は、その慰安婦たちの面倒を見ていたというのであるから、もしもその「慰安隊」に本当に何らかの名称があったのであれば、彼女の記憶に刻まれていたことであろうし、もっと相応しい名称があったであろう。

73　『いと小さく貧しき者に　コロニーへの道』深津文雄（1980年2月25日再版　日本基督教団出版局）。355・356頁
74　『愛と肉の告白』城田すず子（昭和37年7月30日　桜桃社）。
75　『マリヤの賛歌』城田すず子（1971年2月4日　日本基督教団出版局）。

そして何よりもまず『愛と肉の告白』に記されてしかるべきではないか。

そうではなく、その編集時に省かれたもので、それをわざわざ深津が『マリヤの讃歌』を出版する際に書き加えたものであったとしても、そして彼女の無関心ぶりから押し量っても、その「いかにも」と言う名称から考えても、それは何らかの意図を持って深津が恣意的に思いついた名称（特要隊）を書き加えたものであると考えざるを得ないのである。

そもそも麻生軍医が検診に従事した「慰安所」は陸軍専用であり、海軍ではなかった。千田が題材にした「従軍慰安婦」もまた「陸軍の慰安婦」であり、「海軍」ではなかった。にもかかわらず前記「天声人語」では、彼女の自伝に記された「海軍の」がすっぽりと切り取られ、「特要隊の慰安婦」（従軍慰安婦）として報じられていたのであった。

したがってすでにこの時前記仮定の人物たち（組織）は、この二年後に千田が出版するであろう「従軍慰安婦」の「生き証人」に「城田すず子」を用いる計画を立てていたのではないであろうか？

そのためには、「海軍軍人を相手とする慰安隊の慰安婦」では都合が悪かった。

その「工作」のために、深津もまた彼女の「過去を支配」し、敢えて「特要隊」の三文字を加えて『マリヤの讃歌』を出版していたものと考えることができるのである。

㈣　全ては「従軍慰安婦　城田すず子」でっち上げ（ねつ造）のため！

「城田すず子」が深津の下で保護されたのは、久布白が中国から帰国しておおむね五カ月後のことであるが、彼女はその二年も前から矯風会が運営する「慈愛寮」に保護され、入退院を繰り返していた。

いかに人道（博愛）のためとはいえ、その身柄を預かる以上、その人物の身上や経歴を正直に申告するよう求めることは当然のことであろう。

したがって深津と久布白が、前記のように、一人の女性の「恥部」を「映画にしよう」とまで相談し、血眼になって世に出そうとしたのは、彼女が入寮する際、当然申告しなければならない経歴の中に、

● 台湾の遊郭（軍人相手の慰安所）で働いたこと
● パラオでの遊郭（軍人相手の慰安所）の手伝いをしたこと

などが記されていたからであると私は考えるのである。

つまり、三原良江は「れっきとした慰安婦としての経験」を語ることのできる唯一の女性であったということである。

そしてそれは彼女がまだ一八歳のころの経験であったが、それだけでも将来役立つものとして書籍化されたものと考えられる。

それが「軍人に性病をうつさないよう軍医の検診を受けて娼妓の鑑札をもらい、遊郭に遊びに来た軍人相手に、土曜、日曜になると、…人肉の市で…一人の女に一〇人も一五人もたかるありさま」であった。

全て物事には「原因と結果」がある。

なぜこのような「でっち上げ（ねつ造）」が起こったのか？

その原因の解明こそが「その犯人」に繋がる鍵となるのであり、そのためには、「常に『原

点』に向き合え」という先輩が残した「現場一〇〇回」と言う教えがあった。

私はこれらの書物に何度も向き合ううちに、ついにこの「でっち上げ（ねつ造）」に深津文雄らも関わっていたことの確信を得たのであった。

と同時に私は、なぜどのような経緯で久布白一行は国交も開かれていない中国へ赴いたのかということであり、そのためにはこの当時の時代背景を辿る必要があった。

なぜ深津がかくも大掛かりな売春婦保護更生施設作りに取り組まなければならなかったのか？

さらには、当時の世界情勢とその中の日本の有様はいかなるものであったのか？

いずれにせよ言えることは、この「従軍慰安婦」でっち上げ（ねつ造）のマグマは、「売春防止法」制定以前から動き出し、しかもその完成目標は、普通であれば到底考えも及ばない概ね三〇年も先、すなわち「戦後四〇年の節目」（昭和六〇・一九八五年）の時を目指していたと言うことにほかならないのであった。

ならば一体誰が何のために？　という疑問が浮かぶのであるが、「四〇年も過去のこと」を蒸し返し、しかも当時まで「違法でもなんでもなかったもの」を、あたかも「違法であった」と思わせる手段のために、旧日本軍の「慰安婦制度」とその証言者（麻生徹男）に着目し、朝日新聞社を取り込み、日本の政治家や官僚までを動かすことができた人物（組織）はと言えば、その当時の毛沢東と周恩来（中国共産党）以外私の頭に思い浮かぶものは存在し得なかったのである。

「資本主義者の現在は過去から支配されるが、共産主義者の現在は過去を支配し、独裁によって家族、私的所有、国家を否定・破壊・廃止すれば売春も不倫も無い社会が実現できる」[76]という思想（共産党宣言）から、戦後の日本を観察した時、旧日本軍の「慰安婦制度」を違法とした「売春防止法」ほど、その後の世界戦略（日本を含む）に利用できるものはなかったからである。

なぜならそこには「朝鮮人女性」もおり、しかも戦時動員（女子挺身隊）という徴用制度に対する当時の朝鮮人の反感は根強く、これに火をつけるならば、日韓は離反し、アメリカの防衛線は崩壊せざるを得ないからであった。

かくして台湾は言うに及ばず、朝鮮半島もまた朝鮮戦争の延長として中国共産党の傘下に収まると考えたのがその動機であったと私は考えるに至ったのである。

五　『従軍慰安婦――〝声なき女〟八万人の告発』に隠された秘密

㈠　ソウルから発せられた『従軍慰安婦』でっち上げ（ねつ造）工作指令

㊀　不自然な記述

千田は同書出版の三年前に、この原型とも言うべき前記『特別レポート　日本陸軍慰安婦』を「週刊新潮」に寄稿していた。

そして彼は日中国交が開始された昭和四七（一九七二）年に韓国に渡り、「従軍慰安婦」探

76　『共産党宣言／共産主義の諸原理』マルクス／エンゲルス（２００８年12月10日　新日本出版社）「Ⅱプロレタリアと共産主義者」72～86頁。

しをして翌年に前記第一作の書を出版していたのであるが、これを読むと、ここにあることが隠されていることが分かるのである。
彼は同書の中で、「麻生徹男軍医少尉の〝花柳病と慰安婦に関する意見書〟」と、「安村光享軍医少佐の〝中国人私娼に就いての調査報告〟」を紹介し、
《とくに麻生軍医の（中略）書かれた部分は読む者の目をひきつけた。ここに戦線拡大、長期戦を考える陸軍首脳部の目は、おのずと朝鮮半島へむけられていく。（中略）ごく一部の日本人を除き、大半以上が抱いていた朝鮮人蔑視の目があったのも言える。輸送船の中で軍馬、軍犬、軍鳩以下にあつかう慰安婦の市場として、それは抵抗なく考えられる場所でもあった。もちろんそれを裏付ける資料はない。冷厳なる数字としてこんにち示し得るのは、元ソウル新聞編集局副局長で現在は文教部（文部省）スポークスマンを務めておられる、鄭達善氏が見せてくれた一片のソウル新聞の切り抜きだけである。そこには一九四三年から四五年まで、挺身隊の名のもと若い朝鮮婦人約二十万人が動員され、うち〝五万人ないし七万人〟が慰安婦にされたとあるのである。
その新聞記事は、〝奸悪な日帝はこの土地から引っ張った挺身隊の記録を敗戦がきまると全部焼いてしまい正確な被害資料を残さなかった〟とも書いてあった。（中略）一枚の赤紙で兵隊を集めるのと同様に簡単なものと考えていったに違いない。》（九四頁）
と記し、従軍慰安婦を裏付ける資料は「一片のソウル新聞の切り抜き」であるとしながらここ

ではそれがどのようなものなのかは分からない。
そして千田は渡韓前に「元陸軍参謀の原善四郎」に取材をした内容を九五頁から九八頁にもわたって記し、
《原善四郎氏からこれ以上もとめられるものがないとすれば、当の朝鮮総督府の関係資料を探すより無い。（中略）
かくて、考えられるのは朝鮮半島に渡り、当時の体験者から体験談を集めてそこから悲劇像を組み立てていくしかないのであった。》（九八頁）
として渡韓するも、朝鮮総督府には「特に慰安婦関係の資料はないのであった。」とし、そして、「やっとめぐり会ったのが前出の鄭達善であり」として次のように記している。
《「過去のことは過去のこととしてお互いに反省しなければならないが、そんな事よりこれからの事をもっと考えましょうよ」（中略）同氏は、綺麗な日本語で言われてから、それでもと言う私に、
「何年か前にソウル新聞に短い記事だったけれど、そのことを書いたことがあるのです。参考のため読んでみますか」》
と言って訳してくれたのが前記内容の記事であったと述べて次のように記している。

《それは、韓国のベテラン記者たちが足を棒にして取材してまわった結果がこれだけだから、探されているものは韓国にもないのですよ、という間接的表現でもあった。やはり体験者、目撃者の体験談や目撃談を組み立てていくしかないのであった。

ところが、そこで知ったのは、この国で慰安婦にされた女性のことは〝挺身隊〟とよばれ、その体験者たちは、いずれも牡蠣《かき》のように口が固いのであった。何人かをやっと探し出してもなかなか語ってくれないのであった。その何人目かに会い終ったとき知ったのは、（中略）その恥辱感のためであるということだった。（中略）誰が慰安婦にさせられた過去の傷痕をとくとくと語る者がいようか。》（一〇〇・一〇一頁）

そしてその他の人物たちにも聞き取りをしていった内容が一〇七頁まで「証言」として記述されている。

ところが、そこで突如として、

《ソウル新聞の昭和四十四年八月十四日号、韓国人が言う解放記念日の解放回想特集号はこう書いている。》（一〇七頁）

と言う一文が登場するのである。

そしてその記事は「挺身隊」について記されているもので、

《十二歳以上四十歳未満の未婚女性を対象にしたこの挺身隊は事実上》から始まり、証言者の回想が次のように記されている。

《当時、学徒兵として参戦した韓雲史氏（47・作家）は、「第一線部隊に女子たちがひっぱられていった。一個小隊に二、三名ずつ配属され〝天皇の下賜品〟として飢えた兵士たちのオモチャとなり、朝になればまた違う部隊に追われていって、同じ屈辱を経験させられねばならなかった」と回想している。》（一〇七頁から一部を引用）

などとその内容は、まさに「性奴隷にされた慰安婦」（「従軍慰安婦」）そのもののように記されていたのである。

そして前記九四頁から一〇七頁までの文章の流れからは、前記「鄭達善の新聞記事」とこの「特集号」とは別の記事かと思わされるのであるが、一〇八頁中ほどに、

《ソウル新聞のバックナンバーをめくっていっても慰安婦、いや挺身隊に関する記事はこれだけであった。》

と記されていて、この文章の流れから読み返してみると、何度読み返しても二つの記事は「同

じもの」、すなわち「特集号」としか理解することができないのである。

続いて千田はこの「特集号」の内容を前提として聞き込みを行っていくのであるが、一一四頁から一一五頁にかけて、千田が韓国人記者に質問し、千田に答える場面が次のように記されている。

《だが、或る韓国人記者は、

「この記事に対し日本人から何らかの反応がありましたか。（中略）」

と言う私に、

「いまの日本の新聞記者の方は若いから、戦争中の事は、たとえ悲劇でも興味はないでしょう。あの記事が出たのは三年前の夏ですが、そうしたことは無かったと記憶します。でも古い傷はもうどうでもいいでしょう。韓国と日本はもっとも仲良くしなければならないのですから。」

笑顔で答えるのだった。鄭達善氏と同じであった。もう私には本当に語る言葉はなかった。ソウルの夏はじりじりと暑いのであった。》

と。

この取材の中で「あの記事」（昭和四十四年八月十四日付特集号）が「出たのは三年前の夏」だと言うのであるから、同人が韓国を訪れたのは、それから三年後の昭和四七（一九七二）年、「じりじりと暑い」夏の季節だったということになる。

であるとすれば、千田はなぜこのような回りくどい書き方をしなければならなかったのであろうか？

㈡　その理由

そもそも、「慰安婦」制度は日本独自の特殊な制度であり、その内実を明らかにし得るのは日本人の手によってしか成し得ないことであった。

そして千田は本書（『従軍慰安婦――〝声なき女〟八万人の告発』）に、麻生・安村証言に加えて原の証言では「旧日本軍による強制連行」が裏付けられないために韓国取材に出かけたと書いているのである。

そうであるのならば、昭和四五（一九七〇）年に自らが彼らから取材して発表した前記『特別レポート 日本陸軍慰安婦』もまた「裏付けが不十分な代物であった」に違いないであろう。

しからば彼は、その発表よりも一〇カ月早く発刊された前記「ソウル新聞の（中略）解放回想特集号」を知らないまま韓国を訪れたのであろうか？

とするのであれば彼はまずまっさきに、この記事が存在しこれと出会った経緯を、前記『従軍慰安婦――〝声なき女〟八万人の告発』の中に驚きをもって書き記していなければならないはずである。

にもかかわらず彼は、なぜそれをそのように書き記すことができなかったのか？

つまりこの記事が出たのは前記『特別レポート日本陸軍慰安婦』発表の前年であった。

すなわちこの記事を合図として千田もこれに符合する記事を前記『特別レポート』として発表し、その裏付けのために韓国を訪れていたのだということなのである。

ところが意に反しこの「ソウル新聞記事」そのものが根拠（裏付け）のないものであるばかりか、韓国の人々の反応は全くなく、仕方なく様々な人々からの「証言」と称するものをちりばめていったために、このような不自然な書き方しかできなかったのだと見做さざるを得ないのである。

(二)「中国共産党人民軍に〝慰安婦〟隊はなかった」

さらに同書には次のようなことが記されていた。

《それにしても第二次世界大戦を通じ、この種の事件を全くと言っていいほど起こさなかった中国共産党人民軍のことを考えると、なぜか、真実の正義の戦いと不義の戦いの問題が浮かび上がってくる。中国共産党人民軍に〝慰安婦〟隊はなく、歓楽地もなかったという。》（二一四頁）

千田がここで述べる「真実の正義の戦いと不義の戦い」とは、毛沢東が昭和一三（一九三八）年五月、延安の抗日戦争研究会で述べた「持久戦論」（「歴史上の戦争は二つの種類にわけられる。一つは正義の戦争であり、もう一つは不正義の戦争である。進歩的な戦争はすべて正義の戦争であり、進歩を阻《はば》む戦争はすべて不正義の戦争である。」[77]）から引用されたものに間違いない。

この毛沢東の理論は、自らを善（進歩思想）と信じ込む「マルクス（共産）主義」独特の、

「過去を支配する」と言う「逆理（パラドックス）」の思考回路（意識）によって、全てを自らの都合の良い方向へと転換してしまう「模範（パラダイム）の転換」にほかならない。「共産主義」の戦争は「人間を解放する」ための「正義の戦争」であり、「資本主義」の戦争は「侵略」のための「不正義の戦争」であるというのである。

まさに人間の魂を浄化するポア（殺人）を説く「オウム真理教」の思想とその思考原理は同じなのである。

もしもこれからさらに発達するであろう人工知能（AI）がこのような思考回路を持つとしたらどうであろうか？

六　過去を振り返って（「中国・日本共産主義者連合」の存在）

私は今七〇歳をゆうに超えている。

しかしそのような年齢の私にとってさえ、「『売春防止法』の制定」が、日本の「歴史伝統文化」を根底から覆すような大問題として、左翼勢力と保守勢力が激突する中で国中が大騒動であったことなど想像もつかないのである。

昭和三〇（一九五五）年ころと言えば、私がまだ小学校に上がる前ころの時代。

つまり人間は親から子へと生死を繰り返しながら私もまた「今」に別れを告げていくのであるが、この「私の今」がどのようにしてもたらされてきたのか？

77　『毛沢東選集第三巻「持久戦について」』　1935年5月26日―6月3日　延安（抗日戦争研究会にて）「永遠の平和のために戦おう」（58）。

その当時に思いを馳せる時、そのころの懐かしい私の両親にも遠い貴重な過去があり、私は兄弟姉妹とともにその時を迎え、そして「今の私」を迎えているのであった。

私はこの問題に取り組みながら、自分が終戦五年後にこの世に生まれ、朝鮮戦争の波風に触れた当時のことに思いを馳せることができたのであるが、そうして初めて、「まさしく千田は、朝鮮戦争当時に設立された『極東コミンフォルム』(「中国・日本共産主義連合」)の一員であったのではないか?」ということに気付かされたのであった。

そのことは後述するが、元日本共産党員・吉田清治[78]もまたその一味であったのであろう。

第四章　時空を超えて（中国共産党の標的になった麻生徹男と深津文雄）

一　「共産主義」を敵としていた日本

㈠　総理大臣・原敬暗殺さる

歴史を遡ってみると、英米の「日本打倒！」の始まりは、日露戦争後の「ハリマン覚書」（満州鉄道共同開発）破棄であり、この時から英米にとって日本は「打倒すべき敵」として位置付けられてしまったのではないであろうか？

そしてそのための準備工作がキリスト教の布教とともに進められる一方、第一次世界大戦でロシアに革命政権が成立すると、これに脅威を感じた国々は反革命軍を支援してシベリアに布陣し、日本（総理大臣・原敬）も派兵した。

これに対しレーニンはコミンテルン（国際共産主義運動の指導組織＝国際共産党）を組織し、帝国主義同士を戦わせる戦略を進めながら内戦に勝利し、西欧列強は撤退したが日本だけは「共産主義革命」の南下を阻止するために同地にとどまっていた。

このことがレーニンにとってはもとより、西欧列強の野心家にとっては日本は中国利権の最大の障壁と見做されたであろうし、何より世界の善良な人々や貧困に喘ぐ人々に対し「日本

78　『慰安婦と戦場の性』秦郁彦（２０１５年５月15日　新潮社）２４５頁。

（原敬）は平和と豊かな生活の敵」と煽りそのかす恰好の材料となったと思われる。

　コミンテルン支部として中国共産党が設立された大正一〇（一九二一）年、世界の大局と共産主義の怖さを見通し、内務大臣時に「三教（神道、仏教、キリスト教）会同」を説いていた原敬の暗殺は、今日の安倍元総理の暗殺と決して無縁のものではないと私は考えるのである。

　翌（大正一一・一九二二）年にはついに日本もシベリアから撤兵し、コミンテルン支部・日本共産党が設立され、ソビエト社会主義共和国連邦（ソ連）が誕生した。

（二）　コミンテルン工作員・王炳南と麻生徹男の出会い

　その二年後にレーニンは死去し、スターリンに引き継がれ、その四年後の昭和五（一九三〇）年には、日本と支那を戦わせるためのコミンテルンの工作員・王炳南が日本に潜入していた。[79]
　そしてこの時、まだ福岡県下の高校生であった前記・麻生徹男は、同年にＹＭＣＡが御殿場の「東山荘」で主催した「第四〇回キリスト青年会夏期学校」に参加して、翌年の正月には同学校に「上海大学講師」として参加していた前記「王炳南」から年賀状をもらっていたのであった。[80]
　明治四五（一九一二）年生まれで、後にユダヤ研究最先端機関「国際政経学会」監事となり戦後公職追放を受け、復帰後山形県知事出先機関事務長を務めた渡部悌治は、平成二一（二〇〇九）年に、自らが見聞した英米ソ中の対日諜報謀略活動の実態を、『ユダヤは日本に何をしたか』[81]として出版していた。

驚くべきことに同人は同書の中で、自らも「東山壮の夏期学校」に参加し、そこで知り得たその内実を次のように述べていたのである。

《日本における「神の国運動」も、（中略）賀川豊彦らがアメリカ共産党からの資金によって主唱していたものであった。（中略）
この陰謀は、私が東北学院の神学生だったころ、御殿場の東山荘で開催されたキリスト教青年夏期講習会に出席し、講義の内容と講師たちの密議から体験によって知りえたことである。
「日本人がユダヤの王の前に立つためには、（中略）。悔い改めによって遜《へりくだ》らなければならぬ。日本人はそう簡単に国を捨てない。国を捨てさせるには、国そのものを無くしてしまえばよろしい。それは戦争によって日本を負かすしかないのだ。日本が戦争に敗れて打ちのめされてはじめて遜るようになるのである。そうなれば天皇の神格も地に落ち、国民も拠り所を失う。それによって日本も共和国となりうる」
というのが密議の主旨であった。》（七九・八〇頁）

この夏期学校に参加した麻生は特高警察から始末書を書かされたという。82

79　王炳南（原中国外交部副部长）_百度百科
80　『上海より上海へ』麻生徹雄（1993年12月20日　石風社）「王炳南先生」96～99頁。
81　『ユダヤは日本に何をしたか』渡部悌治（2009年4月30日　成甲書房）
82　右同248頁「あとがきに変えて」。

そして同年に濱口雄幸首相が狙撃され翌年死亡するという大事件が起こった。

そのころ朝日新聞記者・尾崎秀美は上海で、ジャーナリストでコミンテルン工作員でもあったアメリカ人・スメドレーを介して、ドイツのフランクフルト新聞特派員・ジョンソンと称するゾルゲと出会っていた。[83]

満蒙では中華ソビエト臨時政府樹立計画が進められ、昭和六（一九三一）年四月一四日、若槻禮次郎第二次内閣が発足した。

同年六月中村大尉殺害事件が勃発し、ピクニック中の日本人女学生数十人が中国人の集団に強姦されるなど政情不安は極に達した。[84]

同年九月、満州事変の発端となる柳条湖事件が勃発。

同年一一月、江西省瑞金に毛沢東を主席とする「中華ソビエト共和国臨時政府」が樹立された。

昭和七（一九三二）年一月、蔣介石に反発する十九路軍と日本軍が一カ月近く衝突した第一次上海事変が勃発した。

そして同事変が終息に向かう三月一日、満州国が成立すると、矯風会と日本友和会は、「全国一七六〇の教会、一七万のクリスチャン団結せよ、平和のために」（委員長・賀川豊彦、副委員長・小崎道雄、久布白落実、顧問・新渡戸稲造、安倍磯雄）として犬養首相に「平和請願書」を提出し、日本における大々的な国際平和運動を開始した。[85]

前記渡部悌治は『ユダヤは日本に何をしたか』に、

《対日工作費が、かって張学良経由で日本にばら撒かれたとき、キリスト教矯風会の婦女子らの手をかりたが、村岡花子もそのなかの一人だったのである。（中略）キリスト教による謀略では、平和運動の一環として行なわれていた「神の国運動」がある。日本からは賀川豊彦をはじめ、米国から流れてくる謀略資金を受け取りに渡米したキリスト教関係者が参画した。平和運動は反戦運動の一つの型である。その目標は国内に反戦組織を作り上げることなのだ。》（五三頁）

と記している。

㈢　コミンテルンの謀略（近衛内閣樹立を目指して）

昭和七（一九三二）年、四月二六日に中華ソビエト共和国の毛沢東が日本に対し宣戦布告を発した[86]三日後、上海の虹口公園で行われた「天長節式典」で爆弾事件が発生し多数の要人が死傷し、重光葵《まもる》公使は片足を切断することとなった。

私は、一一歳の時他界した父が特務機関員として上海で活動していたことを母や兄たちから

83 『ユダヤは日本に何をしたか』渡部悌治（2009年4月30日　成甲書房）176頁。
84 『反日思想』歴史の真実』拳骨拓史（2013年6月1日　扶桑社新書）。
85 『国際平和運動における新渡戸稲造と賀川豊彦の役割』研究代表者・布川弘（平成15年3月　研究課題番号12610332）10頁。
86 『週刊日録20世紀』（平成10年1月6・13日合併号「1932・昭和7年」講談社）。

聞かされていたが、この当時父が現場で対応に追われたか否か定かではない。

同年日本では「議会制民主主義」を粉砕する「五・一五（犬養首相暗殺）事件」が勃発して、軍が統制せざるを得ない状況が作られていった。

昭和八（一九三三）年一月、ドイツにヒトラー政権が誕生。

同年二月、日本は、満州を中華民国に返還するよう求めた国際連盟に反発して脱退。

ゾルゲが日本に潜入し、朝日新聞社の尾崎秀実とともに日本を対中英米戦（南進）に向かわせる諜報謀略活動を開始したのは同年であった[87]。

昭和九（一九三四）年八月、コミンテルン第七回大会が開催され、「貧民出身者が多い日本陸軍を革命に利用する」ことや、「日華事変長期化（蔣介石との和平交渉遮断）のための日本傀儡政府の樹立」などが決定された[88]。

そして同年九月、それまで加盟が認められなかったソ連が国際連盟に加入したのであった、

㈣　黒田善治と郭沫若

昭和一一（一九三六）年一月中国共産党は、日本の力を弱めるためには「支那は一つになるのが良い」というコミンテルンの要求に従い、蔣介石に国共合作を申し出ていた[89]。

そして日本では同年二月「二・二六事件」が勃発。

岡田啓介首相は難を逃れるも、閣僚四人、警察官五人が殺害され、岡田内閣は総辞職して、またもや日本は大混乱に陥らされてしまったのである。

その虚を突くようにして同年一二月、毛沢東らにそそのかされ煽られた張学良が「西安事件

（蔣介石監禁）」を起こした。

しかし中国を挙国一致で対日戦争に立ち向かわせる考えのコミンテルン（スターリン）は、中国共産党（毛沢東）に対して蔣介石を殺害しないように厳命[90]していた。

《「某日ちょっと、用事があるから、いらして下さい。佐藤」

これは市川に亡命していた郭沫若さんからの手紙だが、》（一五頁）

『謀略　熟練工　青山和夫』[91]には、このような書き出しとともに、この時の青山和夫（以後黒田善治とする）の決意が次のように記されている。

《一九三六年もおしつまった暮に、新聞は張学良が蔣介石を捕えた西安事件を報じた。（中略）今まで、われわれは日本の内側だけで、反戦や革命をしようと努力してきたが、（中略）日本の帝国主義はビクともしない。（中略）外から日本帝国主義の強い殻を打破することだ。軍部がやる対支戦争を、われわれが中国と結んで受けて立ち、戦線で日本軍を失敗させなければな

87　『ユダヤは日本に何をしたか』渡部悌治（２００９年4月30日　成甲書房）１０１頁「蠢動したゾルゲ」。
88　『大東亜戦争とスターリンの謀略』三田村武夫著（平成21年2月25日　自由社）22～25頁。
89　『ユダヤは日本に何をしたか』渡部悌治（２００９年4月30日　成甲書房）。
90　『マオ　誰も知らなかった毛沢東（上）』ユン・チアン：ジョン・ハリディ（訳）土屋京子（２００５年11月17・18日　講談社）
91　『謀略　熟練工　青山和夫』黒田善治（昭和32年4月10日　妙技出版）。

らない。》（二七・二八頁）
《郭さんに、この上海行きを知らせに行くと、（中略）友人宛の紹介状を目の前で書いてくれた。》（三二・三三頁）

この当時郭沫若は、国民党政権に追われて日本に亡命し、日本人女性と結婚してその姓（佐藤）を名乗っていた。

昭和一二（一九三七）年二月八日、三〇歳で上海に渡った黒田善治は「王（芃生）」という人物と出会い、その後「青山和夫」と名乗ることとなった。

王は、「対華侵略戦争」に日本が踏み切る時期は「七月が『千載一遇』の機会だ」とする黒田善治の論文を目にすると、徹夜でそれを翻訳し蔣介石に報告してその功を認められ、

《王はわたしとの中日合作機関――国際問題研究所を南京に設立する許可を受け、（中略）交通部の次長――日本の政務次官に就任した。》（『謀略　熟練工　青山和夫』五七頁）

さらに「日本の対華作戦と交戦準備について」の意見を具申すると、

《蔣介石は、これに基いて、抗日作戦を二ケ年継続の準備を命令した。

王芃生は『これで一切の準備ができたのですが、あなたの知っている郭沫若さんはどうなりますか』》（同六一頁）

と言うので二人は相談の上、「王」は蔣介石が出している郭に対する逮捕命令を取り消させ、黒田は日本の同志に連絡して、郭が中国に帰国する手配をすることになった。

昭和一二（一九三七）年六月四日、近衛文麿第一次内閣が発足すると、このころのことが前記『ユダヤは日本に何をしたか』には次のように記されている。

《村尾薩男がコミンテルンの目的達成のために、官吏の職に就くことの指令をモスクワから受け、その資金の送られてくるのを待機していたころには、浅原は日本軍部の中枢に歩を一歩進めて、満州組を標榜する者を籠絡し終えていた。一方、尾崎秀実はゾルゲの指令を受けて、西園寺公一から風見章へと接近し、ついには近衛内閣の中核を襲っていた》（一七九・一八〇頁「浅原謙三の偽装転向」）

村尾薩男とは昭和三年「三・一五事件」で検挙された日本共産党員であり、浅原は共産主義者[92]、西園寺公一はその後「ゾルゲ事件」で逮捕され、戦後《一家をあげて中国に渡り，日中間の友好，交渉の窓口となり，国交未回復時代の民間大使と呼ばれた。日本共産党員だったが，六七年，親中国派として除名された。七〇年に帰国したが，

92　『反逆の獅子』（「陸軍に不戦工作を仕掛けた男・浅原健三の生涯」）桐山桂一（平成15年1月25日　角川書店）

その後も日中間を往復し，廖承志（中日友好協会会長）ら中国要人の信頼も厚く，日中関係に占める役割が大きかった。日中文化交流協会常任理事をつとめていた。》[93]

人物である。

日本国内で新聞が、「ヒロッタ内閣」や「何もセンジュウロウ内閣」などと揶揄し騒ぎ立てる中でついに同年六月四日、近衛内閣が成立した。

上海にいてこれを知った時のことを黒田善治は次のように記している。

《林内閣が倒れた。次は誰か？　それでわれわれの活動のすべてがきまる。王は、電話と、ラジオの便利な場所へ、わたしを連れだした。後任がきまるのを待つのだ。果然、近衛だ。万才！　内閣の顔ぶれは？　強力内閣だ！　うまい万事成功、これでわれわれは半分勝利した。あとは日本帝国主義が自分で坂をころがり落ちるだけだ！王は気をきかせて、ビールをもってきた。上海のビールはまずいのだが、この時だけはうまい祝杯だった。》（『謀略　熟練工　青山和夫』五八頁「前祝――郭沫若脱出の準備」）

そしてついに運命の昭和一二（一九三七）年、前記黒田が「千載一遇の好機」とした「七月」、日本では七夕の日に「盧溝橋事件」が勃発したのであった。

このようにして前記「コミンテルン第七回大会」で決定された「傀儡政府の樹立」（近衛内閣）とともに日中全面戦争の火ぶたが切られ、黒田善治は待っていましたとばかりに「王」を蔣介石のもとへ走らせ、自らは亡命先の日本から無事帰国した郭にフランス租界で再会を果たしたのであった。（『謀略　熟練工　青山和夫』六八頁「南京へ急行」）

因みに『中国の日本乗っ取り工作の実態　それは田中角栄に始まり小沢一郎で完成する』[94]には、同事件について、

《六〇年間に亘って間違った歴史認識が伝えられ、真相に基づく修正がなされていない。（中略）「共産党の最大の武器は欺瞞だ」ということを忘れてはならない。》（二三九・二四〇頁）

と記されている。

私が敢えてここにこれを紹介するのは、日本が再び同じ轍を踏まないためにも、「従軍慰安婦」や「日本人拉致」をはじめとしたこれらの問題を、国家を挙げて検証する必要があることを読者の皆様にお伝えしたいからである。

(五)　支那事変（日中戦争）勃発と麻生徹男

二七歳で産婦人科医の資格を取得した麻生徹男は、新進気鋭の軍医として、昭和一二（一九

93　西園寺公一（さいおんじきんかず）とは―コトバンク https://kotobank.jp/word/西園寺公一-67706「ブリタニカ国際大百科事典 小項目事典「西園寺公一」の解説」から引用。
94　『中国の日本乗っ取り工作の実態　それは田中角栄に始まり小沢一郎で完成する』福田博幸（2010年5月25日　日新報道）232～240頁。

三七）年一一月一九日、「総計二千五百人が乗り込む『病院船瑞穂丸』で九州を発ち、一一月二八日に上海に上陸」[95]した。

それは同年八月に勃発した第二次上海事変が収束して三カ月後のことであるが、彼はその時の上海街の想像を絶する有り様を、同『上海より上海へ』の中に「輸送船瑞穂丸『第五信』」と題して写真（「破壊された街並」）とともに記しているが、この度のロシアによるウクライナ侵略の映像とともに読み返すと、まさにこれが現実なのであった。

上海で中華民国軍を撃破した日本軍は首都南京に進軍した。南京市の総面積は三五㎢（千代田区の三倍強）で当時の人口は二〇〜二五万人[96]と推定される。西安事件後国共合作に転じて対日長期抗戦を決意した蔣介石は、国民政府を南京から重慶に移すことにし一二月七日守備部隊を残して脱出。

撤退を知らない中国軍同士の衝突や難民区に逃れようとする兵士、逃げまどう市民などで混乱したところへ逐次入京した日本軍との交戦が始まり、混乱は極に達したと想像される。

それは麻生徹男が上海に上陸して間もなくの昭和一二年一二月一三日の事であった。

南京陥落翌年の昭和一三（一九三八）年二月に、上海の楊樹浦路はずれにある楊家宅という部落跡地に、陸軍が直営の慰安所を開設し、それに先立って、同年一月二日、上海市立医院の跡に設立された第一四兵站病院に衛生部見習士官として勤務する麻生徹男は、検診医として同慰安所で毎週二回検診を行うことになった[97]。

麻生徹男は同『上海より上海へ』にこのようなことを記している。

《昭和十二年の暮、南京は既に陥落し、当時上海に在った私達は、これで戦争も終った、もうすぐ内地帰還と、凱旋気分に浮々していた。》（七二頁）

そしてダンスホールやカフェーに出入りしながら、

《一組の男と女が音楽に合わせて、（中略）ホール一ぱいに廻っている。（中略）私も踊りたい、（中略）それは当時の又新たなる任務として週二回も、何十人もの慰安婦の局部のみ覗かねばならぬ重苦しい不潔さに対する、何か高尚な「性」へのあこがれ》（八〇・八一頁）

であったという。

同年五月に国家総動員法が成立。

その二カ月後に、対英米戦争を煽る尾崎秀実が第一次近衛内閣の嘱託として近衛主催の政治勉強会「朝飯会」のメンバーになった。

私の母は、この時二二歳となり上海陸軍病院で看護師をしていた。

父は三〇歳となり、新日本石油の顧問として上海租界の新公園（前記爆弾事件が起きた虹口公園の通称名）近くの邸宅を居として活動していた。

95　『上海より上海へ』麻生徹男（1993年12月20日　石風社）52〜67頁「輸送船瑞穂丸」）。
96　『昭和史20の争点　日本人の常識』秦郁彦（2006年8月10日　文春文庫）。
97　『上海より上海へ』麻生徹男（1993年12月20日　石風社）238頁。

そして麻生徹男は、同年八月、所謂「南京事件」八カ月後の南京に転進することとなったが、その当時の市内の様子について、

《上海時代既に噂されていた日本兵の『南京暴行』の翳りなど、何処にも無いと思えた。（中略）それは決して処刑の跡ではなく、全くの偶発事件であった》（一一二〜一一七頁）

など、麻生は当時の率直な自らの見解とともに、「中国良民婦女子に対する日本兵の暴行事件」贖罪のために広田外相の特使として現地（南京安全区国際委員会）に派遣されてきた「安村三郎牧師」と再会して名刺交換したことなどを記している。

当時の日本政府が適切な対応をしていた証であり、いわゆる「南京事件」を「南京大虐殺」と「でっち上げ（ねつ造し）」ていたという貴重な証言と言える。

そして麻生は昭和一四（一九三九）年二月以降、九江〜漢口〜武昌（武漢）を転戦し昭和一六（一九四一）年四月に上海に戻り、そこから一旦内地に引き揚げることとなった。

いずれにせよ日本軍が上海に新たな慰安所を設けたことや、慰安婦の検診に麻生軍医が従事していたことなど、中国共産党や中華民国等の諜報謀略機関は現地のマスコミ等と共に当然把握していなければならないことであった。

同人は昭和一六（一九四一）年四月に召集解除となり、同年一一月二二日に勅令第九九五号『国民勤労報国協力令』[98]が定められた。

そして同人は昭和一七（一九四二）年、二回目の召集に応じ同年末ラバウル（ココポ）に上

陸したが、当地にも慰安所があり、妊娠した慰安婦の中絶手術中に爆撃を受けたことやラバウル島（現パプアニューギニア）からパラオへ送られた「ジュン子」という慰安婦たちがいたことを、前記『戦線女人考』に記し、これも千田夏光が著した『従軍慰安婦』に取り入れられている。

因みに終戦翌年の昭和二一（一九四六）年三月、ラバウルから無事帰還した麻生徹男は、福岡の実家で「麻生産婦人科医院」を開業する傍ら、福岡ＹＭＣＡ再建に取り組んでいった。

彼の性格は、その著『上海より上海へ』の行間から感じられるように、正義・博愛の精神とともに愚直一徹であり、「見えざる指揮者」であった王炳南にとって彼は願ってもない人物だったのではないであろうか。

王炳南が麻生に出した年賀状にはその思いが込められていたものと私は推測する。

南京陥落後の昭和一三（一九三八）年一二月、郭も黒田善治も国民政府とともに漢口に再結集した。

《漢口には『軍事委員会』の外に、最高戦争調査委員会ができた。国際問題研究所が主体で、（中略）最高機関だった。委員長は蔣介石、主任が王、私は顧問、王の下に戴笠（軍事委員会第二組――有名な暗殺と謀略の機関、日本では藍衣社といっている。）その他が組長になっていた。》（『謀略　熟練工　青山和夫』九二頁）

98　「国民勤労報国協力令・国民徴用令」http://dl.ndl.go.jp/info:ndljp/pid/1459752/47 から引用。

《政治部というのは、軍事委員会に所属して軍隊の政治教育や民衆への軍事宣伝を行うのだが、国共合作の結果周恩来が副部長で、その下は郭沫若さんの第三庁長が対日本軍事宣伝工作と文化文芸の助成を所管していた。》（同一〇二頁）

郭沫若はすでにこの当時から文化文芸を通じた対日工作に従事していたものと見られる。

そして日本の治安当局は、ようやく昭和一六（一九四一）年六月から一〇月にかけて、伊藤律、宮城与徳、尾崎秀実、ゾルゲ、クラウゼンらを逮捕するが時すでに遅く、「日本傀儡政府の樹立」（近衛内閣）と南進工作は完成してしまっていたのであった。

こうしてＡＢＣＤ（米英中蘭）包囲網にソ連と中国共産党が加わり、日中全面戦争から日本対英米開戦へと向かうレールが敷かれ、重慶に対日情報戦略（ＯＷＩ）拠点が作られた。

㈥　仕組まれていた対英米戦争

昭和一六（一九四一）年七月七日、一六個師団七一万の兵に六〇〇機の航空機を満州に移動、集結させ、対ソ連戦を想定した陸軍による大演習が開始された。[99]

しかし『ユダヤは日本に何をしたか』には驚くべきことが記されている。

《この時点では関東軍は北進を信じており、（中略）シベリア占領を想定して、（中略）実戦さながらに訓練していた。

ちょうどこのころ、満鉄調査部から農事合作社主事の佐藤大四郎にシベリアにおける農作物と畜産事情を、（中略）報告するようにとの依頼があったのである。

　これによって佐藤は、日本が（中略）シベリアへ進攻する腹をかためたのだと察した。（中略）満鉄の調査部には、ゾルゲの同志の尾崎秀実が籍をおいていた。

　その（中略）、ソ連の指令どおり、（中略）日本軍百万の食糧はシベリアにては調達不能との調査報告書を作成したのである。

（中略）昭和十六（一九四一）年八月初旬から九月にかけ、ソ連にとっては最悪の戦況であった。ドイツは日本のシベリア進攻を催促した。関東軍も参謀本部からの進撃命令を待っていた。しかし、東条陸相は（中略）不可能の旨主張し、（中略）関東軍と皇道派の北進論を理論的に制してしまった。

（中略）満州農事合作社事件は、（中略）南進がソ連コミンテルンの謀略であったとわかれば陸軍首脳部の沽券にかかわるので、（中略）在満日本共産党再建グループ事件は追及中止となり、（中略）最高刑が死刑まである国防保安法（中略）を治安維持法第一条該当とし、昭和十七年、被告全員を（中略）奉天拘置所送りとして終わったのである。

　東条の南進決定の根拠は、ソ連の指令を受けた日共党員のソ連スパイ佐藤大四郎の虚偽の報告書「シベリアにおける農畜産と食糧事情」によるものであることを忘れてはならない。

　昭和十六年七月二日の御前会議で、日本はソ連攻撃を止めて南進政策をとると決定し、ゾル

99　『ユダヤは日本に何をしたか』渡部悌治（2009年4月30日　成甲書房）138頁「南進を決定づけた謀略リポート」。

ゲの日本における諜報活動の使命は果たされた。任務完了とモスクワに上申し、ゾルゲは海外への逃亡の準備を始めている。》(一三八〜一四一頁「南進を決定づけた謀略リポート」)

千田夏光が著した『従軍慰安婦』に麻生徹男元軍医らとともに登場させた元陸軍参謀・原善四郎の「必要慰安婦の数は二万人とはじき出したが実際には一万人しか集まらなかった」という証言もこの時のことであり、当時としては違法でもなんでもなかったことだったのである。

昭和一六(一九四一)年八月「大西洋憲章」発表後のチャーチルとルーズベルトのやりとりについて『ユダヤは日本に何をしたか』は次のように記している。

《チャーチルは、米国が参戦するには、日本が南進してくれることが絶対条件なのだから、英国領が日本に侵略されることこそ願ったり叶ったり(中略)と考えた。昭和十六年の八月下旬、(中略)確信をもってチャーチルは、米・英・ソ三国組み合わせの戦争に、「日本は必ず巻き込まれてくるものと思う」とルーズベルトに書き送っており、(中略)『戦争に漂い入ってくる』といったほうがよいと思うがいかがかと、ルーズベルトの考えを尋ねている。》(四一・四二頁「チャーチルが熱望した日米戦争」)

米英による膨大な対ソ軍事援助が決定され、日露戦争後日本に前記覚書を提示し破棄されたハリマンの子がスターリンと会談したのはこの直後のことであった。

黒田善治は前記『謀略 熟練工 青山和夫』で次のように述べている。

《一九四一年九月のモスクワでの米英ソの会談で、今まで英国からの対ソ軍事援助が、はじめてアメリカからも行われるように決定したがスターリンはコミンテルンの解散を保証した。（中略）米英の対ソ軍事援助は第二次大戦中続けられ、（中略）第二次大戦中のソ連の全国防（軍事費）支出額にほぼ相当する巨額であった。（中略）スターリンの軍事功績、ソ連の戦後発展の本当の基礎はここにある。》（二一〇・二一一頁）。

《実は東京 ― モスコー間の日本の外務省の暗号電報を傍受し解読する機関が重慶に設立され、東京が発電すると、二時間後には、ちゃんと訳されて、わたしたちの手に入る。だから終戦まで、東京 ― モスコーの日本外交電報は、全くつつぬけだった。》（一六八・一六九頁）

そして昭和一六（一九四一）年、

《九月二十五日、王の所に世界の命運をきめた暗号電報が上海中継で東京から送られてきた。（中略）

いうまでもなく、これはゾルゲが打ったものだ。（中略）

王は開戦の時期を問合はせた。十二月八日と返電があった。》（一八〇～一八三頁）

ゾルゲが逮捕されたのはこの直後である。

日本に開戦を決意させたと言われる「ハル・ノート」の対日通達は一一月二六日であるが、

その約二カ月も前に開戦日が把握されていたとすれば、初めから「戦争ありき」であり、「真珠湾攻撃」は「仕組まれた罠」であったという筋書きは十分成立し得るのである。

昭和一六（一九四一）年九月二六日、米国が屑鉄の全面禁輸発表（一〇月一六日から実施）すると翌日、朝日新聞社は、

《国民の覚悟はできている。（中略）一億の大和民族、渾然として一つの火の玉とならねばならぬ》（昭和一六・一九四一年一〇月一七日付朝日新聞「有題無題」欄）[100]

と国民を煽り、日本の宣戦布告日を知っていたであろうルーズベルトは、アメリカ主力空母が不在となっていた真珠湾を日本海軍（山本五十六）に攻撃させて「騙し打ち」とし、アメリカ国民に火をつけたのであった。

昭和一九年八月二二日勅令第五一九号『女子挺身勤労令』」が発動された。

前記渡部悌治は、前記著書の中で、「第一次・第二次世界大戦はユダヤ・マルクスが引き起こしたものであり、遠く鉄砲伝来以降の日本の鎖国政策に対するキリスト教の復讐であった」と説いているが、「キリスト教」を「英米」に、「ユダヤ・マルクス」を「共産主義」に置き換えれば、この両者が手を組んだのが今次の大戦であり、まさに正鵠を射た洞察であると私も納得するのである。

二　アメリカに洗脳された日本（終戦から朝鮮戦争へ）

㈠　特殊慰安施設協会（ＲＡＡ「余暇・娯楽協会」）設立

昭和二〇（一九四五）年七月二六日、ポツダム宣言が発表され、八月六日広島に、同月九日長崎に原子爆弾がさく裂した。

『謀略　熟練工　青山和夫』には次のように記されている。

《赤軍は満州を突破し、南満に空挺隊を降下し、主力をあげて朝鮮を急南下しはじめた。中共はソ連の対日戦発動後、朱徳の名で全部隊に対日総攻撃を命令した。

アメリカの原爆は長崎におとされた。だがこれは、日本に降服をせまる意味と、ソ連軍が（中略）主力を朝鮮南下にそそぎはじめたために、アメリカとしては約束がちがうぞ、もしソ連軍が対島海峡に達した場合のこともあるので、対ソ牽制の意味をふくまれていたらしい。》（二五六頁「日本の屈伏」）

同年八月一四日、日本（鈴木貫太郎首相）はポツダム宣言受諾を通告し、同年八月一五日、天皇陛下が終戦の詔書を発表（玉音放送）、九月二日、重光葵が戦艦ミズーリ上で連合国との降伏文書に調印、日本は連合国の占領下に入った。

終戦と同時に最も活発な活動を展開したのは、矯風会や「日本友和会」を中心としたキリスト教者たちであった。

100　『崩壊朝日新聞』長谷川熙（２０１５年12月29日　ワック）２００頁。

昭和二〇（一九四五）年八月一七日、東久邇宮内閣発足、徳島県に生まれ同所で一六歳のころからアメリカ人宣教師（チャールズ・アレキサンダー・ローガン）に師事した社会運動家・賀川豊彦が内閣参与となった。

戦時中、前記尾崎秀実が所属して国民に散々戦意を煽った朝日新聞社の主筆であった緒方竹虎は国務大臣となり、以下文相、首相秘書官、緒方の秘書官や内閣参与などを同社の社員が独占し、さながら「朝日新聞内閣」であった[101]という。

一方ソ連軍による国際法を無視した侵攻は、降伏文書調印をも無視して継続され、満洲、朝鮮半島北部、南樺太、北千島、択捉、国後、色丹、歯舞の全域を完全に支配下に置いてようやく停止。

ソ連軍の支配地を引き継いだ八路軍による圧政とともに通化事件、敦化《とんか》事件、牡丹江《ぼたんこう》事件、麻山事件などのような、数多くの婦女子に対する虐殺・強姦事件が起きた。

アメリカ軍の日本進駐にあたって、日本政府と日本人が最も危惧したのは日本人女性への凌辱であった。

同年八月「日本人女性の純潔を守るため」の特殊慰安施設協会（ＲＡＡ「余暇・娯楽協会」）が設立され一時期占領軍もこれを利用した。

㈡　言論統制と公娼制度の禁止

占領直後のことを『閉された言語空間』（江藤淳）[102]は次のように記している。

《米海軍水兵の婦女暴行事件が、いち早く全世界に伝えられたのは、ミズーリ艦上の降伏文書調印式以前であり、（中略）以後も米兵の非行は連日のように報じられた。
その後、三業地[103]から拉致された下働きの少女が、実に二七人の米兵によって輪姦されたと言う事件が報じられたときは、さすがの米陸軍と海兵隊当局も、事実無根を声明せざるを得なかった。》（七三・七四頁）

同盟通信社[104]は、無条件降伏は日本国軍隊であり、日本国（政府・国民）ではないという立場から占領後も同軍の動静を報じ続けたが、アメリカ占領軍（ＧＨＱ）が日本本土上陸後直ちに行ったのは、戦犯の逮捕と言論統制であった。

そして昭和二〇（一九四五）年九月一〇日、ＧＨＱから日本政府に対し、「ＳＣＡＰＩＮ-16」（新聞報道取締方針）指令が出され、同年九月一一日第一次戦犯逮捕（日本人四〇人外国人一五人）が行われて同月一四日、同盟通信社は二四時間業務停止となった。

以後日本の言語空間を支配する「報道の自由」は、自国の政府を批判するためだけの「あたえられたという『言論の自由』」になっていった[105]。

101　https://ja.wikipedia.org/wiki/緒方竹虎。
102　『閉された言語空間』江藤淳（２０１４年２月25日　文春文庫）。
103　料理屋・芸者置屋・待合の三種の営業が許可されている区域の俗称。
104　１９３６年（昭和11）１月１日に設立された日本を代表する通信社。
105　『閉された言語空間』江藤淳（２０１４年２月25日　文春文庫）２０５・２０６頁。

そして「性の問題」（公娼制度）も「表現の自由」（連合国批判）も、「日本社会（国家・国民・軍隊）」にとっては何も問題なかったものが、敗戦によってその規範的価値（模範）が真逆（パラドックス・パラダイム）になってしまったのである。

しかも「公娼制度」には常に人身売買等の問題に加えて「なぜ女性だけが」（男女差別）という見方が付きまとい、英米両国の女性からの批判もあり、当初利用した連合軍も「ポツダム命令」（占領統治令）によって廃止を打ち出し、これが後の「売春防止法」制定へと繋がっていった。

昭和二〇（一九四五）年一〇月九日幣原《しではら》喜重郎内閣成立。

㈢「自由、平等、博愛、平和」だけの日本へ

あれほど戦意を煽っていた朝日新聞社は、

《いまや狂瀾怒濤の秋《とき》、日本民主主義の確立途上来たるべき諸々の困難に対し、朝日新聞はあくまで国民の機関たることをここに宣言するものである。》[106]

と報じた。

そして「神道ニ関スルアラユル祭式、慣例、儀式、礼式、信仰、教へ、神話、伝説、哲学、神社、物的象徴ニ適用サレルモノデアル。」という「神道指令」が発せられて靖国神社の焼亡までが計画された[107]という。

「八紘一宇」、「大東亜戦争」などの言葉も禁止され、「太平洋戦争史」と謳い、NHKラジオによって「真相はこうだ」として、ベートーベンの〝運命〟から始まり、日本軍の残虐な行為を劇化した放送が始まった。

と同時に、GHQは日本が「自主的に民主化を選択した」（占領政策を受け入れた）ことを連合国（極東委員会）に印象付けるために「憲法の制定」を急いだ[108]。

昭和二〇（一九四五）年一二月二七日、終戦間近に特高警察に検挙された「吉田茂の反戦」グループ（ヨハンセン）メンバーらによる民間憲法研究会が「憲法改正草案要綱」を発表。総司令部民生局は直ちにこれを総司令部の新憲法草案に盛り込み、現「日本国憲法」の重要な構成要素となった[109]。

昭和二一（一九四六）年一月一日、天皇陛下の「人間宣言」が行われ、政・官・経・学・マスコミ界はもとより、ゼロ戦搭乗員から映画監督、芸術・文学・思想家までの、津々浦々の要所要職者の「公職追放」が行われた。

そして国家反逆者として拘置されていた政治犯（後の日本共産党議長・宮本顕治は殺人犯であった）が釈放される傍ら戦犯探しが行われていった。

同日付・朝日新聞は、「『新しき世界の力』第一回」としてスターリンを礼賛[110]。

106　昭和20・1945年11月7日付朝日新聞社「国民と共に立たん」
107　『靖国神社と日本人』小堀桂一郎（2016年7月29日　PHP新書）130～142頁
108　『日本の近代と現代』正村公宏（2010年8月5日　NTT出版）173・174頁。
109　『日本の近代と現代』正村公宏（2010年8月5日　NTT出版）170頁「体制の変革」。

同月一一日には、文部次官から地方長官・各学校長宛てに「修身、国史、地理科授業停止ニ関スル件」として「依命通牒」が発出され、「日本放送」会館は、ＣＩＥ（民間情報教育局）、ＦＢＩＳ（外国放送情報局）、ＣＣＤ（民間検閲支隊）などに占領され、ＧＨＱは、唯一のラジオ局として「日本放送」の設備を復興させてラジオ検閲を実行した。

日本人へのＧＨＱのための宣伝・宣撫工作のために、予め提出された放送台本と一言一句の変更も許されなかった[111]という。

この言論弾圧（思想統制）に協力した日本人責任者が、前記「民間憲法研究会」のメンバーとして「日本共和国私案要綱」（天皇制廃止）を発表した高野岩三郎であった。

昭和二一（一九四六）年三月四日に「日本放送協会」は「ＮＨＫ」と改称され、同人がそのまま同協会会長となった。

同年三月一二日に上海を引揚者と一緒に船で立ち、博多に上陸して「市川の郭さんの宅に向」かった黒田善治は前記自著に、

《久しぶりにみる奥さんはやつれていた。ここではじめての涙がこぼれた。（中略）郭さんは「雛を残して」という有名な哀調をもった詩をもって抗日直戦の上海に戻ってきたのだが、漢口時代第三庁の秘書と結婚してから新しい子供が数人生まれている。奥さんが問うままに正直な返事をしたが、今みる成長した郭さんの子供たちをみると心がつまる。（中略）この子供だけは郭さんのもとに送り返すべきだと決心した。》（二七三・二七四頁「日本の屈服」）

と記している。

有名な文学者であり、後に中国共産党の対日工作機関（中日友好協会）の名誉会長となった郭沫若と黒田善治がいかに強い絆で結ばれていたかが分かる。

㈣「極東コミンフォルム」設立と「中国・日本共産主義者連合」

自ら朝鮮独立のための活動をしてきた黒田善治は、帰国後は野坂参三から日本共産党に誘いを受けたのを断り、極秘であったマーシャルプラン（アメリカなどによる欧州復興計画）を摑むやいなやソ連に流し、これによって慌てたスターリンがかつてのコミンテルンに代わる「コミンフォルム」（共産党・労働者党情報局）を結成したのは昭和二二（一九四七）年であった。

昭和二三（一九四八）年「東京裁判」で、堂々と証言する東條大将への国民の支持が高まるや、これを危惧する占領軍に忖度した朝日新聞社は、「天声人語」で、

《「首相として戦争を起こしたことは道徳的にも法律的にも、「正しかった」と答える東條陳述への共鳴は、開戦前の侵略的飛込台に逆戻りするにひとしい。それはまた、美しいワイマール憲法を作ったドイツ国民が、ナチスの害虫にむしばまれてしまったことを連想させる》（一月八日付）

110　『「悪魔祓い」の戦後史』稲垣武（1997年8月10日　文春文庫）13頁。
111　『GHQの検閲・諜報・宣伝工作』山本武利（2013年7月18日　岩波書店）90・94頁。

などと報じていた[112]。

その翌（昭和二四・一九四九）年に、中国共産党（毛沢東）が、日本軍が残した膨大な武器弾薬などの戦利品とソ連の後押しによって国民党（蔣介石）を台湾に追いやり、中華人民共和国を成立させた。

そして毛沢東は、スターリンにアジア版の「共産主義国際組織」結成を打診するが、警戒心の強いスターリンはこれを拒否して朝鮮・韓国・日本に対する指導的立場の維持を命じ、これを背景として金日成は毛沢東とスターリンに韓国への侵攻を働きかけた[113]。

そのころ日本はまだ一面焼け野原の都市に戦地から引き揚げてくる着の身着のままの人々が溢れ、食料も何もない絶望のどん底から這い上がろうとしていた。


「こよなく晴れた青空を、悲しと思う切なさよ」[114]。

昭和二五（一九五〇）年当時小学六年生であった私の兄が、学校代表の一人として、原爆で妻を亡くし自ら被ばくして『この子を残して』の遺書を書き留め如己堂の死の床にあった永井隆博士を見舞った際、「この世に無駄なものは一つとしてないのだから頑張りなさい」と言う励ましの言葉とともにいただいたのが「しっぽも一役」という色紙であった。

そしてその如己堂には、「どん底に大地あり」と言う、どこまでも希望を失うことのない悟りと希望の言葉が掲げてあったという。

しかし、私がこの世に生まれて間もなくの昭和二五（一九五〇）年、この希望を打ち砕く新

兄が永井隆博士からいただいた色紙

たな惨劇が始まろうとしていた。
それは令和元年に出版された江崎道朗の『朝鮮戦争と日本・台湾「侵略」工作』[115]に次のように明らかにされている。

《コミンフォルムはコミンテルン[116]と同様、国際共産主義運動の指令塔である。（中略）連絡経路は、日本共産党―日本共産党朝鮮人フラクション―ソウル特殊無線―朝鮮共産党―極東コミンフォルムである。つまり、日本共産党は、朝鮮共産党を経由して極東コミンフォルムの指示を受けていた》（六四～六七頁）。

《一九五〇年（中略）、中日協力の統一を達成するため日中友好協会を利用することを決定（中略）。
駐日ソ連代表部G局、日本共産党の野坂参三、徳田球一、宮本顕治、志田重男、亀山幸三、椎野悦郎、今野与次郎を召喚し、秘密の資金局設立と地下オルグ活動について指令した。資金局本部長は李平凡で、（中略）日中友好協会の内部に共産主義者のフラクション「中国・日本共産主義者連合」が結成された。（中略）日本国内の日本共産党の活動を、中国共産党の軍幹部が統括する体制になる。（中略）そして六月十八日、中国共産党幹部の劉少奇の命令が初めてH２機関を通じて日本共産党に下された。》（一〇一～一〇八頁）

中国共産党・人民解放軍の支援を受けた北朝鮮軍は、同年六月二五日、南北を隔てる三八度線を越えて韓国に攻め入り一気にソウルを落とす勢いであった。

《朝鮮戦争の開戦直後、日本国内で真っ先に動き出したのは、在日朝鮮人グループだった。

（中略）

このあと、所感派幹部の徳田と野坂は、一九五〇年十月と十一月にそれぞれ北京に密航する。そして（中略）対日工作員とともに、日本共産党北京機関を開設して武装闘争の準備を進めた。

（中略）

この北京機関の下で、合法・非合法、暴力・非暴力の手段を駆使できる革命家を育てる学校が作られ、高倉テルが校長を務めた。千五百人ないし二千五百人の革命家を育成したとされ

（中略）

一九五四年一月、「日本共産党中央党学校」という形で正式に開設された。別名「馬列学院」と呼ばれた。馬はマルクス、列はレーニンの意味だ。

112 『閉ざされた言語空間』江藤淳（２０１４年２月25日　文藝春秋）２７９～２９３頁「第六章」。
113 『マオ 誰も知らなかった毛沢東（下）』ユン・チアン：ジョン・ハリディ（訳）土屋京子（２００５年11月17・18日　講談社）。
114 『長崎の鐘』サトウハチロー作詞・古関裕而作曲（昭和24・１９４９年）。
115 『朝鮮戦争と日本・台湾「侵略」工作』江崎道朗（２０１９年10月30日　ＰＨＰ新書）．
116 コミンテルン「共産主義インターナショナルの略称。（中略）１９１９年３月にモスクワに創設され43年５月まで存続した各国共産主義政党の国際統一組織。（中略）35年の第７回大会は，反ファシズム統一戦線の戦術を確立し，第２次世界大戦のもとで，反枢軸の統一戦線をつくり上げるのに重要な役割を演じた。43年５月15日，国内および国際情勢が複雑化し，各国共産党が著しく独立性を強めたため，コミンテルンは解散した。」（ブリタニカ国際大百科事典 小項目事典の解説 https://kotobank.jp/word/コミンテルン-66203 から引用）。

その入学者の多くが満州残留の旧日本兵だったが、日本から中国に密航した者も六十五人いたという。密航組は、いわゆる「人民艦隊」で日本海を渡った日本共産党員だった。》（二七三～二七五頁）

と記されている。

ここに登場する高倉テルは前記黒田善治の同志であり、日本共産党員として参議院全国区で当選していたが「無効」とされていた[117]。

平成二一（二〇〇九）年「民主党政権」誕生直前に出版された『中国共産党「天皇工作」秘録』[118]には次のようなことが記されている。

《日本国民を取り込むためなら、元軍国主義者も味方に付けるという毛の現実主義的戦略の典型例が、日本人戦犯に対する寛大な処理であった。（中略）

毛沢東は新中国建国直後の四九年十二月、ソ連を訪問し、スターリン共産党書記長と会談。この際、満州などからシベリアに抑留された日本の戦犯を中国に引き渡し、中国が主権国家として裁判を行えるよう申し出た。（中略）

戦犯約千人を乗せた数十両の秘密車両は五〇年七月、ソ連から中ソ国境にある黒竜江省綏芬河駅に到着し、戦犯をいったん降ろした。そこで中国側に引き渡され、三日間かけて収容先の遼寧省撫順に到着した。（後略）》（一六一・一六二頁）

この「馬列学院」に入学した多くの「満州残留の旧日本兵」が、後に対日工作のための反戦組織「中国帰還者連絡会」結成の基となったと見られている。

日本共産党の対日破壊工作の拠点は北京にあり、「中国・日本共産主義者連合」の日本共産党員は、朝鮮半島（ソウル特殊無線）の連絡経路を通じて指令を受けながら、日本国内での武装闘争を繰り広げていったのである。

前記ソウル新聞特集号と千田の取り組みを考える時、この事実は何よりも重要なことであると言える。

(五)　諜報機関に関わっていた深津文雄

(一)　日華事変直前から大東亜戦争時代の深津

昭和一〇（一九三五）年一一月、深津（当時二六歳）は東京市板橋区茂呂町にローンを組み吉田松陰塾にあやかった戸建ての「茂呂塾」を開講していたが、そのことを聞きつけ訪れたアメリカ人宣教師で賀川豊彦の師であるチャールズ・アレキサンダー・ローガンから「五〇〇円」もの寄付を受けた。

その時のことを、自著『ぼくの自画像』[119]の中で彼は次のように記している。

117　昭和25（1950）年6月7日付朝日新聞（朝刊）。
118　『中国共産党「天皇工作」秘録』城山英巳（平成21年8月20日　文春新書）。
119　『ぼくの自画像』深津文雄（1981年4月20日　日本基督教団出版局）。

《米人の宣教師の懐中というのはどういうことになっているのかいっこうに解らなかったが、五〇〇円あれば校舎が建つ。》（二二六頁）

かなりの大金であったが、資金が欲しかった深津はこれを「善意」として受け取っていた。昭和一二（一九三七）年八月一三日、第二次上海事変が勃発した。中華民国軍が「日本租界」への攻撃を開始し、日本が邦人の保護に大わらわとなってしまった同年九月、深津は東京都小石川区富坂二丁目二〇番地・ドイツ人屋敷に設けられた「上富坂教会、オストアジエン・ミスィオン」（福音協会、後の東亜宣教会）、牧師へニッヒの秘書となった。

《これにはズルズルと見事にひきこまれてしまった。ローガンが悪いのである。（中略）危ないとは気づきながら、ズルズル、ズルズル、一八年深入りした。これは大変な変質であり損害であったが、また思いがけぬ発見もあり利益でもあった。（中略）へニッヒは、ぼくが建築資金に困っていることを見抜いて、一〇〇〇円を借りてくれた。これを（中略）毎日の給料から、一四円一四銭ずつ五年間ひかれた。それが終わらぬ先に、彼はさっさと消えてしまった。》（二二九〜二三二頁）

と、深津は「一八年ふかいりした」と言うのであるが、ローガンに出会ったのち、昭和三〇年ごろまで、一体何に深入りしたと言うのであろうか？

昭和一三（一九三八）年五月五日、国家総動員法が成立。

昭和一六（一九四一）年一二月八日、大東亜戦争開戦。

そして昭和二〇（一九四五）年四月一三日、深津文雄は前記ドイツ人屋敷にて空襲被害を受け、同年（五月七～八日）ドイツが無条件降伏したことを、自著『いと小さく貧しき者に コロニーへの道』[120]に次のように記している。


《ドイツ人がみな、敵にまわる日がやってきた。（中略）屋敷の中のドイツ人も軽井沢に軟禁された。（中略）五月はじめのある日、警察からふたり踏みこんできた。ティーデマンのことに関して、かなりくわしく調べていった。（中略）なぜか居あわせたエッケルのあわてようはおかしかった。（中略）軽井沢へかえったエッケルから手紙がとどいて、ティーデマンがつかまって留置場にいるから、たずねてやってくれといってきた。（中略）金もうけなんて簡単なものさと豪語していたかれが、ひどくしょぼたれて、『なんのわけで、じぶんは、ここへつれてこられたのか、わかるか？』と問うた。もちろん、ぼくは、『わからない』と答えた。（中略）日本のアルミニウム工場のすべてを設計したというこの男は、戦争が終わると、きゅうに派手になり、アメリカへいってしまった。》

120　『いと小さく貧しき者に コロニーへの道』深津文雄（１９８０年2月25日再版　日本基督教団出版局）11～33頁。

㈡　戦後の深津

昭和二〇（一九四五）年八月一七日、東久邇宮稔彦王内閣が発足して賀川豊彦が内閣参与となった。

と同時に、深津文雄が中学生のころ大連のＹＭＣＡで師事していたダーギンがＧＨＱ軍政部民間情報教育局（ＣＩＥ）青年部長として来日していた。

深津は、同人から日本宗教界の改革を示唆されたことを、自著『いと小さく貧しき者にコロニーへの道』[121]に次のように記している。

《連合軍最高司令官政治顧問が、ぼくをよんだ理由は、じつはこうであった。日本の戦争指導者にたいする裁判は、日に月にすすみつつある。このましからざる人物の公職追放も徹底的に行なわれるであろう。しかし、宗教界をどう裁くか、これはむずかしい問題で、自分としては、やりたくない。だからといって、旧態然でいられたのでは困る。できれば、自主的に改革し、うまれかわってもらいたい。その発言者になる気はないか――ということだったのである。

（中略）。

そして、その足で、本郷中央教会をたずね、鈴木正久にあった。かれも、びっくりして、大村勇と相談しようといった。》（五五頁）

その後、深津は大村勇らとともに日本基督教団を訪れ富田満統理に面会して、総会を開くよう求めると、

《突然、統理は、色をなして、（中略）、われわれを、にらめつけた。みんな、シュンとした。（中略）そういうとき、とっさに口をきってしまうのが、ぼくの悪いくせで――「（中略）統理をおやめになるべきではないですか？」といってしまった。（中略）ぼくを、綽名して、キョウサントウと、よんでくれた。》（五六頁「骸の論理」）

昭和二一（一九四六）年五月三日、極東国際軍事裁判が旧大本営（市ヶ谷）法廷で開始され、同月二二日、第一次吉田茂内閣成立。

同年八月ころ、前記ドイツ人屋敷で深津が草刈りをしていると、「ヘッセル」と名乗る男が現れて、

《この人は、ドイツ人だったが、ヒットラーにおわれ、米人と結婚して、米国へゆき、米国人になってしまった――ときかされていた。それが、いまごろ進駐軍の通訳になってあらわれたのである。しかも、かれは、（中略）ヘンニッヒ、エッケル、両宣教師を罷免してしまった。ここの主人は、きょうから自分だ。お前は、ここを去るかどうか――（中略）ぼくは宣教師がかわるたんびに、牧師がうごかされたのでは伝道にならんと、とにかくそこに居すわった。》

121　『いと小さく貧しき者に　コロニーへの道』深津文雄（1980年2月25日再版　日本基督教団出版局）。

（六三頁「骸の論理」）

同年一一月三日『日本国憲法』公布。

昭和二二（一九四七）年二月一日、吉田内閣打倒を叫び、日本共産党と左翼勢力が「二・一ゼネスト」を計画。マッカーサーが中止命令を発出した。

同年四月二〇日参議院選挙、同二五日衆議院選挙実施。

日本共産党が大躍進を遂げる中で、前記吉田清治が下関市議に同党から出馬し落選したのはこの時の統一地方選挙である。

同年・深津文雄は上富坂教会の再建に着手（完成は昭和二五-一九五〇年）。

同年五月三日、日本国憲法施行（同月二四日、社会・民主・国民・三党連立の片山内閣成立）。

同年九月二五日、元枢密院議長・清水澄《とおる》法学博士が、

《大日本帝国憲法に殉じ自殺するがそれは中国戦国時代の楚国の屈原の故事に倣うものである》[122]

との「自決の辞」を残して熱海錦ヶ浦に身を投じ、同年一〇月には東京区裁で経済班を担当する山口良忠裁判官が「闇米を拒否」して餓死する壮絶な時代であった。

そのような中で、昭和一九（一九四四）年に自主解散していた日本友和会が再建された。

役員は、理事長・鮎沢巌、書記長・関屋正彦、理事・野々宮初枝（矯風会・平和部長兼務）、高良とみ　政池仁などであった（戦前の理事長は小崎道雄）。

同年一二月二六日、東條大将証言台へ。

昭和二三（一九四八）年三月一〇日芦田内閣が成立して七カ月後の一〇月一五日には第二次吉田内閣が成立。

昭和二四（一九四九）年一〇月一日、蔣介石は台湾に逃れ中国大陸には中華人民共和国が成立した。

同年、深津は「弁証法神学運動の代表的神学者」[123]エミール・ブルンナーに会った時のことを同書に記している。

《――そして――「フカツ、教団をひっくりかえせるような若者を二〇人集めて見ろ」と、いった。（中略）「めぼしい信徒を集めて、（中略）かれは、これを「フカツ・グループ」とよんだが、われわれは『ブルンナー・グループ』といって、一〇回か二〇回つづいただろうか。もうYMCAの名誉主事になっていたダーギンは、はたで、みて、わらっていた。》（『いと小さく貧しき者に』八九・九二頁「血のでる楽さ」）


122『逐条　帝国憲法講義』（底本　原著者　清水澄　昭和7年8月18日　松華堂書店　平成28年1月5日　呉PASS出版）
123　エミール・ブルンナー――Wikipedia https://ja.wikipedia.org/wiki/エミール・ブルンナーから引用。

そして翌（昭和二五・一九五〇）年彼は、「教会、無教会をこえ」、「若い世代で結束しよう」、と「日本聖書学研究所」を設立した時のことを次のように記している。

《その年のくれ、会堂がたつと、（中略）ここへ出入りして、のちに名をなした聖書学者は数しれない。三笠宮が、あんぱんの紙袋をたずさえて、こっそり来られたのも、そのころである。》（『いと小さく貧しき者に』九二・九三頁「血のでる楽さ」）

また同人は、同年六月二五日朝鮮戦争と同時に日本共産党の武装蜂起が始まる中で、「NHKラジオ・チャーチ」に出演（八週連続一回一五分を八回）し、さらにその翌年から一年を通しての聖書講義「聖書の神髄」NHK第二放送・毎月第三日曜の朝から三〇分を一二回担当した。

そのころの「NHK」はまだGHQの占拠・支配下にあり、初代会長は日本人洗脳工作作業の責任者・高野岩三郎であった。

朝鮮戦争最中の昭和二六（一九五一）年二月、「憲法擁護・単独講和・警察予備隊容認」の日本キリスト教協議会（NCC）はその旨の意見書をダレスへ提出するが、ダーギンや深津らが後ろ盾となった「キリスト者平和の会」（教会・無教会派合同）は「絶対平和主義者を中心に全面講和を求める平和運動」を立ち上げた。[124]

発起人には、深津と親しい大村勇などのほか、韓国友和会を設立した政池仁などが名を連ねていた。

この宗教活動の流れが、「日韓基本条約」が結ばれた昭和四〇（一九六五）年の「かにた婦人の村」開設と併行した日本基督教団総会議長・大村勇の訪韓謝罪や、キリスト教愛真高等学校設立、さらにはシールズへと続いていったのであった。

昭和二六（一九五一）年四月、マッカーサーが、トルーマン大統領と朝鮮戦争をめぐって対立し解任された。

第二次世界大戦では、英・米等（自由主義陣営）とソ連（共産主義陣営）は連携して日・独・伊を打ち破ったが、その四年後に中華民国は中国共産党の軍門に下ってしまった。つまり、日・独・伊を打ち破るために交じり合っていた水と油は再び分離し始めたのであった。

そのような昭和二七（一九五二）年三月、深津はＡＶＡＣＯ（キリスト教視聴覚センター）の依頼により、民放で毎日曜の朝三〇分、バッハの音楽と抱き合わせのキリスト教解説を三年継続、最盛期には一二局に採用されていた。（『いと小さく貧しき者に』九三～一〇六頁）

『バッハの暗号　数と創造の秘密』[125]という書があるが、深津が昭和一〇年ローガンから大金を受け、昭和一二年へニッヒの助手となって洩らした「一八年間深入りした」という言葉を考えると、朝鮮戦争停止（昭和二八・一九五三年七月）後から「売春防止法」制定の動きが出る昭

124 https://www.ritsumei.ac.jp/acd/re/k-rsc/hss/book/pdf/no82_05.pdf「戦後宗教者平和運動の出発」。

125 『バッハの暗号　数と創造の秘密』ルース・タトロー著（訳）森夏樹（２０１１年1月10日　青土社）。

和三〇年までに該当する。

㈥「深津と麻生」を結んだ「中国共産党（千田と朝日新聞社）」

現在、終戦直後を詳しく知る日本人もごくわずかである。

そして日本が、どのような経緯を辿って今のような状況に直面しているのかさえ、顧みられることはなかった。

かく言う私もまた戦後、「戦争を知らない子供たち」と揶揄されながら今日を迎えているのであるが、この問題に取り組んだ今、歴史と言う時空は決して遠いかなたのものではなく、「今現在とともに在る」ことを思い知らされたのであった。

つまり日本は、終戦とともに長かった「遊郭」の歴史に幕を閉じたのであるが、深津文雄と麻生徹男はキリスト教の立場からこれに反対してきたのであった。

深津文雄は「城田すず子」を保護し、麻生徹男は「慰安婦」を検診していた。

そしてこの二人は、中国共産党の「見えざる指揮」[126]によって、「戦後四〇年の節目」に朝日新聞社が報じた「天声人語」の中で、「従軍慰安婦　城田すず子」と『従軍慰安婦・慶子』として結び付けられていたのだと言えるのではないであろうか？

このようにして深津の軌跡を見ると、同人は英米系のスパイ組織に取り込まれていたように見受けられる。

しかしソ連（コミンテルン）のスパイ網もまたGHQの中にまで及び、これに与する者とそうでない者との占領政策の違いや対立などがあった。

ダーギンの対日宗教界工作は前者（ソ連系）であったと見られる。

当初米軍も利用した日本の「慰安（売春）施設」を、ＧＨＱは間もなく禁止しており、「民主化」と言う名の日本改造計画の中に、「遊郭の廃止」があったとすれば、これを口実とした深津の前記施設設立が持ち上がり、これに対する資金援助が行われたことは容易に想像がつく。

そしてこれに着目した中国共産党のスパイが、深津文雄に対し、「売春防止法」制定に合わせ、前記施設設立に付随した形で、「慰安婦経験者」の確保を持ちかけていたとしても不思議ではないのである。

それは矯風会を介して行えばより安全で容易なことであったと考えられる。

なお『謀略　熟練工　青山和夫』の中のわずか一行に、黒田が大陸南部工作に従事した際、《インドの援華医療団が到着し、（中略）通訳は、王炳南だった。》（一〇五頁「中日戦争」）として「王炳南」の名がたった一度だけ登場している。

その人物こそ「ＣＰＣ（中国共産党）南部局の代理」[127]（後述）、すなわち麻生徹男が慕った王炳南だったのである。

---

126 『中共が工作員に指示した日本解放の秘密指令』国民新聞社編（昭和47年8月25日初版発行。昭和47年9月15日5版）「Ⓐ　基本戦略・任務・手段」より。

127 王炳南（原中国外交部副部长）百度百科。

第五章　中国共産党の対日工作

一　第一期対日（国交正常化）工作の開始

前記『中国共産党「天皇工作」秘録』[128]には、同党が日本に国交を開かせる工作を開始した時のことが次のように記されている。

《中国が日本との関係正常化に動き出したのはより正確に言うと、五二年四月だった。同月一日未明、廖承志は西園寺が呼ばれたのと同じ中南海西華庁に来るよう周恩来から指示された。（中略）周は西華庁に来た廖に文書を見せた。「中日関係に関する宣伝文件」。周は廖が文書を読み終わるのを待ち、鋭く光る目を廖の方に向けて説明した。「毛主席の指示であり、中央が決定した対日方針だ。中央は中日人民の間の友好往来を展開することを決定した。日本絡みの問題はあなたの責任で解決してほしい」（中略）

こうした中で、毛と周は民間先行の「国民外交」を展開することで日本政府を動かす「以民促官（民をもって官を促す）」方針を取る。》（一四六・一四七頁「日本組」の工作）

《廖は周の指示に基づきこう対日関係者に伝えた。「日本問題と中日関係には終始、二大問題が存在する。一つは日本が対中侵略戦争の罪を認め、反省するかという問題。二つ目は台湾問題。この二大問題を解決できずに、中日関係は正常化できない」

日中関係の政治的基礎と言われる「歴史」と「台湾」はこのころから、中国にとって「二大問題」として譲れない原則として語られ始めたのであった。》（一五一頁　五十年後の「対日小組」）

このようにして毛と周は、日中「友好往来」（国交正常化）のための「中日関係に関する宣伝文件」（工作要綱）を、まだ朝鮮戦争真っ盛りの昭和二七（一九五二）年四月一日に発出し、廖が工作部隊に指示を出していたというのである。

この「中日関係に関する宣伝文件」こそが、前記『日本解放第二期工作要綱』に記された「㋑我が国との国交正常化（第一期工作の目標）」のための文書であると言えるであろう。

廖承志については、

《孫文の下で革命に従事した両親のもとに、明治四一（一九〇八）年に日本で生まれ育ち、早稲田大学第一高等学院で学び、日本語が達者なだけでなく日本人の思考回路も理解する人物であった。》

と紹介されている。

つまり昭和二五（一九五〇）年六月七日、私がこの世に生まれ出てまだ赤子のころ、朝日新

128　『中国共産党「天皇工作」秘録』城山英巳（平成21年8月20日　文春新書）「『日本工作組』の工作」。

聞社が、「大切なことは、共産主義の怪物におびえることではなく、それの出没する背景をきわめ、怪物そのものをあざ笑い得るような状態をつくることである。」という社説とともに、マッカーサーによる「共産党前中央委員追放指令」を一面トップ記事で報じた一八日後の同月二五日に朝鮮戦争が勃発。

昭和二六（一九五一）年四月にはマッカーサーがトルーマン大統領によって解任され、日本が独立した直後の昭和二七（一九五二）年五月には、日本共産党などによる「皇居前メーデー事件」が起き、死者を出す流血の惨事が引き起こされていた。

そして昭和二八（一九五三）年三月にスターリンが死去し、

《中朝軍の捕虜一三万人余のうち六万人が帰国を拒否して亡命を選んだ。韓国軍の死者四・五万人、アメリカ軍三・四万人、その他の国連軍の死傷者一・七万人（中略）南の民間人の死者・行方不明者七六万、（中略）北の民間人の死傷者二〇〇万、北から南への難民六八万（後略）》[129]

と言う大惨劇を引き起こして同年七月二七日に停戦となったが、その間の昭和二七（一九五二）年四月一日未明に、中国共産党は「第一期対日工作」を開始していたというのである。

それは日本が同月二八日にサンフランシスコ講和条約に調印してようやく「独立を果たそう」というまさにその時を狙い定めたものであった。

同党が、日本がアメリカの占領政策に完全に従属させられてしまったことを見透かした上で、アメリカにとって代わり、日本を支配するための工作を仕掛けて来ていたことは、前記、『日本解放第二期工作要綱』に記された次のような文言からも明らかなことである。

《一、対　極　右　団　体

（中略）

敗戦日本を米帝が独占占領したことは悪質極まる罪悪であるが、米帝が日本の教育理念、制度を徹底的に破壊し、国家・民族を口にすることは、あの悲惨な敗戦をもたらした、軍国主義に直結するものであると教育せしめたことは、高く評価されねばならない。（後略）」》（四二頁）

朝鮮戦争の休戦協定（停止）後の昭和二八（一九五三）年一〇月には、「米韓相互防衛条約」が結ばれた。

しかし、戦後マッカーサーが朝鮮半島南部を占領統治した際、日韓漁船の操業区域を分けるための境界線（マッカーサーライン）を、便宜上（任意的に）竹島を韓国側に取り込んで設定してしまっていた。

その後李承晩は同ラインを日韓の境界とし、これが日本漁民が銃撃拿捕《だほ》され多数の死傷者を出すという不幸な出来事と同時に今日の「竹島問題」を生んだのであった。

129 『日本の近代と現代』正村公宏（2010年8月5日　NTT出版）221頁。

二　日本共産党の参戦（対日武装蜂起）

物心ついたころの私の記憶で茫洋として残っているのは、米軍の戦車やトラックの上に乗った米兵にチョコレートやガムをねだる人、木炭車。

そして忘れられないのは、私が住む藁ぶき屋根のボロ家の半分を借りて住んだ朝鮮人一家のところに、夜中に血だらけの男が運び込まれ手当てを受けたり、同一家が鉄くず回収を始めたため家の前がくず鉄の山になり、立ち退きを求めた私の父が彼らに取り囲まれたりしている光景であった。

それらの記憶の前後は定かではないが、それはまさに昭和二五（一九五〇）年朝鮮戦争勃発とともに日本共産党が中国共産党と連携して地下に潜り、同党の「民対部」（朝鮮人組織・フラクション）とともに武装蜂起し、火炎瓶や拳銃を用い、警察官を殺害（射殺など）・焼き討ち・破壊・略奪・暴行など、日本全土を恐怖のどん底に陥れていたころのことだったのである。

停戦と同時に南北は再び大戦終結時の三八度線でにらみ合うこととなり、ドイツもまた東西に分断され、ベトナム戦争などの代理戦争による凄まじい殺戮が世界各地で延々と続き、「一億人近い」人々が、「共産主義」の「統治システム」によって殺害された[130]と伝わる。

以後、日本、韓国、台湾は東西冷戦構造の最前線に在って「共産革命」工作に対峙することとなり、昭和二九（一九五四）年一二月一〇日に鳩山一郎政権が誕生したが、「中国・日本共産主義者連合」はその延長として潜行し活動を継続していったとみられる。

もちろん当時の私には、韓国に「反共」を掲げる旧統一教会が誕生し、日本共産党内の在日

日本共産党が地下に潜り、日本全土を恐怖のどん底に陥れていた
（昭和42年、警察庁警備局発行『戦後主要左翼事件回想』より）

朝鮮人が、北朝鮮の支配下に入るべく、朝鮮総連を組織して独立し、同年から中国共産党（毛と周）が対外工作機関（「中国人民解放軍政治工作条例」[131]）の策定に取り掛かっていたことなど知る由もない。

そしてそのころからようやく白黒テレビが出回るようになり、私は近所の家にお邪魔して『月光仮面』などを見せてもらっていた。

当時の日本には、勧善懲悪の漫画『赤胴鈴之助』や、貧しい盲目の夫婦の愛情を描いた映画『名もなく貧しく美しく』などの、思いやりの世界が溢れていたのであった。

それはまだ私が小学校に上がる前のころのことである。

つまりそのころから私が「小・中・高」を卒業する一二年間の「高度成長と平和」によって、私の頭脳からは当時の日本の危機、すなわち「日本共産党が朝鮮戦争に参戦し、日本国内で武装蜂起して官公署や大地主らを襲い、警察官を射殺したりした」という認識ですら、すっぽりと消し去られてしまっていたのであった。

三　対日文化界工作

(一)　女流作家「謝冰心」

終戦初期の日本は、当然のことながら「中華民国」つまり国民党の蒋介石を代表とする「中国」を相手としていた。

同国に一九〇〇（明治三三）年生まれの謝冰心《しゃひょうしん》と言う女流作家がいた。

彼女は戦時中、中国大陸で戦火を逃れていたが、夫が戦後「中華民国駐日軍事代表団政治組長および国際連合対日委員会の中国代表顧問になった」ことから、昭和二一（一九四六）年に一家で来日して東京大学非常勤講師をしていた[132]。

そしてその三年後に中国共産党が「中華人民共和国」樹立を宣言したのであるが、驚くべきことに、日中文化交流の取り組みは、中華人民共和国が成立する二年も前から始まっていたのであった。

『真の「文化交流」とは何か：井上靖と冰心を通して』[133]によれば、「昭和二二（一九四七）年」、

《九月三日、冰心は日本の教育会館で、村岡花子と「中国と日本の女性」について対談し》

当時まだ正式ではない「中日文化協会」の講演会で、

130　『共産主義黒書』ステファヌス・クルトア、ニコラ・ヴェルト（２０１６年３月９日 外川継男訳　筑摩書房）
131　「世論戦、心理戦、法律戦」―「中国人民解放軍政治工作条例」草案策定は１９５４年４月15日。後に毛沢東が了承し、１９６３年３月27日には中国共産党中央委員会（中共中央）より公布され、１９６４年８月１日に人民出版社より一部80ページ16元にて２万部印刷された」https://wpedia.goo.ne.jp/wiki/中国人民解放軍政治工作条例から引用。
132　『中国語五十年』倉石武四郎（１９７３年１月20日　岩波新書）。
133　https: //nufs-nuas. repo. nii. ac. jp/index. php? active_action = repository_view_main_item_detail&page_id = 13&block_id = 17&item_id = 353&item_no = 1「名古屋外国語大学・名古屋学芸大学 竹の庫：学術情報リポジトリ」の『真の「文化交流」とは何か：井上靖と冰心を通して』（著者：虞 萍）には、文化界工作の経緯が記されている。

《第一、平和条約が結ばれたのち両国はお互いに教授学生を派遣すること、(中略)。そして両国の大学では中日両国の政治講座、文化講座を開く。第二、両国の文化団体のお互いの訪問。第三、両国の新聞記者が新聞紙上で、極力両国の合作提携を奨励すること。》

を呼びかけていたというのである。

それは中国共産党による中華民国切り崩しが行われている最中のことであった。

彼女は朝鮮戦争最中の昭和二六(一九五一)年に帰国するが、日本を代表する作家・井上靖は冰心と交流を深め、中国人民対外文化協会、中国作家協会の恩恵によって『天平《てんぴょう》の甍《いらか》』、『敦煌』など多数の作品を発表していった。

つまりこのような取り組みを通じて広範な日本人作家が結集されていったのであるが、前記渡部悌治の「村岡花子もそのなかの一人だった」(対日工作員)という指摘には確かな裏付けがあったものと思われる。

昭和三二(一九六七)年、麻生徹男に手記を発表させるとすれば、同党にとって支障にならない戦記作家を動かし、著作のためと称し同人に「慰安婦制度」の実態を尋ねさせ、ついでに手記発表を勧めればよかったのである。

そのためにはまず千田がすでに戦記作家として名を成していた伊藤桂一に近付き、その後二人共々麻生徹男に接触して、千田が「実は実録書を作ろうとしている者(レポーター)だが……貴方が診た慰安婦たちは……」という流れが最も自然な成り行きであったのではないのであろうか?

しかしこれはあくまで私の単なる推測に過ぎない。

(二)　日中文化交流（周恩来）に転ばされた井上靖

前記『真の「文化交流」とは何か：井上靖と冰心を通して』には、昭和三六（一九六一）年、井上靖が「中国人民対外文化協会、中国作家協会の招請で訪中」した際のことが次のように記されている。

《成吉思汗のことが話題になったとき、周恩来は成吉思汗というべきところを、井上の方を向いて笑いながら「蒼き狼」と言った。これは成吉思汗を主人公とした井上の小説の題名であるため、井上は周恩来のこの引用にさぞ驚き、うれしかったであろう。（中略）一九六三年九―一〇月（中略）、井上靖は日本文化界代表団の一員として、（中略）訪中し、郭沫若、趙樸初と親しく話す機会を持った。これは井上の三回目の訪中であった。》[134]

「蒼き狼」とは『文藝春秋』に昭和三四（一九五九）年一〇月号から昭和三五（一九六〇）年七月号にかけて連載された井上靖の歴史小説『蒼き狼』のことである。

134　https://nufs-nuas.repo.nii.ac.jp/index.php?active_action=repository_view_main_item_detail&page_id=13&block_id=17&item_id=353&item_no=1「名古屋外国語大学・名古屋学芸大学 竹の庫：学術情報リポジトリ」の『真の「文化交流」とは何か：井上靖と冰心を通して』（著者：虞 萍）には、文化界工作の経緯が記されている。

周恩来に『蒼き狼』とその作者・井上靖のことを解説していた人物は誰かと言えば、それこそ前記郭沫若以外は考えられないのである。

四　対日経済界工作

㈠　退陣に追い込まれた岸信介

前記「中日関係に関する宣伝文件」（国交樹立のための工作要綱）が発出されたその一カ月後の昭和二七（一九五二）年五月四日には「経済界工作」機関（組織）が設立されていた。[135]『田中角栄こそが対中売国者である　だから今も日本は侮られる』[136]には、中国事情通として昭和二九（一九五四）年ころから総理大臣報告を行っていたとされる中国史学者・佐藤慎一郎の証言を引用しながら「国貿促」（国際貿易促進協会）についてこのようなことが記されている。

《第二次岸内閣がこの年、一九五八（昭和三三）年六月に発足した。稲山嘉寛の訪中は周恩来の招請によるものであった。そして、その仲介役を演じたのが（国貿促）の鈴木一雄であった。この国貿促をつくったのは日本共産党であった。この国貿促を警視庁が家宅捜索をしている。

（中略）

日本共産党（左派）を名乗る毛沢東主義の拠点だったわけです。一九六六年に始まった文化大革命を契機に共産党と別れて、除名された中国派が組織を握ったのですが、一貫して対中貿易を通じて合法的に日中両国のカネの流れに関与してきました。》（二一三〜二一六頁）

インターネット上ではあるが、「筆者略歴 元中国対外貿易部地区政策局副局長、元駐日中国大使館商務参事官」による「『虹の懸け橋』 中日交遊録 鈴木一雄氏と中日貿易」という「随想記」には、

《「中国国際貿易促進委員会（南漢宸主席）が設立されると、すぐに高良とみらが中国を訪れ、一九五六年に民間貿易協定の調印が行われた。

鈴木一雄は日中貿易促進会の責任者としてほとんど毎年北京を訪れ、一九六〇年八月には周恩来国務院総理が『中日貿易三原則』を提示し、一九六二年には『友好貿易協定書』（民間貿易）が調印された。

同年一〇月、中国側連絡責任者の廖承志と日本側連絡責任者の高碕達之助（岸内閣当時通産相、東洋製罐社長）が『備忘録貿易』（中日総合貿易に関する覚書）に調印し、廖承志のLと、高碕T両氏の頭文字をとってLT貿易と呼ばれ「禁輸問題」の解消に風穴が開けられていった」》

旨[137]が記されている。

「民間貿易」の調印は昭和三一（一九五六）年第五四代内閣総理大臣・鳩山一郎の時に行われていた。

135 『中国の日本乗っ取り工作の実態』福田博幸（2010年5月25日　日新報道322・323頁）。
136 『田中角栄こそが対中売国者である　だから今も日本は侮られる』鬼塚英昭（2016年3月15日　成甲書房）。
137 「『虹の懸け橋』中日交遊録　鈴木一雄氏と中日貿易」（筆者略歴　元中国対外貿易部地区政策局副局長、元駐日中国大使館商務参事官。）

そして昭和三二（一九五七）年に、第五六代内閣総理大臣として「容共的破壊勢力の排除」とともに「自主憲法制定」を掲げて登場した岸信介は、一刻も早い自主独立国家再生を掲げ、「日米安保条約の改定」を目指すとともに、共産主義陣営との経済交流は「政治と経済を分離」して行うべきであると考えていたと言われている。

その中国共産党との経済交流（交渉）に際しての知恵袋にするためであったのか、この当時産経新聞社から岸内閣の官房長官（椎名悦三郎）秘書官に出向していたのが福本邦雄であった。[138]福本の父親は、かつて共産党の理論的指導者（福本イズム）として有名な福本和夫である。

そして明日にでも革命が起きるのではないかという昭和三五（一九六〇）年六月一五日、自衛隊の出動まで考えられた大規模な国会を取り巻く「反安保」のデモの中で、一人の女性が圧死する[139]という、日本人の「判官びいき」に火をつける事件が起きた。

当時福本は事態の収拾をめぐって財界と交渉に当たっていたが、結局「『池田にスイッチしてくれ』と言う財界の総意」[140]によって岸は退陣を決意せざるを得なくなり、同年七月一九日に退陣し、日本は独立国に相応しい国防・治安機構再建への道から経済最優先へと舵を切らされてしまったのであった。

福本はその後、竹下登が佐藤内閣の官房副長官になると「竹下会」の事務局を立ち上げ、親密な関係は竹下が総理になるまで続いていった。

中国共産党にとっては、自由主義陣営の対共産圏「禁輸」措置撤廃の突破口とする対日経済工作のためにも、日本の自主独立を阻止するためにも、岸信介は何としても邪魔な存在だったのである。

彼もまた退陣直後、暗殺未遂とも言うべき「暴漢の襲撃」に会い重傷を負わされたのであった。

周恩来が前記『中日貿易三原則』を提示したのは、この大騒動最中の昭和三五（一九六〇）年八月のことであった。

そして同年一〇月、岸内閣総辞職に伴う総選挙に際し日比谷公会堂で開催された党首討論会において社会党の浅沼稲次郎が、右翼団体に所属していた少年に刺殺される事件が起きた。

私が一〇歳の時であり、私の脳裏にもおぼろげではあるが、ただ事ではない両親の様子と共に日本社会に大きな衝撃が走ったことを覚えている。

前記LT貿易の覚書が交わされたのは、前記『愛と肉の告白』が出版された昭和三七（一九六二）年、池田隼人内閣の時であった。

『田中角栄こそが対中売国者である　だから今も日本は侮られる』には、当時の稲山嘉寛・八幡製鉄社長（後の経団連会長）も色仕掛け（ハニートラップ）にかかっていたことが記されている。（詳細は割愛させていただく。）

同書には次のように記されている。

《中国側は廖承志事務所を東京に、日本側は高碕達之助事務所を北京に置いた（中略）。

138　『表舞台　裏舞台　福本邦雄回想録』福本邦雄（2007年4月9日　講談社）。
139　樺美智子。
140　『表舞台　裏舞台　福本邦雄回想録』福本邦雄（2007年4月9日　講談社）。

一九六四（昭和三十九）年八月十三日、廖承志東京駐在事務所が開設された。（中略）高碕達之助は事務所開設後に死去し、内務官僚あがりの衆議院・古井喜実が（中略）後を継いだ。（中略）ＬＴ貿易を始めた廖承志がでてくる。彼は日本にやってきた中共の最大のスパイであった。》（二二三～二二五頁）

《河野洋平は、国貿促（日本共産党系）に近く、この国貿促の会長を長く務めていた親中派の代表格である。》（二〇六頁）

㈡　三〇年後（戦後四〇年の節目）の標的は「中曽根康弘」

そのような中で中国共産党は、察知されることのないよう細心の注意を払いながら、日本の政界の動きを全力を挙げて把握しつつ工作を進めていったのであった。

《毛や周は、鳩山内閣以降の対中政策の変化をじっと観察していた。寛大とも言える戦犯への対応には、対中正常化を目指す毛らの政治判断があった。》（『中国共産党「天皇工作」秘録』一六一～一六三頁）

《佐藤より岸の方が陰険ですか》（同一五四頁）

私の父は昭和三六（一九六一）年に他界した。

兄たちからの伝聞ではあるが、終戦後引き揚げて来てからの父は、

「上海にいたころ自宅に大川周明らがよく遊びに来て酒盛りをしていたことなどを話す際、源

田実の名前などは呼び捨てにしていたが、一度だけ自宅に見えたという重光葵のことについて話す時には敬語を使って話していた。

　そして口癖のように、『中曽根康弘は将来間違いなく総理大臣になる！』と断言していた」と言う。

　元内務官僚とはいえ、彼より一〇歳も年上の父に「彼は間違いなく将来総理になる」と言わせた理由は何だったのか？

　父が存命だったならば……と思うのは「今さら」のことであるが、その「将来（父の死から二一年後）」の昭和五七（一九八二）年一一月、彼は間違いなく第七一代総理大臣となった。

　それはまさに日本社会から「慰安婦制度」の記憶が消え去る「戦後四〇年の節目」にピタリと重なる時だったのであるが、私には、もしや中国共産党もまた父同様、「中曽根康弘」に照準を定めていたのではないかと思えてならないのである。

五　アメ（日中友好）とムチ（暴力革命）

㈠　マスコミ工作（日中記者交換協定）

　前記ＬＴ貿易の開始とともに東京オリンピックが開催され、毎日新聞社と千田が前記グラビア誌の制作に取り組み始めた昭和三九（一九六四）年、松村謙三（衆議院議員）と廖承志との会談に伴い、日本報道界は、自由主義社会維持のためには絶対に必要な「表現（報道）の自由」を自ら否定してしまう「記者交換協定」を結ばされてしまっていた。

　前記『田中角栄こそが対中売国者である　だから今も日本は侮られる』には、「周恩来の現金にころんだ記者団」として佐藤慎一郎の証言とともに次のようなことが記されている。

《十数年前（註・昭和三十年）、各社の記者たちの団体（註・日本新聞放送中国視察団）が中国を訪問したことがある。日程を終わった最後の日に、周恩来が「これでお土産でも買って下さい」と言って、彼らに現金を渡した。

（中略）しかし（中略）その現金をまとめて周恩来に返した。

結局この一件以来、中共としては日本から来た訪中団に直接金を渡すことはやめて、在日の中国系組織を通じて金を渡すことにしたわけです。》（一六五・一六六頁）

つまり、前記「記者交換協定」に先立ってすでに「売春防止法」制定の動きが出始めた昭和三〇（一九五五）年当時から「マスコミ工作」が行われていたことが分かる。

それはまさに戦後占領軍から「与えられた報道（表現）の自由」同様、経済活動（商い）さえできればよく、そのためならば自国民を代表する政府への悪口雑言の批判でも何でも許されるという、「倒錯した思考回路」への誘惑だったのである。

(二) 広岡が取り組んだ「日本共産党」支援と「日中国交樹立」

このころ朝日新聞社に内紛（村山事件）[141]が起こり、日本新聞協会会長であった村山長挙《ながたか》社長が失脚し、同年「親中国のマルキスト」と目された広岡知男（当時五七歳）が代表取締役に就任した。

次の図は、「日韓基本条約」が結ばれた昭和四〇（一九六五）年の、一二月一日付の「朝日新聞社機構図」[142]を基に、最高幹部（司令塔）と取材現場の関係を分かりやすくするために、私なりに取捨選択して書き写し作成したものである。

その後美土路昌一が朝日新聞社社長となり、広岡知男らが実権を握るようになっていった。

朝鮮戦争後昭和三五（一九六〇）年ころからソ連と険悪な中にあった中国共産党は、「文化大革命」を開始した昭和四一（一九六六）年以降日本共産党とも険悪な仲となり、日本共産党は平和革命（微笑み戦術）路線へと舵を切っていった。

ここで同党と決別し、毛沢東らの「暴力革命」路線へと邁進していったのが「極左暴力集団」である（後述）。

そして同年から朝日新聞社は、日本共産党に対し、それまでは公安を通じて動向取材をしていたが、「公党」であるとの理由から、それまでのタブーを破って直接取材を開始した。

各社もこれにならい記者クラブが作られたが、現場の記者に直接指示したのは伊藤牧夫（社会部長）[143]であった。

日本共産党は、朝鮮戦争時に、ソ連、中国、北朝鮮に呼応して全国で武装蜂起し、警察官を

141 『崩壊　朝日新聞』長谷川熙（2015年12月29日　ワック）124～157頁「第一章　朝日にたなびくマルクス主義」。
142 『朝日新聞社史　資料編』（1995・平成7年7月25日　朝日新聞百年史編修委員会編）。
143 「もの書きを目指す人びとへ―わが体験的マスコミ論」https://www.econfn.com/iwadare/soumokuji.html から引用。

殺害するなどした危険な団体だったのである。[144]

これが犯罪組織でなくて何であろうか？

「『敵の出方論』[145]と言う理論を放棄していないから公安調査庁の監視団体である」などと言われているが、そもそも同党は、有史以来「家族、私的所有、国家」として発展してきた近代社会を「資本主義」と定義してこれを「敵」（悪）と規定していた。

そして「議会の多数」を得て「政権を取ろう」と言う時、これに「抵抗する者は弾圧」（「デモや抗議」は実力をもってしても鎮圧）するが、これがさらに流血を招くか否かは「敵の出方次第」であるというのである。

しかし同社は、同党の「平和路線」（議会で多数を占める）作戦と「世間の記憶の新陳代謝」に着目して、「思想の自由」は憲法が定める基本的人権であるから、「公党に対する差別」は許されないという政治宣伝活動（プロパガンダ）を開始したのである。

つまり公党である以上、「自由主義（資本主義）社会を転覆させようという『共産党』の政治活動」を否定することは否定できないというのであるが、これこそが、「『否定の否定』[146]は強い肯定」と言う、あらゆる物事を自らの都合の良いように「倒錯」させてしまう「共産主義独特」の「思考回路」だったのである。

いずれにせよ朝日新聞社が日本共産党を支援していった背景には、中国共産党にとって日本共産党の動静を把握する上でも重要な意義があったものと見られる。

昭和四二（一九六七）年四月五日に前記『日本の戦歴』が出版され、七月二一日広岡知男が社長に就任した。

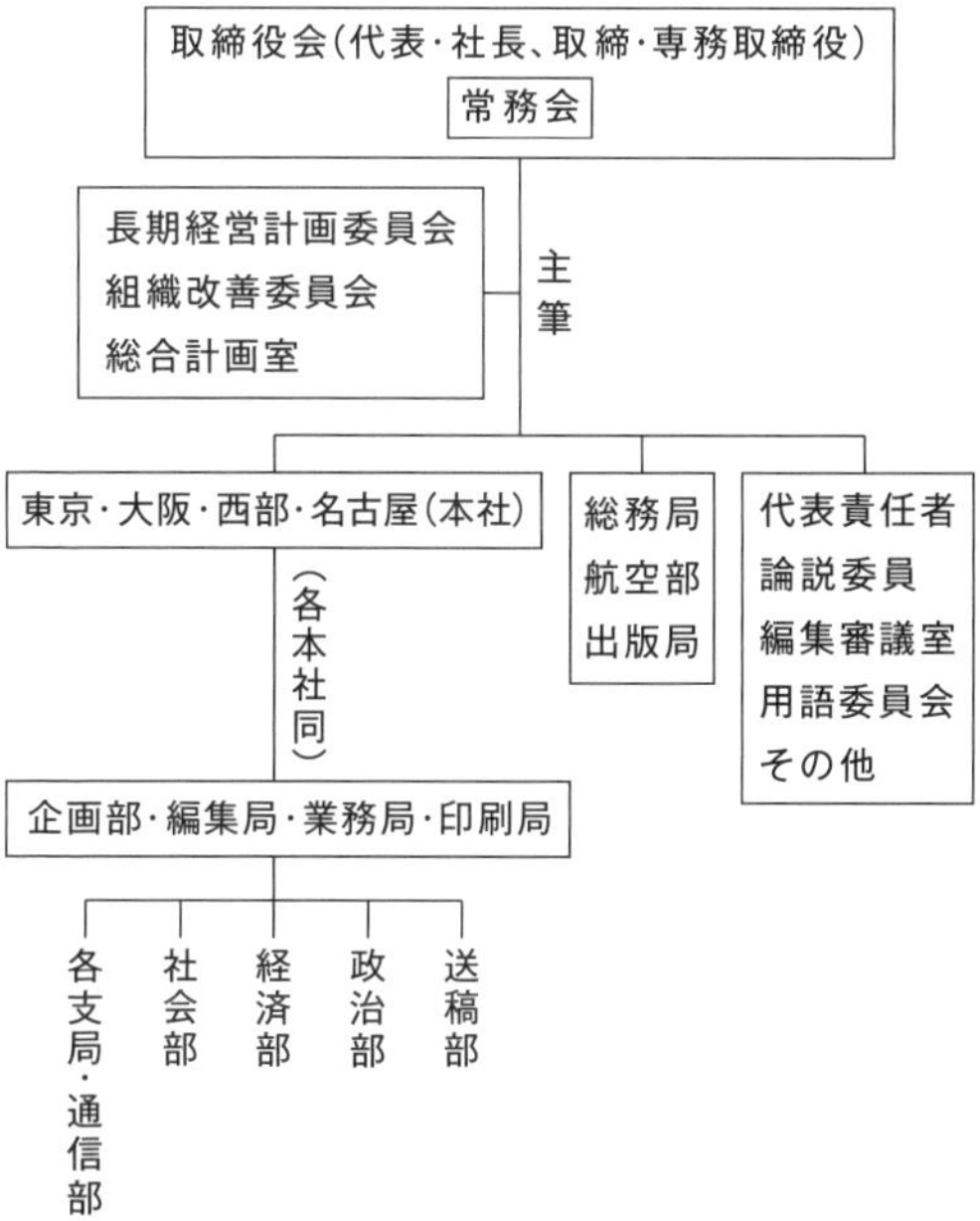

昭和40年の朝日新聞社内の主要機構・略図(著者作成)

そしてアメリカに先んじて「門戸（社会の窓）」を開きつつあった日本は、昭和四四（一九六九）年には、朝日新聞社（広岡知男）が「日中国交樹立」の地ならしに邁進していたのである。

(三) 暴力革命の嵐と広岡の取り組み

東京オリンピックが終わり、日本が高度成長に向かうころの昭和四四（一九六九）年四月、一九歳の私は、一四時間以上かかる道のりを、行李《こうり》一つかかえブルートレイン（寝台車）「さくら号」に乗って警視庁中野学校を目指した。

ようやく門をくぐり、通された待合室から眺める校庭の訓練風景は、軍隊かはたまた刑務所か？

逃げて帰りたくても、瞼に浮かぶ母の「絶対に途中で職を投げ出してはいけない」と言う言葉がそれを許さなかった。

その三カ月前には東大安田講堂事件があり、新宿騒擾事件などもあり、「文化大革命」の「造反有理」や「革命無罪」を叫ぶ全学連に代表される学園紛争や反安保闘争は最高潮を迎えていた。

前記『従軍慰安婦』の原型がソウルに上がったのは同年八月であり、深津が自伝『いと小さく貧しき者に』を出版したのは同年一一月である。

旧統一教会との関係を取り沙汰されている「国際勝共連合」が「反共」を掲げて登場したのはこのころのことであった。（昭和四三・一九六八年一月韓国で結成され、同年四月日本でも

東大・安田講堂の攻防
(昭和46年、警視庁発行『激動の1990日 第2安保警備の写真記録』より)

結成）

昭和四四（一九六九）年四月二四日から始まった一〇カ月に及ぶ共同生活の思いは、同僚の顔とともに私の心身に染みついて今も離れることはない。

お世辞ではなく教官は父、助教は母であった。

その教えは、「他人の自由・人権を守る、その人権とは何か？　と言うことをしっかりと考えよ！」と言うことであった。

学生部隊として出動し、にわか造りの檻の中に入れられた学生たちを出し入れさせられた苦い思い出とともに、私たちは昭和四五（一九七〇）年二月、第一線勤務に従事することとなった。

広岡知男が松村謙三と「友人」[147]の資格で、現職社長でありながら、株主総会を欠席までして訪中し、周恩来と会見していたのは同年三月二〇日のことであった。

日本赤軍のメンバーが日航機をハイジャックして北朝鮮に亡命するという「よど号事件」が発生したのはその一一日後のことである。

千田が寄稿した『特別レポート　日本陸軍慰安婦』が「週刊新潮」（二七日号）に掲載されたのは、『傷だらけの人生』（俳優・鶴田浩二）がヒットし始めた同年六月のことであるが、読む暇もお金もなかった。

七〇年安保闘争を振り返ってみれば、昭和四二（一九六七）年一〇月から昭和四五（一九七〇）年六月までに全国一八七三万八〇〇〇人の学生や労働者らが動員され、約六六五万人の警察官が出動し二万六三七三人が検挙されて一万四六八四人の警察官が負傷し、殉職者も出していたのである。[148]

しかしそのころ、「売春防止法」はどこへやら、日本国憲法の「自由」を盾に「性表現の自由」が叫ばれ、夜ともなれば、南池袋公園のパトロールは目のやり場に困るほどであった。東京オリンピック直後の昭和四〇（一九六五）年から「エロブンＰＭ」（イレブンＰＭ・『11ＰＭ』）と揶揄される番組とともに始まった「家永裁判」（教科書検定は憲法違反である）も、昭和四七（一九七二）年の「日活ロマンポルノ事件」（映画倫理審査委員の責任が問われ後に無罪）問題に代表されるように、その本質（個の尊重、全の否定）は同じであった。

同年一一月二五日、貴重な休みを利用した係の一日レクリエーションがあり、秩父の正丸峠で昼食となった。

ラジオは有事即応のため必携品であったが、そのラジオから流れてきたのが、ノーベル文学賞候補にもなった三島由紀夫が、自衛隊市谷駐屯地で総監を人質に「日本国憲法の非」と「皇国日本民族」の覚醒を叫び自衛官の決起を促すも、目的を達成できず割腹自決するという衝撃

144　『回想 戦後左翼主要事件』警察庁編（昭和43年1月1日）。
145　『日本革命の展望』宮本顕治（１９６７年、新日本新書）。
146　『資本論④』マルクス（新日本出版社２０１４年1月20日　資本論翻訳委員会編）１３０６・１３０７頁。
147　『田中角栄こそが対中売国者である』鬼塚英昭（２０１６年3月15日　成甲書房）44・45頁「『角栄を中国に連れて行ったのは朝日新聞です』」）。
148　「もの書きを目指す人びとへ――わが体験的マスコミ論」https://www.econfn.com/iwadare/soumokuji.html

的な事件であった。

それでも朝日新聞社は、昭和四六（一九七一）年元日の紙上で「速やかな日中国交樹立」を提言し、日中交歓卓球大会（全国規模）を後援した。

深津が前記『マリヤの賛歌』を出版したのは同年二月のことである。

同年三月二八日から四月七日まで第三一回世界卓球選手権が愛知県体育館で開催され、この大会に参加したアメリカ選手団が中国から招待を打診されアメリカ側がこれに応じるという、世界の常識を覆す出来事が起こり、世の人々を驚かせた。

「ニクソンショック」とともに、アメリカも「社会の窓（国交）」を開けようとし始めていたのである。

同年、最高裁裁判官会議において宮本康昭判事補の再任が拒否された。

その理由が「同人が共産党系青年法律家協会に所属していたか否か」はともかく、司法の問題であるのにもかかわらず、朝日新聞社は同年四月二八日付朝刊で、「最高裁に遺憾の意を表明」し、これがあたかも世論であるかのようにして「司法、立法、行政」に圧力を加えたのであった。

これもまた「輿論戦、心理戦、法律戦」とも言うべき政治宣伝（プロパガンダ）報道だったのである。

五月には、同社は緒方竹虎以来二八年間空席となっていた主筆職を復活させて、広岡が同社史上初の社長兼主筆となり、東京本社編集局長・後藤基夫を派遣して金日成や周恩来と単独会見させていた。

1970年11月、自決直前の三島由紀夫
(Wikimedia Commonsより)

前記『田中角栄こそが対中売国者である　だから今も日本は侮られる』には、

《昭和四六（一九七一）年一二月に、すでに『日中記者会』（朝日新聞紙の二四名を筆頭に、読売、毎日、産経、ＮＨＫ、共同通信など各社八五名の記者たちが加盟）の会則が定められていた。》[149]

と記されている。

もはや日本は、中国共産党に自由主義社会の根幹である「表現の自由」をがっちりと摑まれてしまっていたのである。

㈣　私が駆け出しの頃

昭和四六（一九七一）年一〇月二五日、私が勤務する駅前交番に昨晩の宿直員と交代のために赴くと、交番と駅ホームを隔てる金網に黒い靴下に入れてつるされていた鉄パイプ爆弾を、巡回中の交通係の上司が発見し取り外したそれを手につるしかかえて立っていた。

そのころ同じものがあちこちの警察施設に仕掛けられ、厳戒通達が出されていたことからすぐにそれは爆弾であり不発であったものと判断した私は、それを交番の中の床に置き、配備されていた古タイヤと砂袋で囲み、その爆弾をつるすひもと繋がる靴下の口を広げて見ると、鉄パイプの頭から覗いて見えるスポイトの中にはまだ濃硫酸が入っていた。

すぐに一一〇番して電車は止まりヘリは飛ぶ大騒ぎとなった。

このことは、「爆弾を交番内に入れた愚かな警察官」として後に学校（実務講習）の訓材となったことを、私自身がその講習を受講して知ったのである。

それはともかく、その爆弾が爆発していれば間違いなく交番の窓を突き破り、そのすぐそばで仮眠していた警察官は即死していたであろうし、上司が取り外していなければ、その処理はもっと時間がかかったことであった。

その翌一一月には渋谷暴動事件で警察官一人が焼き殺されて殉職。

一二月一八日、当時の警視庁・土田國保警務部長宅は二一歳の私が寝起きしていた待機寮のベランダからよく見渡すことができた。

その警務部長宅で小包爆弾が爆発。

小包を開けようとした奥様は、当然即死されたのであった。

私がそれとは知らず徒歩で出勤途上、その現場に慌ただしく急行する署員たちとすれ違ったことが、今でもまだまざまざと脳裏に浮かぶのである。

二四日には新宿四谷の交番近くに「クリスマスツリー爆弾」が仕掛けられて、これを処理しようとした警察官は左足切断、左手四指切断、右目失明の重傷を負い、通行人六人も重軽傷を負った。

その当時の私にとってなぜこのような時代がもたらされているのか知る由もなく、また考え

149『田中角栄こそが対中売国者である　だから今も日本は侮られる』鬼塚英昭（2016年3月15日　成甲書房）86頁「台湾切り捨てた日本のマスコミ」。

ようとすることすらなかった。

まだ若さがはち切れそうな（水も滴ると言いたい）二〇代前半のころであるが、おそらく今の同年代の人々も同じであろうと思う。

昭和四七（一九七二）年二月、グアム島に残っていた横井庄一陸軍軍曹が帰還した。

同月、山岳地帯を逃亡していた連合赤軍メンバーによる「あさま山荘人質立てこもり事件」が起き、警察官二人が銃撃されて殉職した。

と同時に同メンバーのNという女性を中心とした疑心暗鬼による大量リンチ殺人事件が発覚した。

朝日新聞社は同年四月には、「よど号」事件の犯人が亡命していた北朝鮮に論説主幹・江端清を派遣して金日成との会見を実現させていた[150]。

同年五月、北朝鮮に亡命した日本赤軍が、パレスチナ解放を叫び、テルアビブ（イスラエル）のロッド国際空港で無差別に銃を発射し二四名を殺害するという日本人として世界に顔向けできない大事件が発生し、同派最高幹部の重信房子が犯行声明を出した。

ベトナム戦争には韓国軍も参戦していた。

これらの出来事は私の頭では想像もつかない、目には見えない朝鮮戦争の延長であり、中国共産党と北朝鮮労働党は連携して、世界同時革命を叫ぶ日本の過激派を支援していたという恐ろしい現実だったのである。

同年九月二五日に田中角栄首相が北京を訪れ、同二九日「日中共同声明」が発せられて国交が開始されることとなった。

1971年11月、警察官が焼き殺されて殉職となった渋谷暴動事件
(Wikimedia Commonsより)

そのころ郷里で結婚式を済ませた私たちの新居は、神田川近くにある古い木造二階建て、四畳半一間で共同トイレ、風呂はなく銭湯であった。

真冬の銭湯通いは、まさに「南こうせつとかぐや姫」のヒット曲『神田川』の世界であった。

私は「何としても大学を卒業したい」という思いで中央大学通信教育を希望すると同時に、勉学に有利な機動隊を希望した。

皆が嫌がる機動隊は「待ってました！」とばかりに昭和四八（一九七三）年四月機動隊への転勤が決まった。

そして転勤間近の同年三月一三日、国鉄順法（故意の遅延運転など）闘争のあおりを受けていた乗客が上尾駅で怒りを爆発させて大暴動が発生した。

その騒ぎの最中に機動隊に着任した私は、四月二四日に再開された順法闘争のため首都圏各駅で暴動が発生し、緊急出動したまま五日間帰宅することも叶わなかった。

修羅場をくぐる機動隊では、階級よりも経験がものを言い、先輩・後輩の序列は厳しく、後輩は先輩の靴磨きまでやっていた。

新婚ほやほやの私は、これだけは御免蒙らせてもらったのだが、先輩の風当たりは強かった。

警察学校で、そして新任署で、「未熟な自分に警察官など務まるものか？」という二度にわたる転職の思いがあったが、それを何とか乗り越えようと努めていた。

しかしついに母の戒めも忘れ、帰宅するや「このまま果たして幸せを手にすることはできるのか？」という切実な思いとともに身重の妻の前で新聞を開き求人欄を探そうとした。

その時私の目に飛び込んできたのは、「両親死別、弟妹四人かかえ お姉ちゃんは疲れた 一九歳の青春に重く自殺」の記事であった。

この世に生まれ一九歳になるまで、両親の庇護の下で幸せに育ってきた女性が、四人の弟妹の面倒をみなければならない現実に直面して死を選んだ記事を読み、男としての自分のふがいなさを心の底から恥じるとともに、誰もこの女性を救うことができなかったその悔しさのためにも「二度と絶対に弱音なんか吐くものか！」と言いきかせ、心機一転したのであった。

今、これこそが「家付き、カー付き、ババア抜き」とマスコミがはやし立てた戦後占領軍が進めた「日本の家族制度廃止」（「核家族（兎小屋）化政策」）の負の側面であったことを深く思い知ることとなったのである。

このころ私も目白御殿と揶揄された田中首相の私邸に一昼夜の警戒に従事したり、選挙での街頭演説での首相の名演説に涙する人々を目の当たりにしたりした。

ある朝、目白御殿の警戒についていた機動隊員が眠気覚ましと退屈まぎれに、事もあろうに高価なコイが泳ぐ池に向かって餌のつもりで小石を投げ込んでいた。

気が付くと、池の向こうに下駄ばきの総理が立っていた。

背筋が凍ったと言うが、総理はにっこり笑いながら「君、コイは石は食わねえよ」と言ってくれたと言う話も耳にした。

そして昭和四九（一九七四）年三月一二日、フィリピン・ルバング島で任務続行中であった

150　『朝日新聞社史　資料編』朝日新聞百年史編修委員会編（1995・平成7年7月25日　朝日新聞社）570〜573頁。

小野田寛郎陸軍少尉が投降、二九年目にして帰還した。

昭和三一（一九五六）年中ソ対立が始まり、文化大革命が始まった昭和四一（一九六六）年には日中共産党の対立が深まる中で、平和路線に舵を切った日本共産党と決別して「反帝国主義、反スターリン主義」、すなわち一部セクトを除いて「親毛沢東主義」に基づく「新左翼（極左暴力）集団」が結成され武装闘争を開始していた。

飯田橋駅前交番焼き討ち事件、成田管制塔占拠事件、国鉄スト支援闘争など、休む暇もなく火炎瓶と催涙ガスに明け暮れたことなど思い起こせばきりがない。

そして彼らが寝泊まりしていた闘争拠点には、使用済みのコンドームが至る所に散乱していた。

これが今から五十年前の東西冷戦の最前線（東側陣営の対日破壊工作）の実情であり、以後も日本と韓国のトップを殺害しようとした大事件から、連続企業爆破事件、内ゲバ三派と呼ばれた過激派グループ（革マル・中核・革労協）の凄惨な殺し合い、日本赤軍のパレスチナ闘争（日航機ハイジャックやテルアビブ空港乱射、大使館占拠事件など）へと続いていったのである。

そして周恩来に続いて毛沢東もこの世を去り、文化大革命とともに日本の暴力革命も終結した昭和五二（一九七七）年以降、公然と開始されたのが「従軍慰安婦でっち上げ（ねつ造）」工作であり、その裏で「日本人拉致」が実行されたのであった。

六　世界制覇を目指して

1974年3月、正式に“降伏”し、フィリピンのマルコス大統領に軍刀を差し出す、小野田寛郎さん〔右〕(Wikimedia Commonsより)

(一)「王炳南」という超大物工作員

毛沢東らは中華人民共和国を樹立した昭和二四(一九四九)年に、「ダーウィンの適者生存」に基づいて「諸外国に蹂躙された一〇〇年」の復讐として「中国の夢(世界覇権)」を一〇〇年で達成するための計画を立てていた。[151]

そしてその毛沢東の側近に、戦前戦中にかけてコミンテルン工作員として活動していた前記・王炳南という超大物スパイがいた。

彼は、インターネット情報によれば

《中国共産党青年同盟に25年間参加、大正15(1926)年に中国共産党に入党、昭和4(1929)年日本に留学、昭和6(1931)年ドイツ共産党の中国語グループの書記長からドイツ支部の議長を務める。

周恩来の有能な外交アシスタント。反日戦争の間、CPC(中国共産党中央委員会)南部局の代理として日本人に対する国際的な宣伝活動に従事し、勝利を収めた昭和20(1945)年の重慶交渉(戦後処理)では、毛沢東の書記を務める。》[152]

《中国の外交官。1951~55年人民外交学会理事。55年1月ポーランド駐在大使に任命され,8月以降ジュネーブ,ワルシャワにおける中米大使級会談の中国代表をつとめた。64年外交部副部長。文化大革命中の67年に批判を受けて失脚したが、75年8月人民対外友好協会会長に選ばれて復活。76年同会代表団長として訪日。82~88年日中民間人会議中国側代表団第一副団長。》[153]

若き日の“超大物工作員”王炳南
(Wikimedia Commonsより)

と紹介されている。

彼は、朝鮮戦争真っ盛りの昭和二六（一九五一）年から昭和三〇（一九五五）年まで周恩来直属の「人民外交学会」の理事、つまり世界各国の政界、学界、企業、社会団体などと交流する上での研究ならびに人材養成機関の責任者を務めた。

その後朝鮮戦争が停戦となり、自由党と日本民主党が合流して自由民主党（五五年体制）が成立した昭和三〇（一九五五）年、日本に「売春防止法」制定の動きが始まるちょうどそのころ、「朝鮮戦争」の戦後処理（米中捕虜交換等）のため八月一日にジュネーブで開かれた米中大使級会談の代表（ポーランド駐在大使）として出席した。

そしてそれから九年間王炳南は、アメリカと公に意思の疎通を図ることのできる唯一の窓口にあって、「一ミリたりとも後に引かない」中国共産党絶対優位と「台湾は中華人民共和国の一部（中国は一つ）」をアメリカに認めさせる交渉に従事したのであった。

そのような中でも、当然「日本の遊郭の廃止」に重大な関心を寄せていたであろうし、戦後日本を統治したアメリカ側から日本の国情や「売春防止法」の問題など、対日工作上必要な情報を収集していったと思われる。

前記『上海より上海へ』の中で麻生徹男は彼のことを「王炳南先生」と題し、上海に出征して彼に会おうとしたが「果たせなかった」ことに加えて次のように記している。

《先生は重慶政府、次いで中共政府の要人と成られた。

終戦を間近にして、重慶にて反戦活動をしていた鹿地亘氏に米国ＯＷＩ（Ｏｆｆｉｃｅ　ｏｆ　Ｗａｒ　Ｉｎｆｏｒｍａｔｉｏｎ」）のフィッシャー氏を引合わし、戦後の日本処理の相談を為されたのも王炳南先生である。

その後、先生は駐ポーランド大使など勤められ、昭和五十年過ぎ、井上靖氏を団長として伊藤桂一氏ら数名が、中国に日本の作家代表として行かれたが王炳南先生は、その接待の衝に当てられていた。その後昭和五十三年ころまでは中国の要人として、時に新聞などにその名が記されていたが、もう七十も半ば過ぎ、八十歳にも近い御方と思う。今ここに昭和五年の第四回ＹＭＣＡ夏期学校の記念写真と、その一部、王炳南氏の部分を拡大して供覧する。》（九八～九九頁）

(二)　対日工作機関の完成と王炳南の復帰

昭和三三（一九五八）年「大躍進」政策を掲げた毛沢東は、フルシチョフを揺さぶりながら、核兵器を保有するための技術援助を求め、国連に加盟すると同時に「中華民国（台湾）」を追放するために、二〇〇〇万人近い餓死者を出しながらも諸外国を取り込むための経済援助を続

151　『Ｃｈｉｎａ　２０４９　秘密裏に遂行される「世界制覇１００年戦略」』マイケル・ピルズベリー（解説）森本敏（訳）野中香方子（２０１５年９月７日　日経ＢＰ社）
152　王炳南（原中国外交部副部长）_百度百科。
153　https://kotobank.jp/word/王炳南-38857。

けた[154]。

さらに死に物狂いで国内政策と対日・対米工作（民間友好と併行した破壊のための諜報謀略活動）を行っていった。

そして同年八月二三日から一〇月五日まで、中国共産党（人民解放軍）は、台湾（中華民国）統治下の金門島に侵攻（金門島砲撃事件）を企てた。

中国共産党が対日工作機構を完成させたのはその五年後、前記国交樹立工作開始から一一年後のことであった。

その組織図[155]によれば、頂点は「中日友好協会」（63．10．4設立）〔名誉会長・郭沫若　会長・廖承志〕

その下に、「中国国際貿易促進委員会」（52．5．4設立）さらにその下に「中国人民対外友好協会」（54．5．3設立）が存在しているが、設立順位では、

昭和二七（一九五二）年五月四日「中国国際貿易促進委員会」（経済界工作）

昭和二九（一九五四）年五月三日「中国人民対外友好協会」（文化界工作）

昭和三八（一九六三）年一〇月四日「中日友好協会」（総合工作）

の順番である。

つまり「経済界工作最優先」とし、対日工作開始一カ月後には「貿易促進委員会」が、その二年後に「文化界工作」を行う「中国人民対外友好協会」が、その九年後（昭和三八・一九六三年）に「中日友好協会」が設立され、『中国人民解放軍政治工作条例』が発令されたのであった。

郭沫若と廖承志が同機構の頂点に立ち、経済界を中心とした政界工作を廖承志が担当し、一般大衆の心理を摑み動かす文化・文芸界工作を郭沫若が担当したものと推測される。

そしてその翌（昭和三九・一九六四）年に、九年間にわたるアメリカとの交渉の中で、同国から「中国大陸に対する国府のいかなる動きも支持しない」との言質を取った[156]王炳南が、意気揚々と中国外交部のナンバーツウに復帰したのであった。

それは同党が『中国人民解放軍政治工作条例』（輿論戦、心理戦、法律戦）を公布して対日工作機関である「中日友好協会」を設立し、対日工作機構を完成させた翌年であり、同年に日本では東京オリンピックが開かれ、同党は核実験の副産物としての「死の灰」を日本に降らせたのであった。

中国共産党は当然アメリカに対しても、対日工作同様、禁輸の解消と民間人の往来（文化交流・記者交換協定）などを働きかけたが、当然のことながらアメリカはこれを拒絶していた。

同年八月には南北ベトナムの紛争が、アメリカが全面介入するベトナム戦争へと発展していった。

154　『マオ　誰も知らなかった毛沢東（下）』ユン・チアン：ジョン・ハリディ（訳）土屋京子（２００５年11月17・18日　講談社）１６９頁。
155　『中国の日本乗っ取り工作の実態』福田博幸（２０１０年5月25日　日新報道３２２・３２３頁）。
156　『米中会談と台湾』戴天昭（https://www.jstage.jst.go.jp/pub/pdfpreview/kokusaiseiji1957/1967/32_1967_32_72.jpg）。

㊂　絶対に妥協しない「後だしジャンケン」外交（表舞台から消えた王炳南）

中国共産党の戦略・戦術は、「台湾は中国共産党のものである」、「中国敵視政策をとらない」、「お互いの友好促進を妨げない」ことを「政治三原則」とし、同時にマルクスの教義通り「政治と経済は分離できない」[157]のであるから、「政治制度の違いから起こる問題」については「話し合いによって解決していこう」と言う「政経不可分」の原則を合わせて「社会の窓（国交）を開く条件」とすることであった。

そして最も重要なことは、日本の報道機関に「これらの原則に沿った報道をしなければならない」（表現の自由を認めない）と言う「記者交換協定」を結ばせることであった。

人間社会の営みの多くが「情報」として存在する。

よく「人の口に戸は立てられない」と言われる。

マフィアも顔負けの鉄壁のピラミッド組織と、そこに張りめぐらされた情報網とともにお互いを監視（透明化）させ、いかなる情報も頂点（毛沢東）以外では操作不能の体制によって固められた強大な組織（中国共産党）がその他大勢の人民を支配する社会と、それに対峙するも、あらゆる情報が自由に飛び交う自由主義社会（国家）とが、互いに「社会の窓」（国交）を開けて交流すればどうなるかは論ずるまでもないことであろう。

にもかかわらず、自由主義陣営（日本）の国益を損なうことなく繁栄の道を目指そうとした岸信介を、日本はむざむざと退陣へと追いやってしまったのであった。

「共産主義は敵ではない」と思わせながら「社会の窓（国交）」を開いたが最後、あとは彼らの思うつぼに嵌る仕掛けだったのである。

そして朝鮮半島（戦争）の戦後処理が進む中、王炳南が対日工作に復帰し、ベトナム戦争が始まり、昭和四一（一九六六）年から「大躍進政策」に続く「文化大革命」が始まると王炳南は一旦表舞台から姿を消すこととなった。

中ソ対立に続いて同年以降、日中共産党も対立し険悪となる中、日本では親中派などが日本共産党と袂を分かち、新左翼と称される極左暴力集団（中核、革マル、革労協などや毛沢東が掲げる「人民遊撃戦」を実行しようとする「日本赤軍」）などが生まれ、「反安保」や「大学自治」などに名を借りた武装闘争を開始していった。

ここで大きな力を発揮したのが警察予備隊を創設した後藤田正晴だったのである。

㈣　よろめいていくアメリカと「人民」の命を奪う共産党

一方アメリカもまた日本同様の工作を受けつつも、アイゼンハワー、ケネディ、ジョンソンらはこれを拒絶し、中国共産党の思惑通りにはいかなかった。

しかし、「ベトナム戦争」で自国の多くの若者の命を犠牲にし、社会までが蝕まれていく惨状の中で登場したニクソンは、昭和四四（一九六九）年三月勃発した中ソ国境（ダマンスキー・珍宝島）領有紛争を機に、「中国を懐柔する」ことによってベトナム戦争を終結させようと動き始めたのであった。

そして同年七月、ニクソンがついにこれまでアメリカが「世界の警察官」としてアジアにお

157　『哲学の貧困』カール・マルクス　山村喬訳（2016年2月23日　岩波書店）

いて直接「共産主義」陣営の侵略に対抗してきたことを止め、自国の安全が脅かされない限り各同盟国の自助努力に任せる旨の「ニクソンドクトリン」と称される声明を発表し、翌年にはこれを全世界に適用するとした。

『マオ　誰も知らなかった毛沢東（下）』[158]には、

「毛沢東は昭和四六（一九七一）年から昭和五〇（一九七五）年にかけてアメリカの七〇倍にも及ぶ対外援助を行い、昭和四七（一九七二）年には中国よりはるかに裕福な小国マルタに二五〇〇万米ドルを援助した。

その対象国は昭和四五（一九七〇）年以前の三一カ国から六六カ国となり、ニクソン訪中を機に、中国を承認する国が次々と現れた。

九億の中国民衆の大多数が飢餓すれすれの生活を強いられ、食料が最も不足したのは、昭和四七（一九七二）年二月二一日、ニクソン訪中直後から毛沢東が死去するまでの間だった」（四三四・四三五頁の概略）

ということが記されている。

ニクソンは、その訪中に先駆けて昭和四六（一九七一）年七月と一〇月の二度にわたって、キッシンジャーを秘かに訪中させていた。

その内幕については、同書に「反共ニクソン、赤に呑まれる」として詳しく記されている。（後述）

中国共産党は「内政不干渉」を振りかざして鉄壁の守りを固めながら、同党と「社会の窓」（国交）を開いた自由主義社会の国々は「自由」と言う急所と利権構造を同党に摑まれてしまった。

そして商業マスコミによって、「社会正義」（自由、平等、博愛、反戦、平和等々）の名で様々な揺さぶりをかけられていくのであった。

中国共産党にとってみれば、「自分さえよければ良い」と言う人間社会（心理）の中で、様々な欲望や政権抗争が渦巻く「自由主義社会」に対して、これほど楽な「輿論戦、心理戦、法律戦」（諜報謀略活動）はないであろう。

中国共産党はベトナム戦争でアメリカの若者の血をとめどなく流させながら、やがて自由主義陣営が経済発展（欲）のために社会の窓（国交）を開くのを虎視眈々と狙っていたのである。

中国共産党の対外工作が功を奏し、「中華民国を国連から追放する」（アルバニア）決議によって、国連における中国代表権が台湾から北京となり、同党が拒否権を手にして正式な国連の常任理事国となったのは、キッシンジャーがニクソン訪中準備のため二度目の訪中をしていた昭和四六（一九七一）年一〇月二五日のことであった[159]。

そして昭和四七（一九七二）年二月二一日にニクソンが訪中。

同年六月一七日に、民主党本部に侵入して盗聴器を仕掛けようとした五人が逮捕されるという「ウォーターゲート事件」が勃発し、その五カ月後（一一月）にニクソンは再選を果たした

158『マオ　誰も知らなかった毛沢東（下）』ユン・チアン：ジョン・ハリディ（訳）土屋京子（2005年11月17・18日　講談社）。
159『マオ　誰も知らなかった毛沢東（下）』ユン・チアン：ジョン・ハリディ（訳）土屋京子（2005年11月17・18日　講談社）430頁「反共ニクソン、赤に呑まれる」。

のであった。

㈤　墓穴に落とされたニクソンと田中角榮

㈠　毛沢東を懐柔して再選を果たそうとしたニクソン

前記「反共ニクソン、赤に呑まれる」には、ニクソンが前記昭和四六（一九七一）年にキッシンジャーを訪中させて、国連の代表差し替えやソ連の情報提示などについて裏取引を行っていたことが次のように記されている。

《「最高レベルの機密情報」を与え、副大統領のロックフェラーは「頭がぼうっとなりそうだった」。》（四二八頁）

《ニクソン訪中は、毛沢東にアメリカ製核兵器入手の可能性をもたらした。》（四三九頁）

《キッシンジャーは、ニクソンと自分が誰も夢にも思わないようなことを企てているという自覚は持っていたようだ。》（四四二頁）

さらに再選を果たしたニクソンは、昭和四八（一九七三）年七月六日、キッシンジャーを特使として毛沢東に、

《ロールス・ロイス社の「エンジン技術」を（中略）公式には反対の立場をとりますが、（中略）我が国の表向きの行動を見て混乱なさらないようにしてください……。》（四四三頁）

《キッシンジャーはひそかにイギリスとフランスに働きかけて、輸出が厳重に禁止されている原子炉技術を中国に売却するよう手配した。》（前同頁）

などと約束し、航空機産業等の革命的進歩をもたらしたことが記されている。

そしてこれらの交渉の間、毛沢東は

《キッシンジャーが女性にもてることを冷やかし（中略）「あなたが病に倒れる寸前だという噂があり（中略）女性たちは、みなそれを聞いて残念がった。博士が倒れてしまったら、我々の仕事がなくなってしまうという噂でした」「中国女性を差し上げましょうか？　一〇〇〇万人でも結構ですよ（とくに女性から大きな笑い声）」》

と記されている。

㈡　計画されていた？　田中角榮の失脚と「日韓・慰安婦問題」の準備

日本では「列島改造」を掲げる田中角榮内閣が、日本国民に「今太閤」と持てはやされ、中国共産党に「社会の窓」を全開にする国交を開いたのは昭和四七（一九七二）年九月であった。

昭和四八（一九七三）年八月八日、後に韓国大統領となる金大中が、韓国中央情報部（ＫＣＩＡ）により東京都千代田区のホテルグランドパレスからソウルに拉致・監禁されるという、日本の主権を侵害した金大中拉致事件が発生した。

そして同年一〇月に千田は、第一作『従軍慰安婦――〝声なき女〟八万人の告発』[160]を出版したのであった。

昭和四九（一九七四）年は、二月に麻生徹男が『続 戦線女人考』を発表し、同年七月に千田が第二作『続・従軍慰安婦 償われざる女八万人の慟哭』を出版していた。

この意味は、王炳南が対日工作戦線に復帰して、「従軍慰安婦」でっち上げ（ねつ造）工作を推進する前触れであったと私は推測する。

そして同月には韓国政府は朝日新聞の輸入を禁止した[161]が、それは同新聞の「共産主義陣営への肩入れ」報道が原因なのか、広岡知男らの行動が原因なのか定かではない。

アメリカでは、同年八月九日にニクソンが大統領を辞任してフォードが次期大統領となっていた。

その六日後の同月一五日、韓国独立記念式典で、在日朝鮮人・文世光が大阪の交番から盗み出した拳銃で朴大統領を狙撃し、危うく難を逃れたその弾丸が夫人らに命中して同夫人を死亡させる大事件が勃発した。

そのためかどうか韓国の朝日新聞輸入禁止措置は、九月二三日には解除[162]されてしまった。

そして日本では八月一四日の夜、東アジア反日武装戦線（大地の牙・さそり・狼）を名乗るグループが、翌日の終戦記念日に那須の御用邸から御召列車でお帰りになる昭和天皇を爆殺するために、荒川鉄橋に爆薬を仕掛けようとして失敗していた。

まさに共産主義陣営は、「従軍慰安婦」を日韓の問題とする事前準備と合わせて、日韓の元首を同時に殺害しようとしたのである。

そして八月三〇日昼間、同戦線のメンバーは、荒川鉄橋を爆破するはずであった爆弾を千代田区丸の内の三菱重工ビル正面玄関前に仕掛けた。午後零時四五分、この爆弾が爆発して[163]八人が死亡、三八〇人が負傷する大惨事となったのであった。

私もこの現場に機動隊員として急行したが、その余韻も冷めない九月二九日に朝日新聞社は、日中航空協定によって中国に飛んだ日航一番機とともに専務・秦正流を派遣し、一〇月二三日には副社長・渡辺誠毅をソ連へ派遣して「日本の新聞人として初めて」[164]コスイギンと単独会見させた。

その間の一〇月九日、フリージャーナリスト立花隆らの調査報道によって、昭和四六（一九七一）年から通産大臣（当時）を務めた田中角榮のファミリー企業群が、昭和四四（一九六九）年から昭和四五（一九七〇）年にかけて信濃川河川敷の土地を安く買い占め、それが建設

160 『従軍慰安婦――〝声なき女〟八万人の告発』千田夏光（昭和48年10月20日　双葉社）。
161 『朝日新聞社史　資料編』朝日新聞百年史編修委員会編（1995・平成7年7月25日　朝日新聞社）578頁。
162 『朝日新聞社史　資料編』朝日新聞百年史編修委員会編（1995・平成7年7月25日　朝日新聞社）578頁。
163 https://ja.wikipedia.org › wiki › 三菱重工爆破事件東アジア反日武装戦線は、「虹作戦」と称して天皇の殺害を計画。荒川に架かる鉄橋を爆破しようとしたが果たせず、翌八月一五日に在日韓国人で朝鮮総連系団体活動家の文世光が朴正煕大統領暗殺計画を決行した。そこで彼らは、「虹作戦」で使用できなかった爆弾によって「ダイヤモンド作戦」を決行した。いわゆる日韓首脳を殺害するための同時テロ活動であり、爆発の威力は陸上自衛隊によれば、敵軍侵攻を食い止めるために用いる道路破壊用二〇ポンド爆弾よりも強力だったとされている。
164 『朝日新聞社史　資料編』朝日新聞百年史編修委員会編（1995・平成7年7月25日　朝日新聞社）579頁。

省（当時）の開発によって高騰し、田中の莫大な政治資金となったことが暴露されたのであった。

この話は政治部の記者の間では当時からよく知られていたという。

しかも、日中国交調印のため田中角栄が訪中した際、驚くことには中国共産党は新潟の彼の実家が味噌汁に使う味噌の味まで把握していた。

同党が、昭和四七（一九七二）年九月二五日の国交樹立を待たずとも、「田中（土地）金脈情報」等を把握していたことは当然のことであったであろう。

朝日新聞社の応援によって[165]飛ぶ鳥を落とす勢いであった田中内閣は昭和四九（一九七四）年一二月九日あえなく総辞職したが、この時の官房長官は竹下登であった。

㊂　脆弱な自由主義社会の政権

一方アメリカでは昭和四九（一九七四）年六月二七日、ニクソンが起死回生を図るべく、アメリカに対し、中国に肩入れしないよう警告を発していたブレジネフと会談するためソ連を訪問した。

しかしいよいよ「ウォーターゲート事件」にニクソンが関与していた疑いが濃厚となり、同人は訪ソ間もなくの同年八月九日、前記の通り辞任し、フォードが次期大統領となったのである。

同事件は、あまりにも多くの機密情報を漏洩していたニクソンが、再選に臨みこれを民主党が把握しているか否か、そしてどのような戦略を講じているか探ろうとして引き起こされたものだったのではないのであろうか。

そして昭和五〇（一九七五）年にフランク・チャーチ元上院議員が主唱し、昭和五三（一九七八）年に作られたのが「外国情報監視法（ＦＩＳＡ）」であった。

ニクソンは昭和五〇（一九七五）年までに、中国共産党に「社会の窓」（国交）を開く旨を約束していたが、事件の影響によってこれが実現したのは昭和五四（一九七九）年一月一日、大統領は民主党・カーターであり、これがのちの親中政策へと続いていった。

ちなみにニクソンが中国共産党に「社会の窓」（国交）を半開きにし始めたころは、ロッキード、ダグラス、ボーイング各社が熾烈な社運をかけた戦いを繰り広げていた。

そして昭和四七（一九七二）年一〇月ロッキード社は、ロールス・ロイス社の低騒音エンジンを搭載したトライスター売り込みのためのコンサルタント料を児玉誉志夫に渡し、このうちの五億円が丸紅などを通じて田中角榮に渡されていたというのであった。

昭和五一（一九七六）年一月一三日、中国共産党は反ソ路線を国の基本方針とする改正憲法を採択し、朝日新聞社は同月一七日に発行部数七〇〇万部突破を祝う「朝日会」を国立劇場で開いていた。

そして同年二月五日、同社は、「ロッキード社　丸紅・児玉氏へ資金」という見出しで、田中角榮が旅客機の受注をめぐって、ロッキード社から五億円の賄賂を受け取っていたという「ロ

165　『田中角栄こそが対中売国者である　だから今も日本は侮られる』鬼塚英昭（２０１６年３月15日　成甲書房）44・45頁「『角栄を中国に連れて行ったのは朝日新聞です』」）。

ッキード事件」の第一報を朝刊で大きくスクープしたのであった。

この問題が発覚した経緯は、フランク・チャーチ元上院議員が委員長を務める「外交委員会多国籍企業小委員会」（チャーチ委員会）にロッキード社から誤送された資料の中に、この証拠書類が入っていたというのであるが、実はこのフランク・チャーチこそ、前記「外国情報監視法（ＦＩＳＡ）」設立を主唱した人物であった。

そしてその提唱者が委員長を務める前記「チャーチ委員会」に、ロッキードの秘密文書が「誤配された」というのは、どう考えてもその裏に「何らかの意図があった」ことは疑いようもないことであろう。

つまりアメリカは、「ロールス・ロイス社のエンジン技術」が中国共産党に流れていたことを調べようとしていたのではないのであろうか。

そのとばっちりではなかったのか？　ということなのである。

アメリカ国家を揺るがせた大事件であったが、色仕掛け（ハニートラップ）にかかっていたとしか思えないキッシンジャーはなぜか全く無傷であった。

それは彼が政治家ではなかった、ただそれだけの理由からであろうか？　不思議でならない。

今日大きく報じられているトランプ前大統領に対するＦＢＩの家宅捜索も、もとはと言えばこの「政治闘争」の延長上にあるものと言えるであろう。

これがいまも自由主義社会が解決できない致命的弱点であり、特に「自由主義社会を破壊しよう」という集団組織にとってこれほど便利な社会（「自由」という武器）はないのである。

㈥　一人勝ちの朝日新聞社がやったこと

前記の通り、中国共産党と日本政府に「社会の窓」（国交）を開かせた朝日新聞社は、「ロッキード事件」を大々的に報じ、同事件の「証人シグ・片山の日本入りに協力し『早風』機が那覇―東京の隠密空輸に成功」[166]していた。

そして同社の「金権政治」や「政官業の癒着」などの激烈な批判報道を受けて、同年六月には、河野洋平ら自民党国会議員六人が、「腐敗との決別」を掲げて離党し、新自由クラブを結成するに至った。

昭和五一（一九七六）年七月には三木武夫内閣の下で前総理大臣・田中角榮が逮捕され、毛沢東はその二カ月後に、ニクソンに続き田中も失脚したことを見届けてこの世を去ったのであった。（周恩来は同年一月死去）

朝日新聞社は一〇月にはどこ吹く風と、業界初の双発ジェット機セスナを導入した。

佐藤慎一郎の『田中角栄こそが対中売国者である　だから今も日本は侮られる』の証言には次のようなことが記されている。

《後藤基夫編集局長は田中内閣ができる前、二月に広岡知男朝日新聞社長と北京に行った。そのとき一〇〇万円の餞別を児玉誉士夫からもらって（中略）北京で約束してきたのは、佐藤内

166　『朝日新聞社史　資料編』朝日新聞百年史編修委員会編（1995・平成7年7月25日　朝日新聞社）581・582頁。

閣を倒して田中内閣をつくらせるため中共と朝日は協力する（中略）。田中内閣ができたら、直ちに台湾を切り捨てて日中正常化をやるという約束をし（中略）朝日の社内報に後藤基夫は、田中内閣をつくったのは朝日の力だとはっきり公言している。（中略）児玉はアメリカと中共のダブルスパイである。（中略）

朝日新聞社がロッキード事件で田中角栄と全日空・ロッキード社と組んでトライスターを買うことに積極的に動いた事実が発覚している。その見返りの意味も含めて、東京の築地の約一〇〇〇〇坪の土地を田中から払い下げてもらった》（五〇〜五二頁）

《廖承志はいくつもの顔を持っている。一つは、中共政府の情報機関のトップ要員であること。（中略）中日友好協会会長として、訪中後の田中角栄と尋常ならざる関係を結び続け、目白邸に出入りしていたこと。（中略）日本で生まれ、小学生時代を過ごし、早稲田大学に留学し、（中略）鄧小平の日本における指導的案内役となった》（二〇七・二〇八頁）

《中国の対日工作資金は、どのような方法で〔ターゲットとなった〕日本人の手に渡されるのか。例えば、鄧小平から三百億円が田中角栄に（三千億円借款上乗せのリベートとして）渡される場合、どんな方法がとられるのだろうか。

（中略）大陸から台湾へ脱出している華僑は約四万人いる。（中略）大陸に家族や親せきを残している。日本在住の六万数千人の華僑も大陸に多くの妻子や親戚を残している。これらの華僑が大陸の妻子や親戚に送金する場合×××（報告書では実在団体名）が重要な役割を演じる。

×××は毎年、日本と台湾にいる十万人の華僑に対して、その年の大陸への送金計画について注文をとる。（中略）北京政府は、送金を受け取る相手をその近くの政府機関に出頭させ、送金額に相当する「人民元」を相手に渡す。そしてその際、「確かに金を受け取った、という手紙を送り主にすぐ出すように」と指示する。その手紙が送り主のところへ届いた頃に、××が送り主の所へ集金に行く。そして送金額を「円」で受け取る。（中略）こうして×××に集められた円は、（中略）工作資金として（中略）数百億円に達していると推測される。

そのほかに、×××には、友好商社の日中貿易の中から何パーセントかを吸い上げた資金が積み立てられており、（中略）北京の指示によって指定された金額がいつでも指定された相手に届けられることになっている。（過激派にその資金の一部が渡されたこともある）。この方法を利用すれば、鄧小平は田中角栄にいつでも百億円や二百億円の金を、こっそり届けることが出来る。（中略）外国為替管理法違反に該当する（中略）。検察や警察は何故これを見て見ぬふりをしているのであろうか。（日中借款のリベートは、第二のロッキード事件とも言える大規模な国際汚職である）》（一六六～一六八頁）

かつて公安警察官を志した私にとって、これほど屈辱的なことはないばかりか、到底信じ難いことなのである。

七　名ばかりの「日中平和友好条約」

㈠「政党工作」とともに変質していく日本

日中国交開始後日本は、中国共産党の掌の上で良いように踊らされていったということが言えるのである。

自由主義社会の報道機関の役割は、社会悪はもとより、司法・立法・行政の腐敗や、政権の全体主義化や、外国機関等の対日諜報謀略等を監視し、国民に警鐘を鳴らすべきであるにもかかわらず、朝日新聞社の取り組みは「絶望」に値することであった。

前記『第二期対日工作要綱』には、

《一、新聞・雑誌

(中略)

ⓒ 強調せしむべき論調の方向。

(中略)

㈡ 人間の尊重、自由、民主、平和、独立の強調。

ここに言う「人間の尊重」とは、個の尊重、全の否定を言う。「自由」とは、旧道徳からの解放、本能の開放を言う。「民主」とは、国家権力の排除を言う。「平和」とは、反戦、不戦、思想の定着促進を言う。「独立」とは、米帝との提携の排除、社帝ソ連への接近阻止をいう。

煽情放映と虚構番組

二、テレビ・ラジオ等

ⓐ これらは、資本主義国においては「娯楽」であって、政府の人民に対する意志伝達の媒介体ではない。この点に特に留意し、「娯楽」として利用することを主点とすべきである。

具体的な方向を示せば、「性の解放」を高らかに唱い上げる劇又は映画、本能を刺激する音楽、歌謡、等は望ましい反面、スポーツに名を借りた「根性もの」と称される劇、映画、動画、または歴史劇、映画、歌謡、並びに「ふるさとの歌祭り」等の郷土愛、民族一体感を呼びさますものは、好ましくない。

前者をより多く、後者をより少なくとり上げさせるよう誘導せねばならない。

（中略）

反共出版物締出し

三、出　版（単行本）

ⓐ 我が国への好感、親近感を抱かせるものを、第一に取り上げさせる。

ⓑ マスコミの主流から締め出された反動極右の反中の言動は、単行本に出路を求めているが、これは、手段を尽くして粉砕せねばならない。特に、社会主義建設の途上で生じる、やむを得ない若干のゆがみ、欠点について、真実を伝えると称してなされる暴露報道を、絶対に放置してはならない。

これらについては、誹謗、デマで両国関係を破壊するものであるとして、日本政府に厳重に抗議すると共に、出版社主、編輯責任者、著者を告訴して根絶を期すべきである。

（中略）

ⓒ 一般娯楽面の出版については「デンマークの進歩を見ならえ」として、出版界における「性の解放」を大々的に主張せしむべきで、春画、春本のはんらんは好ましい。》（二四～二三〇頁）

と記されており、以後「革新」を掲げるマルクス主義的人物たちを首長に選ぶ自治体が全国に広がり、これを支持するマスコミが「道徳教育反対」を叫ぶ中で、美濃部亮吉都政下の首都圏の公共の乗り物の中に「優先席」が登場した。

これこそが「旧道徳からの解放」の裏に隠された「道徳の強制」であり、日本の言語空間には、「教科書検定問題」をはじめ「ポルノの自由」等が「エロ・グロ・ナンセンス」とともに氾濫していったのであった。

と同時に政界工作も次のように進められていった。

《四、本工作にマスコミ部を設けて、諸工作を統轄する

最後は社・公・民も打倒

第三　政　党　工　作

一、聯合政府は手段

日本の内閣総理は、衆参両院の本会議で首班指名選挙を行って選出される。両院で議員総数の過半を掌握すれば、人民の意志とは関係なく、任意の者を総理となし得るのである。

一九七二年七月の現況で言えば、自民党の両院議員中、衆議院では約六十名、参議院では十余名を獲得して、在野党と同一行動を取らせるならば、野党聯合政府は容易に実現する。しかし、この方式を取るならば、社会党、公明党の発言権を益するに留まり、且つ最大の単独多数党は依然として自民党であり、この二点は純正左派による「日本人民共和国」成立へと進む阻

因となることは明らかである。

自民党のみではなく、社会党、公明党、民主社会党もまた、無産階級の政党ではなく、最終的には打倒されるべき階級の敵の政党であることを忘れてはならない。

本工作組に与える「民主聯合政府の樹立」という任務は、日本解放の第二期における工作目標に過ぎず、その実現は第三期の「日本人民民主共和国」樹立のための手段に過ぎない。共和国樹立へ直結した、一貫的計画の元に行われる聯合政府工作でなければ、行う意義は全くない。

国会議員は工作員が支配

二、議員を個別に掌握

下記により国会議員を個別に掌握して、秘密裡に本工作員の支配下におく。

ⓐ　第一期工作組がすでに獲得したものを除き、残余の議員全員に対し接触線を最少四線設定する。

ⓑ　右の他、各党の役職者及び党内派閥の首長、有力者については、その秘書、家族、強い影響力を持つ者の三者に、個別に接触線を最少二線設定する。

ⓒ　右の接触線設定後、各線を経て知り得る全情報を整理して、「議員身上調査書」の拡充を期し、公私生活の全貌を細大もらさず了解する。

ⓓ　右により、各党ごとに議員を「掌握すべき者」と「打倒排除すべき者」に区別し、「掌握すべき者」については「聯合政府の樹立にのみ利用しうる者」、「聯合政府樹立より共和国成立に至る過渡期においても利用し得る者」とに区分する。

ここに言う「打倒、排除」とは、その議員の党内における勢力をそぎ、発言権を低下せしめ、孤立に向かわせることを言う。

ⓔ「掌握」又は「打倒」は調査によって明らかとなったその議員の弱点を利用する。金銭、権力、名声等、ほっするものをあたえ、又は約束し、必要があれば中傷、離間、脅迫、秘している私事の暴露等、いかなる手段を使用してもよい。

敵国の無血占領が、この一事に懸っていることを思い、いかなる困難、醜悪なる手段もいとうてはならず、神聖なる任務の遂行として、やり抜かねばならない。

三、招待旅行

右の接触線設置工作と並行して議員及び秘書を対象とする、我が国への招待旅行を左の如く行う。

ⓐ 各党別の旅行団。団体の人数は固定せず、実情に応じて定める。但し、団体構成の基準を「党内派閥」「序列」「年齢」「地域別」「その他」そのいずれかにおくかは慎重に検討を加え、工作員の主導のもとに、我が方に有利になる方法を採らしむるよう、工作せねばならない。

ⓑ 党派を超えた議員旅行団。議員の職業、当選回数、選挙区、選挙基盤団体、出身校を子細に考慮し、多種多様の旅行団を組織せしめる。

ⓒ 駐日大使館開設後一年以内に、全議員を最低一回、我が国へ旅行せしめねばならない。自民党議員中の反動極右分子で招待旅行への参加をこばむ者に対しては、費用自弁の個人旅行、議員旅行団以外の各種団体旅行への参加等、形式の如何を問わず、我が国へ一度旅

行せしめるよう工作せねばならない。

ⓓ　旅行で入国した議員、秘書の内、必要なる者に対して、国内で「C・H・工作」を秘密裡に行う。

自民党はバラバラに分解

四、対自民党工作

ⓐ　基本方針

自民党を解体し、多数の小党に分裂せしめる。

自民党より、衆議院では六十名前後、参議院では十余名を脱党せしめて、聯合政府を樹立するというが如き、小策を取ってはならないことは先に述べた所であるが、右派、左派の二党に分裂せしめることも好ましくない。これは、一にぎりの反動右派分子が、民族派戦線結成の拠点として、右派自民党を利用する可能性が強いからである。

従って、多数の小党に分裂する如く工作を進めねばならず、また、表面的には思想、政策の不一致を口実としつつも、実質的には権力慾、利害による分裂であることが望ましく、少なくとも大衆の目には、そう見られるよう工作すべきである。

ⓑ　手　段

㋑　自民党内派閥の対立を激化せしめる。

自民党総裁選挙時における派閥の権力闘争は常に見られる現象で、通常は総選挙を経て若干緩和され、一つの党としての形態を曲りなりにも保持していく。今回はそれを許してならない。

田中派と福田派の対立の継続と激化、田中派と大平派、三木派、三派の離間、中間五派の不満感の扇動等を主点として、第一期工作組は工作を展開中である。

総選挙後、若干の変動があっても、派閥の対立を激化せしむるという工作の原則は変わらない。

㋺ 派閥対立を激化せしめる最も有効な方法は、党内の非主流派となって、政治活動資金の調達に困難を生じている各派に、個別に十分な政治資金を与えることである。

政治献金は合法であり、これを拒む政治家はいない。問題は方法のみであり、工作員からAへ、AからBに、BからCへ、CからDに、Dから議員又は団体へ、という如くに間接的に行うのは言うまでもない。

㋩ 先に述べた議員個人の掌握は、それ自体が連合政府樹立の有効な手段となるが、派閥対立激化についても活用するのは、もとよりである。

派閥を激成し政党掌握

五、対社会・公明・民社各党工作

ⓐ 基本方針

㋑ 各党内の派閥闘争を激化せしめ、工作による操縦を容易ならしめる。

派閥というに足る派閥なき場合は、派閥を形成せしめる工作を行う。

但し、党を分裂せしめる必要はなく、分裂工作は行わない。

㋺ 日本共産党を含めた野党共闘を促進する。

ⓑ 手段

自民党の項に同じ。

六、「政党工作組」で統轄

対政党工作は「聯合政府樹立工作」の中心をなすものであり、本工作組に政党工作部を設け、その下部機構を、自民党班、社会党班、公明党班、民社党班の四班に分かち、各班ごとに派閥名を冠した派閥小組を設ける。

右翼団体の団結を阻止》（三一～四一頁）

過去、幾人の保守主義者と目される政治家たちが政権抗争に絡められ、「打倒排除」されていったことであろうか？

㈡「従軍慰安婦」でっち上げ（ねつ造）の仕上げに向けて

㈠　王炳南の登場に応えるかのように

麻生徹男は昭和四九（一九七四）年二月に「『続 女人考』二月号」を、そして千田もまた同年七月に、第二作の『続・従軍慰安婦 償われざる女八万人の慟哭』を出版していた。

そして麻生は手記発表二カ月後（四月）に体調を崩して入院したのであるが、療養中にまとめ上げた『上海より上海へ』の「まえがき」にこのように記していた。

《三十年以上前のことが（中略）再現された（中略）「上海より上海へ」の一編が出来上がっていた。（中略）戦記作家、伊藤桂一氏に見せた。（中略）驚くというより全く呆れはてられた。

およそ氏の戦記、それは一連の名もなき兵の悲しき戦記であり、私の戦記は従軍慰安婦ならまだしものこと、ダンサー、特務機関、宣教師その他数々。そしてこれより先に千田夏光氏は慰安婦の一件だけ物にされている。しかもこれらの事実を裏付ける私の撮影の写真は千三百枚余現存し、また私の通信文は中支従軍三ヶ年半すべて保存されているので、前記の稿に肉付けして今このように成った。》（四九頁）〔筆者注：傍線は筆者〕

つまり昭和四九（一九七四）年に心筋梗塞で倒れた麻生を見舞いに訪れた伊藤桂一が、麻生が病床で綴った『上海より上海へ』の全てに間違いなくしっかりと目を通していたということなのである。

㈡　中国人民対外友好協会会長に王炳南が就任

日中国交開始三年後の昭和五〇（一九七五）年四月、長かったベトナム戦争が、サイゴンの陥落とともにようやく終結した。

そして難民問題が大きな課題となっていたころの五月五日に、日本中国文化交流協会の招きで朱穆之《しゆぼくし》新華社社長が団長を務める「中国報道界代表団」が来日し、作家・井上靖が一行を接167待していた。

同年八月、日本赤軍が、クアラルンプールで米・スウェーデン両大使館を占拠、日本政府に仲間七人の釈放を要求して超法規措置がとられ五人が釈放された。

この事件は前記「よど号事件」から五年後のことであった。

そして同月、四六年も前の昭和五（一九三〇）年当時、あの御殿場の東山荘で麻生徹男が知己を得ていた王炳南が、「中国人民対外友好協会」会長に就任したのである。

㊂　麻生徹男と王炳南を再会させた井上靖

昭和五一（一九七六）年三木内閣の時、前記会長・王炳南が来日した。

『真の「文化交流」とは何か：井上靖と冰心を通して』によれば、

《１９７６（昭和五一）年11月29日、12月15日、井上靖は日本作家代表団団長として、六回目の訪中をした。彼は巌谷大四、伊藤桂一、清岡卓行、辻邦生、大岡信、秦恒平と（中略）佐藤純子が加わった。11月30日、中国人民対外友好協会が宴席を主催した。12月7日、井上靖は鄧穎超に初対面し、（中略）、廖承志、王炳南、（中略）、孫平化にも会った。（中略）井上靖は文化大革命を含め訪中しなかった空白の11年間を取り戻そうとするかのように、中国を頻繁に訪れた。》

と記されている。

つまり前記の通り昭和四九（一九七四）年、麻生徹男を病床に見舞った伊藤桂一は、麻生が

167　https://nufs-nuas.repo.nii.ac.jp/index.php?active_action=repository_view_main_item_detail&page_id=13&block_id=17&item_id=353&item_no=1「名古屋外国語大学・名古屋学芸大学 竹の庫：学術情報リポジトリ」。

まとめた上海の思い出の一編に記されていた「王炳南先生」に「しっかりと目を通し驚き呆れはてた」思いを胸に訪中していたということなのである。

中国共産党の、麻生徹男に対する恩賞を込めた計らいであったのであろうか？

訪中が叶わなかった麻生徹男は、伊藤桂一に王炳南との再会の夢を託していたのであった。

(三) 取り込まれた後藤田正晴

同（昭和五一・一九七六）年三木下ろしが始まり、衆議院議員任期満了をもって三木内閣は総辞職し、一二月二四日に福田赳夫内閣が誕生した。

中曽根康弘の二年先輩であった後藤田正晴は、政界に身を投じるべく昭和四九（一九七四）年の第一〇回参議院選挙に立候補して落選、昭和五一（一九七六）年の第三四回総選挙で衆議院議員となるも大量の選挙違反者を出す苦い経験を味わっていた。

そして同年福田政権が成立し、翌（昭和五二・一九七七）年四月二八日から五月六日まで朝日新聞社長広岡知男を団長とする「日本報道界代表団」が、二年前に来日して井上靖から接待を受けていた前記「中国報道界代表団」の招きに応じて訪中[168]し、後藤田正晴もまた四月二九日、日中友好国会議員団の一人として訪中した。

さらに同人は同年一二月、日中平和友好条約締結を翌年に控え、二階堂進らと訪中して中国共産党副主席・鄧小平らと会談していた[169]。

昭和四七（一九七二）年に田中角榮は、戦後の警察予備隊（後の自衛隊）を創設し、文化大革命とともに日本に押し寄せた暴力革命の嵐に警察庁長官として鎮圧の指揮を執っていた旧内務省出身の後藤田正晴を、内閣官房副長官に抜擢した。

これは私の推測であるが、同人に日本治安・国防機関の対中国（共産主義）防諜活動を制御させつつ対中外交を推進しようとしたのではないのであろうか？

しかしその井戸を掘った田中角榮はその井戸（墓穴）に落とされ、頼みの綱を失ったさしもの後藤田正晴も中国共産党に飲み込まれていったのであろう。

『田中角栄こそが対中売国者である　だから今も日本は侮られる』[170]には次のような驚愕すべきことが記されていたのである。

《以下は一九八〇（昭和五十五）年二月の佐藤慎一郎の「総理大臣報告書」である。〔大平は田中内閣の外相当時、田中角栄と協力して外務省、内調、公調、警察庁、防衛庁すべての情報担当機関の責任者に「中国を刺激するような情報活動を禁ずる」と指示している。警察庁はその指示を受けて、中国共産党が日本に対して長年続けてきた革命工作やスパイ活動の調査を停止している。内調、外務省なども同様である。〕
（中略）〔後藤田正晴は三年前、北京を訪問して中国側に「日本の警察の内部を見せる」と約束して帰国し、警察庁を困惑させた。（中略）後藤田の「スパイへの協力」そのものである。
このような人物が田中角栄の推薦によって大平内閣の国家公安委員会委員長に任命されている

168　『朝日新聞社史　資料編』朝日新聞百年史編修委員会編（1995・平成7年7月25日　朝日新聞社）583頁。
169　『定本　後藤田正晴』保阪正康（2017年8月10日　筑摩書房）。
170　『田中角栄こそが対中売国者である　だから今も日本は侮られる』鬼塚英昭（2016年3月15日　成甲書房）。

のであるから、大平内閣はスパイ奨励内閣と言われても仕方があるまい。」》（二一九・二二〇頁）

「従軍慰安婦」のでっち上げ（ねつ造）工作の始まりは、前記の通り「売春防止法」成立騒動のころから戦後日本の最初の危機（六〇年安保闘争＝動乱期）とも言うべき岸政権登場の時にかけてだったのである。

それから約二〇年間、「従軍慰安婦」でっち上げ（ねつ造）の準備（下地作り）が進められ、日中国交開始を挟んでニクソンと田中角榮の失脚という、やはり政治的動乱とも言うべき自由主義社会の混乱を経て、昭和五〇（一九七五）年八月に王炳南が前記対日工作機関である「人民対外友好協会会長」に就任したのであった。

前記麻生の『続 戦線女人考』の発表と千田の『続・従軍慰安婦 償われざる女八万人の慟哭』（第二作）の出版はその前年であり、これ以降「従軍慰安婦」のでっち上げ（ねつ造）工作は「一挙に」と言っても良いほど堂々と、しかも「北朝鮮による日本人拉致」と連携しながら進められていったのである。

田中角榮を失脚させ、後藤田を取り込んで日本の警察公安機関を封じ、怖いものがなくなった中国共産党は、当面の抵抗勢力（福田政権）を観察しながら、表裏・硬軟織り交ぜた一気呵成の対日攻撃を開始したと見ることができる。

その後藤田が、大平内閣の国家公安委員会委員長になるのは昭和五四（一九七九）年一一月であり、朝日新聞社が初めて「吉田清治の証言」を報じたのはその翌年のことであった。

㈣「北朝鮮（労働党）による日本人拉致」事件の真実

㈠ 毎日新聞社が「従軍慰安婦」の写真誌を出版

日中国交開始五年後の昭和五二（一九七七）年一月一日、福田政権下毎日新聞社がグラビア誌（シリーズ版）『1億人の昭和史10』を出版した。

この「⑩不許可写真史」は「不許可」となった戦場写真集と謳い、戦時中の日本軍部による検閲を批判すると同時に、千田夏光の「従軍慰安婦」を宣伝するものであった。

まさに、「見たくもない！　知りたくもない！　考えたくもない！」残酷な戦場の写真集で、「カメラが語る歴史の証言」と題した二五八頁に及ぶ日中戦争時の日本と軍隊を、生々しい写真とともに誹謗中傷するかのような写真集である。

その六二頁から六五頁にかけて「〝日本陸軍が開設した〟慰安所」と題して、千田夏光が麻生軍医から提供された写真とともに『従軍慰安婦』から引用した内容が記されている。

さらにはこの写真集の中に「カットシーン映画史」と題した煽情的な男女の性行為の写真を一二四頁から一三三頁まで一〇頁にもわたり掲げている。

引用したくとも、そのほとんどが、引用もはばかられるような、露骨な「カットシーン」となっている。

刺激が強すぎて青少年に好ましくないという理由での「当局の取り締まり」を「旧日本軍の検閲」に置き換え、「占領軍の検閲は良いが日本軍の検閲は良くない＝日本のポルノ規制は良くない」という手法を用いて、日本の性風俗を刺激し、性秩序の破壊を煽っているのである。

そしてこの写真誌の最後に「作家」と称する千田夏光が「日本軍国主義の時代における検閲の思想と流れ」と題して登場していた。

前記「対日工作要綱」にも「性の解放」と記されているように、「家族、私的所有、国家」とともにある規範意識（性道徳）は「抑圧」にすぎないものであり、これを「否定・破壊・廃止」（解放）して初めて人類は理想社会に進むことができるという倒錯思考の「マルクス（共産）主義」にとってみれば、自由主義社会を破壊するための重要な手段にほかならないからなのであろう。

吉田が『朝鮮人慰安婦と日本人 元下関労報動員部長の手記』を出版したのはこの二カ月後の三月一日のことであった。

㈡「朝鮮人の悪事」を消し去り「ソ連兵の仕業」にした千田夏光

その三カ月後の六月五日に千田はもう一つのでっち上げ（ねつ造）書『皇后の股肱』[171]（「二日市・堕胎医病院」）を出版していた。

それは、終戦時引き揚げてくる日本人女性を強姦したのは朝鮮人が一番多かったという、「二日市保養所」の事実を、ソ連兵へとねつ造した書物であった。

千田は昭和四七（一九七二）年の夏に渡韓して、昭和四八（一九七三）年一〇月と翌（四九）年の七月に『従軍慰安婦』を出版しているが、『皇后の股肱』の取材をしたのは「もう三年前になる。ジリジリと暑い夏の日であった。」（同書六一頁）としている。

したがってそれは昭和四九（一九七四）年の夏のことになる。

そして同書が出版された三カ月後の昭和五二（一九七七）年九月と、さらにその三カ月後の一二月、ＴＢＳ系ネットワーク（ＲＫＢ毎日放送制作）は、「二日市保養所」をテレビで報道した。

この放送の内容は把握できていないが、この二年後の昭和五四（一九七九）年八月一〇日に、この時のディレクター上坪隆が、自らの取材結果をまとめた『水子の譜――引揚孤児と犯された女たちの記録』[172]を出版した。

その書によれば、取材は千田の取材より一年遅い昭和五〇（一九七五）年から始められたものである。

「二日市保養所」の設立運営について、同保養所の「産婦人科部長」であった橋爪医師は「この保養所の責任者として、ほとんど一人で堕胎手術をおこなってきた」として、それ以外の医師の名前は一切なく、

《橋爪さんはあまり多くを語りたがらなかった。いままで人に話したことも書いたことも一度もなかった。このことで取材をされたのは昭和二十三年に「サンデー毎日」の女性記者ただ一人だった、とも話していた。》（一八八頁）

171 『皇后の股肱』千田夏光（1977年6月5日　晩聲社）。
172 『水子の譜――引揚孤児と犯された女たちの記録』上坪隆（1979年8月10日　徳間書店）

とし、さらに強姦事件の発生地域と被疑者の人種についても、

《二日市保養所現況報告
二日市保養所医務主任　橋爪将
（中略）不法妊娠ヲ地区別ニ分類スルニ北鮮二十四ニシテ最多、南鮮十四、満州四、北支三ノ順序ニシテ鮮人ニ因るモノ二十八、ソ連人ニ因ルモノ八、支那人ニ因るモノ六、米人ニ因ルモノ三、台湾人、比島人ニ因ルモノ各一ナリ》（一八八・一八九・一九〇頁）

と記述している。

しかし、この書の取材より一年早い取材によって書かれた千田の書は、友人Nとの出会いから始まる。

そして三十数年ぶりに会ったNの姉が、終戦時ソ連兵に強姦され「フツカイチ」という温泉地の病院で堕胎してもらったという話から現地に赴き、ようやくその医師を突き止め、聞き取りをしていったという内容である。

その聞き取りの途中に、東京裁判における所謂「南京事件」の検事や証言者のまさにエロ・グロ・猟奇の世界を思わせる卑猥な表現をちりばめながら、

《当時の日本軍は戦勝国軍隊であった。Nの姉や、朝鮮の清津から帰ったあの娘さん、いやいやここへ収容された九〇〇名の女性がやられたと同じ行為をした日本軍兵士がそこにいた。い

まは祖国の町で善良なパパ、有能なサラリーマンになっている兵隊たちである。》（八八頁）
と、同じ日本人という感覚からは表現できないようなもの書きをしている。
そして病院設立の経緯について、「西岡医師の回想」によるなどとしながら、
《院長には橋爪将医師、副院長には小児科専門の山之上医師が配置された。（中略）十数名の、口がかたく腕のいい看護婦が緒方医師、橋爪医師、山之上医師の手でえらばれてきた》
と書かれている。
そして、「胎児はすべてフォルマリン液に漬け保存された（中略）それは暴行をしたのがどこの国の人間であったかという証拠にもなって」などという「ある看護師」の話を記述しながら、
《ただ処置、手術を受けた〝患者〟数だけはわかっている。『四六二名です』橋爪医師の記憶である。》
として、暴行したのは「ソ連兵」と「戦勝国軍兵士」という記述のみ（七八〜八五頁）で終

173 『皇后の股肱』千田夏光（1977年6月5日　晩聲社）。

わっているのである。

千田が橋爪医師に会っていたとすれば、上坪隆の書と橋爪医師は大嘘つきということになるが、国籍や場所の如何を問わず、人道に反する強姦罪は断固として処罰されなければならない重大犯罪である。

国際法に反することとして東京裁判の法廷で堂々と対抗するためにも、千田が記述するような曖昧な記録しか残さないようなことをすることはあり得ない。

したがって大嘘つきは千田であり、それはまた、『従軍慰安婦』の手法同様、実在の人の名をあげつらうことによって「綿密な取材」を思わせる「ねつ造書」であったのである。

そして北朝鮮（労働党）は同書出版の三カ月後から「日本人拉致」を敢行したのであった。

㈢　中国共産党と連携していた「日本人拉致事件」

毛沢東を信奉していたとされる日本赤軍は昭和五二（一九七七）年九月二八日に、ダッカ日航機ハイジャック事件を起こした。

日本政府はこれ以上の交渉や武力での解決を良しとせず、一〇月一日に福田赳夫首相が「一人の生命は地球より重い」と述べて、身代金の支払いおよび「超法規的措置」として、収監メンバーなどの引き渡しを行うことを決めた。

このダッカ事件の九日前の同年九月一九日に北朝鮮は久米裕を拉致していた。

続いて同年一〇月二一日・松本京子を。

同年一一月一五日に横田めぐみを拉致していったのであった。

翌（昭和五三・一九七八）年四月一二日から同年五月一四日にかけ、中国底びき漁船団が尖閣諸島周辺海域に出漁し、延べ三五七隻が領海に侵入、うち延べ一二三隻が不法操業するという不可解な事件が勃発した。当管区保安庁は、いち早く警備実施本部を設置し、巡視船・航空機を増強して強力な警備体制をしき、退去・警告を行っていた[174]。

その裏で北朝鮮は、手薄となった日本近海の警備の隙をついて
昭和五三（一九七八）年六月ころ、田口八重子を。
同年六月ころ、欧州に出国後田中実を。
同年七月七日、地村保志・富貴恵を。
同年七月三一日、蓮池薫・祐木子を。
同年八月一二日、曽我ひとみ・ミヨシを。
同年八月一二日（「日中平和友好条約締結の日」）、市川修一・増元るみ子を。
計六件一〇人、総合計九件一三人もの日本人を拉致して行ったのであった。

折しも同年七月、日本人の誰もが北朝鮮によって日本人が拉致されていることなど知る由もない中で、まるでこのことを察知したかのように、来栖弘臣統幕議長は、「今の自衛隊法では武力攻撃を受けても対処できないが、それを目前にした場合には超法規的に対処せざるを得ない」と、「国防の不備」を指摘したのである。

174　『尖閣諸島資料ポータルサイト』（https://www.cas.go.jp/jp/ryodo/shiryo/senkaku/detail/s19790700010З.html）から引用。

しかし、左翼勢力や朝日新聞などは、来栖統幕議長の発言を「文民統制逸脱」と攻撃し、昭和五二（一九七七）年一一月二八日の第二次改造福田内閣の防衛庁長官に任命されていた金丸信は同議長を更迭してしまったのであった。

この北朝鮮による日本人拉致は単なる刑事事件ではなく、他国の武装工作員が国境を越え、日本国内に侵入して国民を拉致する「武力の行使」と言うべき重大な国際法違反事件（人道的犯罪）である。

と同時に、これを手引きするなどした者（「外患罪」）の有無等について厳重に捜査すべき重大な公安事件である。

さらに言えば、これら一連の出来事は、北朝鮮に亡命した日本赤軍が武力によって日本政府を脅かし、その背後で同国が日本人多数を拉致し、これを中国共産党が一般漁民を装って側面から援護するという、「共産主義陣営」によるれっきとした「対日武力攻撃」にほかならない。

これが昭和五三（一九七八）年八月一二日に北京で結ばれた「日中平和友好条約」の正体だったのである。

そしてもう一つ千田は、福田内閣当時の昭和五三（一九七八）年九月に第三作『従軍慰安婦正編』を出版したのであるが、そこには大変重要なことが記されていた。

㈤　千田の書に記された「日本政府は知っていた（お墨付き）」

千田の第三作『従軍慰安婦　正篇』には、

《アジア各地の駐剳大公使館はじめ外交出先機関に、この『従軍慰安婦』『続・従軍慰安婦』が配備されていて、新たに赴任してきた外交関係者の必読書のひとつにされている》（一〇頁）

ということが記されているのである。

これは大変なことで、昭和五三（一九七八）年九月以前、すなわち「日中平和友好条約締結」（外務大臣・園田直）時には、日本の外務省の官僚（公務員）たちが朝日新聞の「吉田清治証言」報道に先立って関わっていたと言うのであるが、当の外務大臣はもとより政府情報機関や内閣官房長官等全く「蚊帳の外」だったのであろうか？

この検証については私ごとき者には到底不可能であり、本来ならば国家を挙げて取り組むべきことではないであろうか？

「配備されている本書の多くはボロボロになり」

と述べているが、まだ四～五年前の本であり極めて大袈裟な表現である。

吉田清治は同年一二月に前記自伝を再度出版していた。

この吉田の証言を朝日新聞社が初めて報じたのが昭和五五（一九八〇）年三月だったのである。

まさに前記若宮が述べた通り、この事実は「日本政府のお墨付き」であったことの何よりの証左と言えるであろう。

このようにして見てくれば、これまでのことは全て「従軍慰安婦」をでっち上げる（ねつ造する）ための準備（下地作り）であった。

そしてこれをまさに真実であると思い込ませたのが、私たちの潜在意識の中の「朝日新聞社は報道倫理規定に則った公正な報道機関である」という思い込みを利用した同社による一連の「従軍慰安婦」でっち上げ（ねつ造）報道だったのである。

同社がその準備に取り掛かったのが前記・昭和五四（一九七九）年度「朝日社会福祉賞」の深津への授与であったと見ることができる。

と同時に読者の皆様には、是非前記「久米裕の拉致の日付（一九日）」を頭の片隅に置いて読み進んでいただけたら幸いである。

平成七（一九九五）年に、当時の中華人民共和国首相・李鵬が、オーストラリア首相に言った（後述する）とされる「日本は消えてなくなる」理由はこのころから始まっていたものと思われる。

八　再び第一線勤務に就いた私

㈠　変質してしまった日本社会

㊀　把握されていた「北朝鮮の日本人拉致事件」

私がまだ機動隊員であった昭和五二（一九七七）年夏ころ、思想犯罪を対象とする公安警察官の選考試験を受けないかという声がかかった。

「面接で志望動機を聞かれたら『国泥棒から国を守るんだ』と言え！」と教示してくれた上司のおかげで合格し、講習を受けたのであるが、もっぱら教えられたのはソ連のスパイ活動についてであり、前記「中共の秘密文書」はもとより中国共産党のそれについて教えられた覚えがないことは、今にして思えば「さもありなん」だったのである。

色仕掛け（ハニートラップ）にかかって若い優秀な公安マン（幹部）が自殺したこと等も教えられ、「マルクス共産主義」についてもその理論から教えられたが当時はよく理解することができなかった。

よく頭に残ったことはと言えば、宮本顕治が唱えた「敵の出方論」であった。

そして当時すでに日本各地で北朝鮮によると見られる「日本人拉致」が起きていることも教えられていたのであるが、まさかその最中に「横田めぐみの拉致」も行われていたなどと言うことは夢にも思わないことであった。

㈡　制服警察官による「女子大生殺人事件」

昭和五三（一九七八）年一月、私の警察魂に深い傷を負わされた驚天動地の犯罪が起きた。

それは北沢署の制服警察官が巡回連絡を悪用して女子大生を殺害したことにより、かつて奥様を爆弾で亡くされた土田警視総監が辞任するという大事件であった。

聞けば現在の警察官採用試験では身上調査はなくなり警察学校で寝起きする学生の部屋も相部屋ではなく一人ずつの個部屋であるというではないか。

私が採用された当時（昔）の警察官の資質調査は徹底し、結婚する相手の身上についても届を出さなければならなかった。

警察学校当時一クラス五〇人前後いたが、教官助教の目は厳しく、安保要員として大量増員の必要があったとは言え、未成年でたばこなどが分かれば容赦なく退学させられていた。

お陰で一緒に卒業していった同じクラス仲間の数人は途中で退職したものの、他は全員が家庭を持ち、現職を卒業するまで非行を犯したものも皆無である。

私がまだ駆け出しのころ、管内の住民に何か事が起きた時は、警視庁一強い警察官が駆け付けるから心配しないでほしいというT署長に寄せる地元の人々の信頼は絶大であった。

㈢ 消えた任侠の世界

五年ぶりに制服を着てJ署の交番勤務となった昭和五三（一九七八）年のある日の午後、目の前の交差点を浅草方向から千葉方向へ白い大きな外車が赤信号を無視して通り抜けていった。

私はとっさに自転車に飛び乗ってその後を追い、三〇〇メートルほど先の交差点が赤信号となり、停車したその車の一〇メートルほど前に自転車を止めて降りようとするとその車は私めがけて急発進してきた。

「来たな！」と思う間もなく急停止した車の中から「〇〇だ！」と怒鳴りながら降りてきたのは、全国屈指の大親分として知る人ぞ知るS会の総長だったのである。

私は「そうか」と思いつつ、来た方向を指さしながら「赤信号無視でしたよ」と言うと、「ハッ」としたように険しい表情を収めて「分かった」と言うと免許証を差し出してくれた。

「切符を切ります」と言うと頷きながら、「今日若い衆は成田に行っていて俺が運転しているんだよ」と言い、切り終わって「車の中も確認させてもらってもいいでしょうか？」と言うと、「ああ、気の済むまで見てくれ！」と言って中を見せてくれたが、別れ際に「ご苦労さん」と私の肩をたたいてくれた。

別の機会に都議会議員の長時間駐車違反を扱った際、切符を切ろうとする私に「議会で問題にする」と言った議員とは雲泥の違いであった。

同年七月には田岡一雄山口組組長狙撃事件が発生していた。

私がまだ駆け出しのころの正月、交番で酔っぱらった先輩が自転車で交番めぐりをするうち溝に嵌って転倒し、同寮が駆け付けた時まだペダルを踏んでいたと言う「笑い話」が通用していた世情（地域住民と交番との近所付き合い）は、山口組の全国進出に伴う血で血を洗う対立抗争事件と軌を一にしたように姿を消していった。

「強きをくじき弱きを助ける任俠」の世界は、「貧しい」からこそのものであって、高度成長の豊かさと「自由」の中では、歯止めの利かない「勢力争い」となっていき、ついには警察にも民間人にも危害を加えるようになり、当然ながらマスコミはこれらを大々的に報じていった。

実は私が警察学校を出て間もなくパトカー勤務となったころ、夜のとばりが降りた神田川そばの小物店の主婦から「男に殴られた」との一一〇番が入った。

急行したものの路地にパトカーが入れず、私が徒歩で駆け付けるとその女性の顔は血だらけで目は泣き腫らしていた。

男が立ち去った方向を指さすので駆け出すと、「一人じゃ駄目よ！」と言う。

その男は背丈が二メートルもある大男で暗い橋の上を高田馬場駅方向へ歩いていた。

私が後ろから肩に手を伸ばし呼び止めようとすると、男は振り向きざまにその大腕を振り上げて酒の匂いとともに私を振り払ってきたのであるが、その拳は私の頭上を空を切っていった。

橋の上では危ないので渡り終えたところで私が体当たりしながら足を掛けるとものの見事に

転がった。

その後は手錠を掛けようとくんずほぐれつであったが、気が付くと見るからにそれ（ヤクザ）と分かる男が加勢してくれていた。

ようやくの思いで穴が一つしか掛からない太い両手首に前手錠をかけたところへ、迂回して入って来てくれたパトカーの班長も加わりその男を逮捕したが、その男は元プロレスラーであった。

加勢してくれた男の容姿はもはや記憶には残っていないが、それから二〇年後（平成三・一九九一）年に制定されたのが「暴力団対策法」だったのである。

第六章　朝日新聞社が主導した「従軍慰安婦」のでっち上げ（ねつ造）

一 「でっち上げ（ねつ造）」の準備

㈠ 封圧された「日本人拉致事件」

昭和五三（一九七八）年一二月七日、大平正芳内閣が成立した。

そして私は巡査部長に昇進して昭和五四（一九七九）年一月、「竹の子族や（ロックン）ローラー族」が踊り狂うH署に赴任した。

深津への前記「朝日社会福祉賞」授与が決定されたのは同年だった。

翌（昭和五四・一九七九）年四月一九日、朝日新聞社長・広岡知男が引退を翌年に控えた同新聞社は、靖国神社に「A級戦犯が合祀」されていることを問題として大きく報道した。

同年「一〇月一三日、社長渡辺誠毅が訪中、一八日副首相鄧小平と会談し二三日帰社」[175]していた。

一体何のための訪中だったのであろうか？

この一カ月後の同年一一月、大平内閣第二次改造が行われ、後藤田正晴が国家公安委員会委員長に就任した。

175 『朝日新聞社史 資料編』朝日新聞百年史編修委員会編〔1995年（平成7年）7月25日〕587頁。

彼は戦時中の内務官僚として警察組織に絶大な力を持ち、「ゲシュタポ、カミソリ」などと揶揄されていた。

「国家公安委員会委員長」とは、「国務大臣」として様々な情報や問題を内閣官房長官を通じ総理に報告、その判断を治安機関に指示する元締めである。

そして昭和五五（一九八〇）年一月に前記の通り、昭和五四年度「朝日社会福祉賞」を深津に授与した広岡は、同年三月に自ら築いた東京の一等地にそびえたつ巨大な社屋を後にしたと思われる。

同社が、

「連載　韓国・朝鮮人二（二七）命令忠実に実行　抵抗すれば木剣」

「現地で警官とともに若者一〇〇人を集め、労働力として日本へ送り、抵抗する者には暴力を使った」

等と言う吉田清治の証言を初めて報道したのは、同月七日付朝刊（川崎・横浜東部版）だったのである。

しかしこのようなことよりもこの二カ月前の同年一月七日、何よりも日本国中が大騒ぎをしなければならないような重大な報道がなされていたのである。

それが「アベック三組ナゾの蒸発」、「外国情報機関が関与？」と言う一面トップの「サンケイ新聞」報道であった。

しかしどこもこれを後追い報道する素振りもないまま、同年三月二四日、せっかく参議院決算委員会で公明党・和泉照雄参議院議員が同報道を取り上げて質問したが、真相は闇の中に葬られ、最も大切な初動の機会が封じられてしまっていたのである。

あれほど短期間に一三人もの日本人が行方不明になり、しかも最初の久米裕拉致事件の直後には石川県警察が被疑者（李秋吉）を逮捕し、暗号表まで解読していたにもかかわらず、このサンケイの記事が生かされなかった理由は、時の政権（後藤田国家公安委員会委員長）がこれを封印し、朝日新聞社以下主だったマスコミもこれに追従したからであったことは間違いないことであろう。

そのような中で朝日新聞社は「日本軍の命令で朝鮮人女性を拉致した」と言う「吉田の証言」を記事にしたのであるが、私があらゆる部門の情報収集・分析を担当する公安部員であったなら、早速この事実を上司に報告し、組織に上げていたであろう。

なぜなら吉田清治は元日本共産党員だったからであり、「北朝鮮による日本人拉致」もこれと関連するのではないかと推測されるからである。

すなわち、公安機関がこのような動きを察知して対応しなければ、職務怠慢かあるいは無能の集団と言うべきであり、せっせと納税してきた国民に対する重大な背信行為にほかならないと言うべきことなのである。

つまり「日中平和友好条約」を前提とした蜜月関係の中で、ピタリと封印されてしまっていたのだということが言えるのである。

㈡　重大な役割を果たしていた井上靖と川端康成の自殺

私がH署に着任した翌（昭和五五・一九八〇）年六月、井上靖は中国作家代表団はじめ大勢の中国の友人を招き国内旅行をするなど、これまでの「日中交流事業における活躍ぶりが日本中国文化交流協会に認められて会長に就任していた[176]。

同年七月、大平総理急死に伴い鈴木内閣が成立し、翌（昭和五六・一九八一）年三月に、日本中国文化交流協会創立二五周年を記念して、中国から王炳南を団長とする中国人民対外友好協会代表団が中国文学芸術界連合会代表団とともに来日していた[177]。

思い起こせばこの九年前の昭和四七（一九七二年）四月一六日、三島由紀夫とも親しく機動隊を励ます会の中心的存在であったノーベル文学賞受賞作家・川端康成の自殺が「原因不明」（謎）として報じられていた。

朝日新聞社ではその前年から、日本共産党支持者と目される本多勝一（当時同社編集委員）が、「中国の婦女子を狩り集めて連れて行く日本兵。強姦や輪姦は幼女から老女まで及んだ」という嘘の解説を付した写真とともに著作した「南京事件・百人斬り競争」などを、『中国の旅』[178]として連載していた。

そのような中で「日本ペンクラブ」もまた「平和への希求と憎しみの除去」や「思想・信条の自由、言論・表現の自由の擁護」を掲げながら、「純文学の中での差別的用語を用いた著作」を非難しつつ、「保守陣営批判の政治活動を良し」とするようになっていったのであった。

そして昭和五五（一九八〇）年以降、ＮＨＫは「シルクロード」や「山河燃ゆ」（「上海に一滴の涙を」）等を特集として放映していったのであるが、まさにこの流れもこの延長として行われたものであった。

このことを考える時私の頭に浮かぶのは、平成七（一九九五）年の日本と台湾を結ぶ「歌姫」テレサ・テンの死である。

川端やテレサの死の背景にはいったい何があったのであろうか？

㈢「従軍慰安婦」でっち上げ（ねつ造）のための事前工作

広岡知男の引退と同時に「吉田証言」が報じられた翌年の昭和五六（一九八一）年三月に王炳南が来日したことは前記の通りである。

その三月に「二日市保養所」跡地に、「不幸にしてソ連兵に犯されて妊娠している婦女子の多い」事実を、千田の『二日市・堕胎医病院』で知ったという人物によって、次のように刻まれた石碑が建てられていた。

《昭和二十一・二年のころ、博多港には毎日のように満州からの引揚船が入っていた。その中に不幸にしてソ連兵に犯されて妊娠している婦女子の多いことを知った旧京城帝国大学医学部関係の医師達は、これら女性を此処―旧陸軍病院二日市保養所―に連れてきて善処した。この事実を千田夏光氏のルポ『二日市・堕胎医病院』（晩聲社刊）で知った私は、（後略）。昭和五

176　『真の「文化交流」とは何か：井上靖と冰心を通して』https://nufs-uas.repo.nii.ac.jp/index.php?active_action = repository_view_main_item_detail&page_id = 13&block_id = 17&item_id = 353&item_no = 1「名古屋外国語大学・名古屋学芸大学　竹の庫：学術情報リポジトリ」。
177　右同
178　https://ja.wikipedia.org/wiki/本多勝一。

十六年三月　福岡市博多区堅粕四丁目　平藤権刻字》

（文―ameblo.jp/sjp1961/entry-11765524357.html　二日市保養所　朝鮮　半島や満州でレイプ被害に遭った日本人女性―。画像―bing.com/images　二日市保養所　石碑の画像―。から引用）

そして同年一一月に千田が前記『従軍慰安婦・慶子』を出版し、同社はこの書を前記「天声人語」に引用したのであった。

これは私の推測であるが、中国共産党は当初から、前記の通り世代交代と合わせて、同党にとって最も手ごわい中曽根康弘が政権を担うであろう「戦後四〇年の節目」となる昭和六〇（一九八五）年を目標に、朝日新聞社が「天声人語」でこれを報じる計画が立てられていたのであろう。

そしてその時、「戦時における女性の人権問題」として日本を攻撃する立場に立てば、「終戦で引き上げる日本人女性を朝鮮人は強姦していた！」という事実は何としても消し去っておきたかったのであろうし、同時に北朝鮮（労働党）の「日本人拉致」は「従軍慰安婦」への報復であると言う理由で「相殺され」、戦後の賠償にも影響を与えることはないと考えたのではないであろうか？

私たちに「歴史に向き合え」と言う朝日新聞社は言うに及ばず、日本の報道機関や政府、そして自治体はこのようなことを放置しておいても構わないというのであろうか？

まさに真実背筋も凍る、壮大かつ緻密な工作が着々と行われてきていたのであった。

(四)　中国共産党（日本中国民間人会議）と連携して進む「でっち上げ（ねつ造）」準備

昭和五六（一九八一）年に王炳南が来日した翌月（四月）、同社は渡辺誠毅社長（代表取締役）の下、東京本社代表（専務取締役）は田代喜久雄からマルクス主義者・後藤基夫[179]（常務取締役）へ交代した。

そして昭和五七（一九八二）年に「日本中国民間人会議」（日本委員会）が設立され、中国側代表団第一副団長（ナンバーツウ）に王炳南が就任した。

『真の「文化交流」とは何か：井上靖と冰心を通して』（著者：虞　萍）[180]には王炳南と井上靖の親密な交流が次のように記されている。

《1982（昭和五七）年12月29日、彼は妻、息子、孫、（中略）と一緒に北京へ、（中略）12月30日に、（中略）中国文学芸術界連合会（文連）の招宴に参加した。翌日、王炳南の自宅に招かれた。1983年1月3日昼、廖承志に招かれて、夜は中国作家協会と中国ペンセンター共同主催の招宴に参加した。また、中国人民対外友好協会のメンバーにも会い、北京と上海の病院に周揚と巴金をも見舞に行った。井上は中国にいる親友たちに次々に会いに行ったり、招

179　『崩壊朝日新聞』長谷川熙（2015年12月29日　ワック）124～157頁「第一章　朝日にたなびくマルクス主義」。

180　https://nufs-nuas.repo.nii.ac.jp/index.php?active_action = repository_view_main_item_detail&page_id = 13&block_id = 17&item_id = 353&item_no = 1「名古屋外国語大学・名古屋学芸大学　竹の庫：学術情報リポジトリ」。

かれたりしていた。（中略）、井上は家族、友人と中国旅行をしたと言うより、むしろ中国にいる親友たちにわざわざ日本から会いに行ったと言った方が適切であろう。》

そして王炳南は、同年から昭和六三（一九八八）年まで六年間にわたり、「日本中国民間人会議」（日本委員会）を通じて、再び「日本人に対する国際的な宣伝活動」（輿論戦、心理戦、法律戦）に従事したのである。

同会議は、「民間人」と称してはいても実質は水面下の政府間交渉のようなもので、様々な日中間の問題を討議し、日本政府を動かす目的でつくられたものなのであった。

朝日新聞社は同年六月二二日、渡辺誠毅社長の下、大阪本社代表（常務取締役）一柳東一郎は代表取締役兼専務取締役へ昇格。

同じく前年四月付で総務・労務担当（常務取締役）から編集担当となっていた伊藤牧夫も、そのまま代表取締役兼専務取締役へ昇格。

東京本社編集局長中江利忠は取締役へ昇格。

（大阪本社編集局長は桑田弘一郎のまま翌年六月取締役へ）[181]

と、まるでその四日後（二六日）の「侵略を進出に書き換えさせた」と言う教科書問題報道と合わせて、その後の大阪を中心とした「吉田清治証言」記事報道に備えるためでもあるかのような首脳の人事異動（一柳と伊藤と中江の昇格）を行っていた。

そして同月二六日、日本の報道機関（主要マスコミ）が一斉に、日本の文部省（当時）が歴史教科書検定で、中国大陸に対する「侵略」を「進出」に書き換えさせたという大報道を繰り広げ、結果的に大誤報であったという摩訶不思議な「教科書書き換え事件」が勃発した。「日本が過去の戦争を正当化しようとしているのではないか」というマスコミの一斉批判が開始され、中国共産党は早速次のような公式見解を発表して日本を批判した。

《日本の歴史教科書についての「人民日報」の短評、この教訓はしっかりとおぼえておかねばならない》（七月二〇日）[182]

《日本の歴史教科書についての「人民日報」の短評，日本の中国侵略の歴史は改ざんを許さない》（七月二四日）[183]

そして時の鈴木善幸内閣の官房長官である宮澤喜一が《「歴史教科書」についての官房長官談話》（八月二六日）を発表したのであった。

これによって日本は、「日本だけが一方的に近隣諸国を侵略していた」かのような「近隣諸国条項」を出してまで許しを請うという、無様な屈辱外交を強いられてしまったのであった。

181 『朝日新聞社史　資料編』朝日新聞百年史編修委員会編（１９９５・平成7年7月25日　朝日新聞社）52～70頁。
182 『日中関係資料集』（２０２３年2月20日　更新　政策研究大学院大学（GRIPS）東京大学東洋文化研究所）https://worldjpn.net/documents/indices/JPCH/
183 右同。

二　朝日新聞社による「従軍慰安婦でっち上げ（ねつ造）」の開始

㈠　激烈な吉田清治「虚偽証言」報道

そして同社は昭和五七（一九八二）年九月二日朝刊（大阪本社版）で、大阪市内の集会で吉田が行った講演の内容を、

「吉田氏は、直接指揮して日本に強制連行した朝鮮人は約6千人。うち950人が慰安婦だった、と説明。」

などと報じたのである。

同年一一月、中曽根内閣が成立し後藤田正晴が内閣官房長官に就任した。にもかかわらず、まだこれらのことが問題にされることはなかったのであった。

昭和五八（一九八三）年七月、吉田清治が「済州島で大勢の朝鮮人女性たちを無理やりトラックに押し込めさらっていった」などという『私の戦争犯罪　朝鮮人強制連行』[184]を前記の通り出版して韓国・天安に謝罪碑を建てると、同社は同年一〇月一九日夕刊で、

「韓国の丘に謝罪の碑『徴用の鬼』いま建立」

「6千人の朝鮮人を日本に強制連行し『徴用の鬼』と呼ばれた。田んぼや工場、結婚式場にまで踏み込んで若者たちを手当たり次第に駆り立てた」（吉田の証言）

と報じたのであるが、その一〇日前には、当時のビルマ（現ミャンマー）の首都ラングーンでは訪問中の韓国の全斗煥大統領一行を狙った北朝鮮の爆弾テロで二一人が死亡する大惨事が起きていたのであった。

同社は同年一一月一〇日付朝刊では、その吉田を、「人」欄に載せ、

「ひと　吉田清治さん」――「国家による人狩り、としかいいようのない徴用が、わずか三十数年で、歴史のヤミに葬られようとしている」

などと吉田の発言とともに「謝罪碑建立」を紹介。

さらに同年一二月二四日朝刊でも、

「たった一人の謝罪　韓国で『碑』除幕式」――「私は戦前数多くのあなた方を強制連行した張本人」

などと吉田の証言とともに同人が韓国に建てた「謝罪の碑」の除幕式の様子を報じた。

そして畳みかけるかのように、昭和五九（一九八四）年一月一七日夕刊（大阪本社版）では、

184　『私の戦争犯罪　朝鮮人強制連行』吉田清治（1983年7月31日　三一書房）。

「連載　うずく傷跡　朝鮮人強制連行の現在（1）　徴用に新郎奪われて」と題し、本文冒頭で、「吉田氏が朝鮮人強制連行業務の一端に連なった」と書き、吉田が韓国に建てた「謝罪の碑」の除幕式の様子を紹介。

昭和五九（一九八四）年一〇月に金丸信自民党幹事長が誕生した。

この前月、中核派による自民党本部放火（火炎放射器使用）事件が発生していた。

そして中曽根内閣改造によって同年一二月後藤田が内閣官房長官兼総務庁長官に就任し、同月二五日に朝日新聞社長は渡辺誠毅から一柳東一郎へ引き継がれた。

㈡「朝鮮人従軍慰安婦」探し

この二年前の昭和五七（一九八二）年には、後（平成三・一九九一）年に「金学順」という韓国人慰安婦を報道した植村隆が朝日新聞社に入社していた。

同人は入社後、仙台支局、千葉支局に勤務し、昭和六二（一九八七）年八月に韓国の延世大学に留学し東京本社外報部に戻ったのは昭和六三（一九八八）年八月であった。[185]

入社直後の仙台配属が昭和五七（一九八二）年として、その半分の二年半で移動したと仮定すれば、昭和六〇（一九八五）年八月一九日「天声人語（従軍慰安婦　城田すず子）」当時千葉支局に配属されていても何ら不思議ではない。

しかし植村は、なぜか自らの千葉支局当時のことを明確に話さないのである。

朝日新聞社の「吉田清治記事取り消し」騒動に絡んで平成二六（二〇一四）年『抵抗の拠点

から』[186]が出版されたが、その中で植村は次のように述べている。

《「八七年に韓国への留学が決まってね」「『朝鮮語大辞典』を支局の机に置いてたんです。そうしたら当時の千葉支局のデスクが（中略）『語学留学に応募しといてやったからな』って、いつの間にか応募されてた（笑）。」

（「どうして慰安婦問題の取材に関わることになったか」という質問に対して）

「当時、鈴木規雄さんっていうデスクが（大阪社会部に）いましてね。（中略）その規さんが地方支局のデスクだった時代、日本人の元慰安婦のおばあさんの連載を地方版でやったことがありましてね。僕は当時、詳しくなかったんだけど、韓国にも元慰安婦がいるんじゃないかって言い出した。」》（五七～六〇頁）

鈴木規雄と言う人物については、『Journalism』[187]で「従軍慰安婦」報道の「司令塔の役割を担っていた」（八五頁）と指摘されており、インターネット「【朝日新聞 自壊の軌跡①】『誰かをかばう空気』で再取り上げ困難に 赤坂次郎」でも、

185　https://ja.wikipedia.org/wiki/植村隆。
186　『抵抗の拠点から』青木理（２０１４年12月16日　講談社）。
187　『Journalism』朝日新聞社発行（２０１５年３月号）85頁「第三者委員会に関わった体験や見聞についての『調査報道』」。

《鈴木（規雄）氏は慰安婦報道とのかかわりがきわめて深い人物だ。実は、朝日の慰安婦報道は、鈴木氏が千葉支局のデスク在任中に部下の女性記者に手掛けさせた千葉版の日本人慰安婦の記事（88年8月10日付千葉版「証言　私の戦争1：従軍慰安婦」）が、慰安婦の思いを具体的に取り上げたものとしては嚆矢だった。》[188]

と指摘されている。

以上のことから朝日新聞社は、まず千葉支局を舞台として昭和六〇（一九八五）年八月一九日「天声人語」で「日本人従軍慰安婦　城田すず子」をでっち上げ（ねつ造し）た。

そして、千田夏光が作りあげた虚構の「従軍慰安婦」を「真実」と思わせるために「吉田清治の証言」を真実であるかのように報道する傍ら、植村隆を韓国に留学させ、同人に「朝鮮人従軍慰安婦　金学順」を報道させたものと推測することができるのである。

(三)　「天声人語（従軍慰安婦　城田すず子）」と後追い報道の「一九日」の意味

昭和六〇（一九八五）年は戦後四〇年の節目であった。

同年八月七日、朝日新聞社は「靖国神社公式参拝問題」を大きく報道。

一週間後の八月一四日、人民日報が「靖国神社参拝についての外交部スポークスマン発表」[189]としてこれを後追い報道した。

これに対し中曽根内閣は「藤波孝生官房長官談話」を出してこれに反論し、参拝を挙行したのであるが、このような最中の八月「一九日」、同社は前記「天声人語」報道を行ったのである。

この時後藤田正晴はかつての内務省に相当する総務庁の長官（中曽根政権）であった。

同年一二月中曽根（第二次）内閣の第二次改造が行われ、内閣官房長官に後藤田正晴が就任し、自治大臣兼国家公安委員会委員長に小沢一郎が就任した。

その翌（昭和六一・一九八六）年一月「一九日」、前記ＴＢＳによる『ある従軍慰安婦の記録――石の叫び』が報じられると「第一二回放送文化基金賞奨励賞」が授与され、反響が大きかったとして再放送までなされた。

この時深津の「心境」は前記「かにた便　四一」に記された通りである。

ここで読者の皆様の中には、「一九日」という日付の奇妙な一致にお気付きになった方もおられることであろう。

この日付は、久米裕が北朝鮮に拉致されていった日と一致するのである。

おそらく北朝鮮による日本人拉致にもいくつかの組織系統で行われたものもあったものと推測する。

そうであればなおさらのこと、この「一九日」は、「この報道は、『従軍慰安婦』でっち上げ（ねつ造）工作の一環であり前記『日本人の拉致』と連携したものである」という、司令塔

188　【朝日新聞　自壊の軌跡①】「誰かをかばう空気」で再取り上げ困難に　赤坂次郎 https://socra.net/society/%e3%80%90%e6%9c%9d%e6%97%a5%e6%96……から引用。

189　『日中関係資料集』（２０２３年２月20日　更新　政策研究大学院大学（GRIPS）東京大学東洋文化研究所）https://worldjpn.net/documents/indices/JPCH/

（組織）に対する「暗号」ではなかったのかと考えられるのである。

まさにこれこそが、前記「日本解放第二期工作要綱」の「任務達成の手段」に記された「見えざる指揮者」によって、まるでたまたま偶然の一致のごとく仕向けられたものだったと私は推測するのである。

と同時に、当時の私がいかにその日一日、目の前のことだけに囚われて生きていたのか（「自由主義社会」の国家・国民と報道機関の在り方や国防・治安機関の取り組みがいかに大事であるか）ということを、今さらながらのように痛感させられたのである。

昭和六一（一九八六）年五月に「第一二回東京サミット」が開催された。

私も交代で一昼夜の管内警戒に従事したが、中核派が迎賓館に向けて飛翔弾を発射し、同年四月の天皇陛下御在位六〇年記念式典で東宮御所に飛翔弾を発射した革労協によって、都内二〇カ所に及ぶ地下鉄ホームに時限式発火装置が仕掛られ、首都は機能マヒに陥ってしまった。

同年七月に第三次中曽根内閣が成立して、自民党幹事長であった金丸信が国務大臣兼副総理に就任し、後藤田は内閣官房長官兼総務庁長官に就任したその翌八月一六日、前記朝日新聞・千葉版が、「従軍慰安婦に鎮魂碑　募金実り館山のかにた村に」を報じていた。

今さらではあるが、公安警察がこれら一連の動きを把握しないことはもとより、後藤田正晴らがこれらの報道を把握しない（読まない）ことなどあってはならないことなのであった。

㈣　腐敗していた国家権力

㈠　監視（取り締まり）対象と縁を結んだ国家公安委員会委員長（小沢一郎）

ここでこれまでの朝日新聞社の「従軍慰安婦」報道等に対処すべき立場にあった後藤田正晴の経歴を振りかえれば、彼は「日中平和友好条約」締結翌年の昭和五四（一九七九）年一一月から翌（昭和五五・一九八〇）年七月まで国家公安委員会委員長を務めたが、朝日新聞社が初めて「吉田清治証言」を報じたのは同年三月であった。

その後、後藤田は昭和五七（一九八二）年一一月に中曽根内閣官房長官となり、昭和五八（一九八三）年一二月まで同職を務め、昭和五九（一九八四）年七月から昭和六〇（一九八五）年一二月まで総務庁長官に就任した。

前記「吉田清治証言」報道や、昭和六〇（一九八五）年八月一九日の前記「天声人語（従軍慰安婦）」報道はこの間に行われていたのであった。

昭和五九（一九八四）年一〇月には金丸信が自民党幹事長に就任し、昭和六〇（一九八五）年一二月中曽根（第二次）内閣の第二次改造が行われ、後藤田正晴が再び内閣官房長官になり、同時に小沢一郎が国家公安委員会委員長に就任した。

前記「全国ＴＢＳ系の二九局を動員」した『ある従軍慰安婦の記録――石の叫び』が報じられたのはその翌（昭和六一・一九八六）年一月一九日であった。

そして同年から「日本人を拉致」した北朝鮮労働党と緊密な関係を持つ朝鮮総連中央委員会副議長・許宗萬が千葉朝鮮信用組合に勤務するようになっていた。[190]

190　ハンギョレ新聞［ニュース分析］許宗萬議長・家宅捜索は朝鮮総連没落の劇的な象徴（登録：2015-05-23 08:57 修正：2015-05-24 05:43）http://japan.hani.co.kr/arti/politics/20760.html から引用。

そのような同年五月ころ、それを監視・調査し取り締まる公安機関の最高責任者である小沢の親族が、同人の母親の実家を担保に、三億五〇〇〇万円の根抵当権を付けてその組合から融資を受け、その実家にはその後「陸山会事件」（政治資金規正法違反）で東京地検に逮捕された某秘書がよく出入りしていた[191]というのである。

同組合は通称「朝鮮銀行」と呼ばれ、小沢が国会議員に初当選した昭和四四（一九六九）年の二年前には、国税庁の査察に実力で抵抗し、機動隊まで動員した前代未聞の「同和信用組合事件」を起こしていた。

このことは到底信じられないことであり、あってはならないことなのである。

昭和六一（一九八六）年七月には「死んだふり」解散が行われ、衆参同時選挙で自民党が圧勝し、同月二二日、第三次中曽根内閣で金丸信が国務大臣兼副総理として入閣すると、八月一四日、「近隣諸国の国民感情に配慮する」旨の後藤田正晴官房長官談話が出され、公式参拝が中止されてしまったのであった。

許宗萬は「最初は社会党の田辺誠、その後は自民党の金丸信、さらに自民党の野中広務、山崎拓、加藤紘一と特に親しかった」[192]とされる人物であった。

そして同年一一月二七日、神奈川県警の警備・公安部が、東京都町田市にある日本共産党国際部長緒方靖夫宅の電話を傍受していたことが公にされ、これを「盗聴」であるとして国会で大問題となった。

当然のことながら朝日新聞も加わって大騒ぎとなり、私たちの自由主義社会を破壊する勢力から、国家国民（私たち）を守るために業務を遂行していた警察官が「急死」（自殺と言われている）に追い込まれるという前代未聞の事件が起きたのである。

中曽根内閣は何をしているのか？

これを機に「破壊活動防止法」に基づく正当な活動が、次々と彼らによって暴露され、「公党に対する弾圧である」、「憲法違反（違法）」であるとして、その立場が逆転させられていったのである。

そして朝日新聞社が「従軍慰安婦でっち上げ（ねつ造）」の準備に取り掛かった昭和五四（一九七九年）から「でっち上げ（ねつ造）」開始（前記「天声人語」報道）後の昭和六一（一九八六年）にかけて、吉田清治が驚愕すべき言動をしていたことが、『正論』[193]（平成二八・二〇一六年一一月号）の『慰安婦狩りを偽証した吉田清治　韓国スパイ説を追う』（大高未貴著）の中に記されていた。

㈡「吉田清治の言動」

それは、「昭和五五（一九八〇）年」の「梅雨時」に、「神奈川県警の公安刑事であった堂上明（仮名）」のところに吉田が訪れて、「半島の人間」から、

191 「小沢一族の深き闇――実母を巡る謎と『朝銀信組』の金」君島文隆（『「小沢一郎」研究』新潮45四月号別冊平成22年3月5日発売）74頁。
192 『わが朝鮮総連の罪と罰』韓光熙（2005年5月10日　文春文庫）。
193 『慰安婦狩りを偽証した吉田清治　韓国スパイ説を追う』大高未貴（『月刊正論　十一月号』平成28年11月1日通巻第540号）。

《「お前の息子たち兄弟は敵国であるソ連のために働いていて、けしからん。こういう状況ではこれまで進めたこと、これから進めることにあんたは参加できなくなる。即刻、兄弟をソ連のために働いている会社から退職させなさい。」》

と言われ、「息子たちに内緒で」退職の手続きをしたが、このままでは「息子たちに殺されかねないので、息子たちの間に入って、彼らを納得させてほしい」と依頼を受け、堂上刑事はその要望に応えてやった。

ところが同人が「昭和六〇（一九八五）年」に「早期退職した際」今度はその吉田から、

《「あなたは、好んで警察を辞めたんじゃないでしょう。もとに戻りたかったら、私の線で復職させてあげますよ。どうですか」》

と「再就職斡旋」話を切り出され、「一八〇万円」で「もっといいポジションを用意」すると言われたという内容であった。

この背景は次のように考えられる。

㊂「従軍慰安婦」でっち上げ（ねつ造）組織の暗躍

前記のように昭和三八（一九六三）年以降吉田と千田と毎日新聞社が動き出した。

そして昭和四四（一九六九）年、「従軍慰安婦」ねつ造の「合図（ソウル新聞特集号）」が韓国に上がり、その翌年に千田夏光が『特別レポート 日本陸軍慰安婦』を発表し、日中国交樹立翌（昭和四八・一九七三）年とその翌年に同人著『従軍慰安婦』第一・二作を出版。

その後前記の通り対日政界工作等が進み、昭和五二（一九七七）年一月に毎日新聞社が『一億人の昭和史』を出版。

同年三月に、これらを真実と思わせるために北九州に土地勘があり麻生徹男とも接触可能な吉田が「朝鮮人を徴集し挺身隊の名目で『慰安婦狩り』もやった」という『朝鮮人慰安婦と日本人 元下関労報動員部長の手記』（自伝）を出版した。

そして昭和五三（一九七八）年九月に千田が第三作『従軍慰安婦 正篇』を出版して三カ月後の同年一二月に、再度吉田が前記自伝を出版。

その後昭和五四（一九七九）年からいよいよ朝日新聞社が動き出し、昭和五五（一九八〇）年三月に同社が吉田の証言を報道した後になって、吉田の息子がソ連系の会社に勤務していることが発覚したものと考えられる。

朝鮮戦争当時ならば、ソ連と中国共産党と北朝鮮労働党は連携して対日破壊工作を進めていたが、その当時は中ソ対立、日中共産党対立の真っ盛りであり、「従軍慰安婦」でっち上げ（ねつ造）工作がソ連（日本の公安部員を含む）に把握されて困るのは、中国共産党と朝鮮労働党（北朝鮮）と考えるのが妥当である。

そこで中国共産党は、北朝鮮人工作員を吉田に差し向け、同人に対し、「これまで進めたこと、これから進めることにあんたは参加できなくなる」と脅しをかけたものと考えられる。

それが昭和五五（一九八〇）年の「梅雨時」であり、そこで慌てた吉田は、堂上に仲裁を頼み、同人の計らいで事なきを得た。

その後吉田は、昭和五七（一九八二）年から再開された朝日新聞社の「吉田証言」報道に合わせて、その翌年に『私の戦争犯罪　朝鮮人強制連行』を出版し、韓国に渡り、「石碑」を建て、韓国人の前で「土下座」までして同社のプロパガンダ・キャンペーン報道に貢献していった。

そして日本を代表する朝日新聞社が、「天声人語」で「『従軍慰安婦』城田すず子」をでっち上げ（ねつ造）報道するという大戦果を収めたのが昭和六〇（一九八五）年八月である。

順調に進展する作戦に気を良くした中国共産党と北朝鮮労働党の組織が、吉田清治を重用するようになったであろうことは想像するに難くない。

しかし私の経歴から考えて、いかに情実人事工作にたけていたとしても、余程のことがない限り吉田のようなことは言えるものではない。

㈣　中国共産党に懐柔されていた日本政府（後藤田正晴たち）とその罪

ここまでくれば多くを述べる必要はないであろう。

これこそがまさに、「従軍慰安婦」でっち上げ（ねつ造）工作の進展状況と同時に、この工作に日本の治安機関の頂点、すなわち政府そのものが取り込まれてしまっていたのだということを裏付ける大変貴重かつ重要な記事にほかならないのである。

全く信じがたいことであり、それはまさにあの私が悔しい思いをしたソ連共産党と日本共産党の電話を傍受していた神奈川県警警備部の警察官が急死（自殺）に追いやられた事件に密接に関わることであった。

後述するが、後の「オウム真理教事件」で、同団体に「破壊活動防止法」も適用しなかった公安調査庁長官・緒方重威は、このころ調査二部長から総務部長に栄進していたのであった。その後ようやく通信傍受法ができたが、この当時「巨悪は眠らせない」と国民の期待を担って登場した伊藤栄樹検事総長は、投げ込まれた「石油ヤミカルテル告発状」の捜査に追われ、電話傍受の問題と正面から取り組むこともできないまま、この時のことを「おとぎの話」として、これを正当とする法整備がなかったことを『秋霜烈日 検事総長の回想』[194]の中に記している。

ことは国防治安に関わることであり、自由主義社会を転覆しようとする共産党の存在そのものが「破壊活動防止法対象団体」であるとすれば、日本政府（社会）は堂々とその正当性（合憲）を主張しなければならなかったのである。

まさに国家の安心・安全を揺さぶる大問題であったにもかかわらず、すでに中国共産党に支配された国家権力と報道機関の結託の前に、三権分立などとうの昔に破壊されてしまい、私たち大多数の国民は何もなす術もなかったと言うべきであろう。

そして何よりも悔やまれることは、せめて前記サンケイ新聞報道の時点で自国の国民が北朝鮮に拉致されたことを国民に明らかにすべきであったし、日本（我が国）の戦史においてあり得ない「従軍慰安婦」などという報道を始めた朝日新聞社に対して、その真意（背景、動機、

194　『秋霜烈日　検事総長の回想』伊藤栄樹（1988年7月1日　朝日新聞社）。

根拠など）を糺《ただ》すべきであり、国会においても「虚語」として使用禁止にすべきだったのである。

「日本国憲法」に照らしてこれができないと言うのであれば、これこそが「ＧＨＱの占領」によってできた国辱憲法の何よりの証と言うべきであろう。

このようにして国民の信頼を裏切った後藤田正晴たちの罪は万死に値すると言えると同時に、このことによって日本は今も「日本人民民主共和国」に向かって進まされているのだということが言えるであろう。

そのような中で、竹下内閣が発足して間もなくの昭和六二（一九八七）年一一月二九日、当時ビルマ（現ミャンマー）海上を飛行中の大韓航空機が北朝鮮の工作員によって爆破され一一五人全員が死亡する大惨事が発生した。

昭和六三（一九八八）年三月、国会において日本共産党が「拉致事件」について質問し、梶山静六国家公安委員会委員長が初めて「北朝鮮の関与の疑い」を認めたのに続き、宇野宗佑外務大臣や城内康光警察庁警備局長も同様の発言をしていた。

しかしこのことは日経新聞と産経新聞が夕刊で小さく報じただけで、ＮＨＫも大手新聞もほとんど報道せず、質問を行った日本共産党共々これを放置したまま、日本社会はまたしても「リクルート事件」一色の大騒ぎとなっていったのである。

同年九月には、ヨーロッパで拉致されていた有本恵子のご両親が、思いあぐねて安倍晋太郎自民党幹事長を訪ね、早速当時の安倍晋三秘書が外務省と警察庁に同道して事の次第を伝えることができたが、これが日の目を見るのはまだあと九年も後のことであった。

昭和五七（一九八二）年から六年間にわたり「日中民間人会議」第一副団長として対日世論工作等に従事した王炳南は、「角福戦争」後日本の政治社会が確実に中国の思惑通りに進むのを見届けた昭和六三（一九八八）年、八〇歳を迎え後輩にその任を譲り現役を去っていった。

三　H署で培われた私の刑事魂

(一)　事件との格闘の日々

H警察署で私は昭和五五（一九八〇）年三月に念願の公安刑事となったが、私の仕事は皇居にロケット弾を撃ち込むなどした極左暴力集団の動向を把握することであった。

管内のアジトに出入りするメンバーの顔を覚え、その動向把握のための集会の視察など、非番の日も休みも返上して家庭も顧みず昼夜を問わず職務に専念した。

極左暴力集団の活動家らは神奈川の丹沢に武装闘争訓練に出かけるのであるが、それと知らない私は背広姿のまま追尾していったものの、バスの最終地点で断念せざるを得なかった。それならまだ良いほうで、夜の郊外のバス停で相手と私と二人だけで降りた時など、酔っ払いのふりをして必死の思いで追いかけたものである。

しかし昭和五六（一九八一）年に私は生活安全課（少年係）へ配属されることとなり、まさに職人とも言うべき先輩デカ長（S巡査部長）の「神わざ」を目の当たりにすることとなった。「自由化」の波の中で労働者派遣業が登場し、日本の労働環境（制度）が様変わりしようとするころ、「きつい、汚い、危険（三K）」が登場し、「ノーパン喫茶」や「マンショントルコ（マントル）」などのポルノ産業が溢れ、そこが未成年女子の小遣い稼ぎの場となっていた。

関西の某組が新宿・歌舞伎町に進出して通称「のぞき部屋」を手広く経営していた。店舗内の中央舞台の周りに一人がやっと入れるほどの小部屋を設けてその部屋に客を入れ中央舞台で全裸の女性を踊らせ、それを覗かせるのであるが、一八歳未満の女子高生を踊らせているというので一晩中（始発まで）張り込むこととなった。

店から出てきたそれらしい女性に職務質問すると見当違いであったが、地方から出てきて有名大学に通う女子大生であったことに愕然としたものである。

間もなく関係店舗を一斉捜索し、各店長（組員）を逮捕したが、彼らは全員性病にかかっており、一様に出た言葉は「歌舞伎町は金が歩いている。警視庁のお巡りは真面目でんな！」であった。

昭和五八（一九八三）年に暴走族の薬物事件から超有名人を逮捕した先輩の後を継いだ私は昭和五九（一九八四）年、その前年にラングーン事件で難を逃れた全斗煥大統領が来日するということから警備に狩り出され、羽田の埋め立て地で夜通し警戒に従事した。

そんなある夜、一カ月以上も家出していた少女が保護されてきた。

その供述から神奈川県下のアパートを捜索し家人を大麻取締法違反で逮捕したのを皮切りに、覚醒剤・ヘロイン・コカイン・LSD等あらゆる薬物を密売・使用するグループを摘発した。その結果再び超有名人らへと伸びていき、密売人（外国人）や密輸犯人まで多数を逮捕することとなった。

しかしそれができたのも、K係長以下の同僚の熱意と、同じ組織内にあってさえ「少年係」を軽く見ることしかできない上司に辟易していたところ、「責任は俺が取るから『もういい』と言うまでやれ！」と存分にやらせてくれたS課長に恵まれたことであった。

校内暴力は極に達し、深夜喫茶などで寝泊まりしながら新宿のディスコを謀議場所とし、生活遊興費稼ぎに原宿等都内の盛り場へ恐喝に繰り出す「少年路上恐喝団」を検挙するなどしたのであるが、その傍ら土日ともなれば万引き少年少女は列をなし、夜は新宿の売人から買ったシンナー少年の対応で食事も休憩も満足にとることはできなかった。

昭和六〇（一九八五）年は戦後四〇年の節目であった。

しかし当時の私には朝日新聞の吉田記事も「城田すず子」も全く眼中になく、職場はグリコ・森永事件や衆人環視の中で会長が刺殺された豊田事件等に忙殺されていた。

そのような中で昭和六一（一九八六）年一一月、前記日本共産党国際部長宅の電話傍受を「事件」とする騒ぎが起きたのである。

従事していた警察官「急死」（自殺）の報に腹の底からの怒りが沸いたことは今でも忘れることはできない。

転勤を目前にした昭和六二（一九八七）年二月のある夜、過激派警戒のため機動隊の服を着て同寮と巡回中、ヘルメットも着けず爆走している四〇〇CCオートバイの若い男を取り押さえたのは良いが、パトカーにその男を乗せて盗んできたという場所を案内させている途中、男はパトカーの窓から飛び出して靴を脱ぎ棄て裸足で逃げ出したのであった。

追跡を開始した私は、夜の細い路地を右へ左へ四～五〇メートルは離れていただろうか？途中見失うも通りがかりの人に方角を聞きそこを曲がると、新宿区役所交差点の灯りに向かって走る影を見つけた。

右へ曲がったので後を追うと、広い交差点の道路端に並んでいる一番先の屋台に駆け込んでくれた。

「しめた！」。茫然としている店主や客の目の前で御用にしたのであるが、直線にして約三〇〇メートル、拳銃を下げしかも編上靴をはいてその倍は走ったことになる。

本署では同僚がオートバイの持ち主に確認した結果、店舗内に展示していたものであることが分かり、再び同人を乗せて現地に向かってみると、店舗のシャッターが破られていた。

本人は大学のスポーツクラブに所属する一九歳の少年であったが、無免許の現行犯逮捕とし、処理は交通係と捜査係に任せ、最初の調書を私が取ることとなった。

本人の生年月日や家族学歴などの人定から、捕まったいきさつに差しかかると「絶対誰にもしゃべりませんので、パトカーの窓から逃げたことは書かないでくれませんか」と言う。

確かに「逮捕後のこと」（犯罪には無関係）であり、私にとってもこれほど好都合なことはなかった。

私はこの直後無事〇警察署に転勤したのであるが、間もなくの五月、朝日新聞社阪神支局の記者が銃殺される事件が発生した。

同事件が起こる以前に、「日本民族独立義勇軍　別動　赤報隊　一同」を名乗る者が朝日新聞社を銃撃していたにもかかわらず、同社はこれを報道していなかったのであった。

同社の「報道の自由」もまたこのようなものだったのである。

(二)　崩壊していく「人間同士」の絆

警察も、たび重なる重大事件も解決できないのにもかかわらず、「組織のフラット化」が叫ばれ「無理な追跡はやめ組織に乗せよ！」に始まり、職務執行上の実力行使に対しても「角を矯めて牛を殺す」かのような「過度な抑制」が求められていった。

マスコミ報道を恐れ、不祥事は全て公表する反面、その反動として警察官の消費者金融からの借金（カードローン）の有無だけでなく車の所有も使用も細かく管理されなければならず、担当上司による家庭訪問までが行われていったのである。

かつて私が駆け出しのころの前記T署長は、その後捜査四（マル暴）課長から警察学校長へと進み、口癖は「江戸城を守れ！」であった。

すなわち「他府県の暴力団組織を東京に進出させるな！」ということである。

しかしそのタガは見る見るうちに外れていったのであった。

私たちにとって「目先のこと」ほど都合良く、対処しやすいことはない。

「みな平等で今（現在）さえ良ければ万事良し！」という考えならば、そこにあるのは「家庭、家族（親子、兄弟、親戚、先祖）とともにある男女」や「先代が苦労して築いた会社の規律」も「学校の規則（恩師と教え子の関係など）」も何もなく、ただ「権利のみを主張する『名ばかり親子などの』生きもの」にすぎないのである。

まさに危急の時に警察官でさえ責任回避をしたくなるような、無責任かつご都合主義・便宜主義的な人間関係だけの軽薄かつ野蛮な社会にほかならないと言える。

薬物や売春などに手を染める暴走族等が暴力団などと直結しているように、それらと校内暴力もまた直結していた。

そのころ足立区綾瀬では「母子殺人事件」や「高校生女子コンクリート詰め殺人事件」、「東京・埼玉連続幼女誘拐殺人事件」など身の毛もよだつような陰惨な凶悪事件が続発していた。

そのような中で、私が取り調べた少女から届いた「お蔭でその後万引きを止めることができました。近く結婚します」と言う手紙は、私の一生の宝物として今も大切にしまっている。

四　佳境へと進む朝日新聞社の「従軍慰安婦でっち上げ（ねつ造）」

㈠　ついに火を噴いた「韓国人従軍慰安婦」

朝日新聞社は、竹下政権（小沢一郎官房副長官）下の昭和六三（一九八八）年八月一〇日、同日付朝刊で前記「従軍慰安婦　鎮魂碑に心の重荷解く（証言私の戦争：一）千葉」を報じた。

平成元（一九八九）年四月、朝日サンゴ礁事件が勃発し、一柳社長から中江利忠社長へ交代した。

同年六月三日竹下内閣が「リクルート事件」で総辞職すると四日には「天安門事件」が勃発。

同年八月、宇野宗佑内閣を経て海部俊樹内閣が誕生し、小沢内閣官房副長官は金丸の推薦により四七歳の若さで自由民主党幹事長に就任し、金丸・竹下とともに、政権の実質的な実力者となり「金・竹・小（コンチクショウ）」と称された。

この時すでに、中国共産党による竹下・金丸工作が開始されていた[195]。

同年一一月には、戦後東西に分断されていたベルリンの壁が崩壊。

労働組合団体も、マルクス・レーニン主義を標榜していた総評や、共産主義に対抗していた同盟、そして中立労連、新産別といった労働団体の対立軸に異変が起こり、主義主張はうやむやのままに「連合」が結成されていった。

平成二（一九九〇）年八月末、中国共産党が仕掛けていた金丸信・訪中工作に乗じた同人は中国を初めて訪れた。[196]

そして同人は翌九月に、小沢と社会党の田辺誠委員長らを伴い、一三年前に「日本人を拉致」していた北朝鮮を訪問し、妙香山の招待所で金日成と会談したのである（金丸訪朝団）。

一三歳で拉致された「横田めぐみ」はこの時二六歳を迎えていた。

その二カ月後の同年一一月六日、韓国挺身隊問題対策協議会（韓国教会女性連合会、韓国女性団体連合会等一六団体参加、初代代表は尹貞玉）が結成され、それまで韓国には存在しなかった「慰安婦問題」がついに韓国に移植されたのである。

それは前記「多田さや子の入会」からさらに一七年後のことであり、高橋喜久枝自身が「私も火付け役をした」と述べたことが明らかにされている。[197]

令和元（二〇一九）年に出版された『反日種族主義』[198]には、韓国には「一九九〇年以前に慰安婦問題は存在しなかった」その「『慰安婦問題こそが反日種族主義の核心』である」と記さ

195　『中国共産党「天皇工作」秘録』城山英巳（平成21年8月20日　文春新書）106～113頁「日本工作を重視せよ」「竹下人脈の力」。
196　『中国共産党「天皇工作」秘録』城山英巳（平成21年8月20日　文春新書）113～117頁「『金丸工作』影と光」。
197　【歴史戦　第二部　慰安婦問題の原点（5）後半「火付け、たきつけた日本人達」】平成26・2014年5月25日付産経新聞
198　『反日種族主義』李栄薫編著（2019年11月15日　文藝春秋）。

れているが、これがその「核心」の始まりであったのである。

平成三（一九九一）年一月二二日付朝日新聞（大阪版）が、日米開戦から半世紀目のプロジェクトとして、「〝女たちの太平洋戦争〟手記」報道を開始し戦時中に一五歳前後だった少女を対象とした手記は紙面に掲載された後にドラマや映画にもなり、ＮＨＫまでがスペシャル報道を行った。

同年六月二四日付大阪版朝刊は、「『自虐趣味』の投稿に思う（手紙　女たちの太平洋戦争）」を報道。

そして『従軍慰安婦』が世に出てから一八年目の平成三（一九九一）年八月一一日、ついに朝日新聞大阪版は、植村隆の名前で、

「元朝鮮人従軍慰安婦戦後半世紀重い口開く」

と題して「朝鮮人従軍慰安婦・金学順」を報道した。

まさに「日本人従軍慰安婦・城田すず子」報道に触発されたかのように、ついに韓国にも「従軍慰安婦」が現れたのである。

平成三（一九九一）年八月には、「天安門事件」二年後の中国を、海部俊樹総理が西側首脳として初めて訪中し世界のひんしゅくを買った。

そして中国共産党は、海部総理に「来年の国交正常化二十周年に」天皇陛下の訪中を要請するとともに、その裏でそれを実現させる工作を進めていた[199]。

しかし、政治改革関連法案廃案によって、海部降ろしが始まり海部内閣は総辞職することとなった。

㈡　おびき出された宮澤総理と訪韓を待ち望んでいた朝日新聞社

金丸は小沢に次の総理総裁を要請したが、小沢はこれを固辞して平成三（一九九一）年一〇月一〇日、宮澤喜一、三塚博、渡辺美智雄と面談。

その日のうちに、竹下も金丸も異存なく渡辺を支持したが、その翌日、金丸から「宮澤にしてくれ」と頭を下げられて、仕方なく小沢は「宮澤を支援する」ことになり[200]平成三（一九九一）年一一月五日、宮澤内閣が成立したというが、この舞台裏は関係者以外知る由もなかった。

内閣官房長官は加藤紘一であった。

同年一二月ソ連が崩壊。

平成四（一九九二）年一月八日、金丸信が自民党副総裁に就任。

そしてその三日後、宮澤総理が訪韓する五日前の一月一一日に朝日新聞が、前記「慰安所、軍関与示す資料」などと言う一面大見出しの記事を、

「従軍慰安婦――一九三〇年代、中国で日本軍兵士による強姦事件が多発したため、（中略）慰安所を設けた。（中略）、開設当初から約八割が朝鮮人女性だったといわれる。太平洋戦争に入ると、主として朝鮮人女性を挺身隊（ていしんたい）の名で強制連行した。その人数は八万と

199　『中国共産党「天皇工作」秘録』城山英巳（平成21年8月20日　文春新書）118・119頁「『沈黙』という秘策」。

200　小沢一郎が明かす「宮沢内閣誕生の舞台裏」ライブドアニュース https://news.livedoor.com/article/detail/17262983/ から引用。

も二〇万ともいわれる」

と言う千田の書に依拠した「従軍慰安婦メモ」とともに報じたのである。

翌一二日の社説では「歴史から目をそむけまい」として宮澤総理には「前向きの姿勢を望みたい」と論じ、翌一三日加藤紘一官房長官が「河野談話」と瓜二つの「お詫びと反省の談話」[201]を発表。

同月一六日韓国反日デモの真っただ中に訪韓した宮澤総理は、首脳会談等で八回も謝罪して「真相究明」を約束した。

国会も巻き込む大騒動の中、政権の後ろ盾もない中で「これは濡れ衣を着せるためのでっち上げ（ねつ造）である」と受けて立つ官僚など存在するはずもなく、国会で「当時の業者が連れまわったもの」と答弁した官僚は火だるまとなってしまった。

これらの出来事は今となって見れば、前記「福島原発事故」同様まさに私たち日本国民を欺くための芝居であったということが言えるのではないであろうか？

㈢　産経報道（吉田証言は虚偽！）を無視した政府と朝日新聞社

さらに朝日新聞論説委員・北畠清泰が、同月二三日付同紙夕刊〈窓〉で「吉田証言」を紹介。そして同人は、当然寄せられる、これに対する読者の疑問の声に対し、同年三月三日付の同じ〈窓〉で、
《知りたくない、信じたくないことがある。だが、その思いと格闘しないことには、歴史は残

せない》

と「根拠もなく馬鹿扱いし、叱りつけ」しかも共産党に入党をほのめかし、吉田清治と連絡を取り合っていたことが『崩壊　朝日新聞』（長谷川熙著）に記されている。[202]

そのような平成四（一九九二）年二月、五年前に「田中角榮を裏切った」と騒がれながら成立した竹下内閣と関係する佐川急便事件が勃発。

同月には自民党本部襲撃（幹事長室立てこもり）事件が起き、三月には足利市内で公演中の金丸副総裁銃撃事件が発生した。

そして、朝日新聞社が最初に吉田証言を報道してから一二年後となる平成四（一九九二）年四月三〇日、産経新聞社が秦郁彦による「済州島実地調査、吉田清治への聴き取り等による吉田証言の虚偽結果」を報道したのである。

しかし、これを打ち消すかのように同年七月八日、朝日新聞朝刊「従軍慰安婦と政府」（天声人語）は次のように報じた。

《いわゆる従軍慰安婦についての調査の結果が公表された。慰安所の設置、管理、運営に政府が直接かかわっていたことを、初めて公式に認めるものだ。朝鮮、中国、台湾、フィリピンの

201　朝鮮半島出身者のいわゆる従軍慰安婦問題に関する加藤内閣官房長官発表 https://www.mofa.go.jp/mofaj/area/taisen/kato.html を参照。

202　『崩壊　朝日新聞』長谷川熙（２０１５年12月29日　ワック）52頁「吉田清治を称えた論説委員」。

ほか、インドネシア女性も集められていたことがわかった▼防衛、外務など四省庁から計一二七件の資料が発見されたという。（中略）。一昨年六月の参院予算委員会の答弁で、労働省の職業安定局長は次のように言う。（中略）▼「従軍慰安婦なるものにつきまして……民間の業者がそうした方々を軍とともに連れて歩いているとか、（中略）、こうした実態について私どもとして調査して結果を出すことは、率直に申しましてできかねると思っております」▼できかねると思ったことが、できた。いや、その気があれば初めからできたのではないか。（中略）。防衛研究所図書館からは、設置を指示した旧日本軍の通達などが出た。（中略）▼一月に図書館の資料で軍の行動が明らかになった時、官房長官は談話を出して政府として公式に謝罪した。今回も再び官房長官は謝罪の意を表明した。（中略）そのたびに謝罪をする▼すべての事実を洗いざらい解明する、という努力はできないものか。（中略）。自らの過去に私たちが正面から向き合おうとせぬ限り、信頼されることは不可能である。》（日経テレコン１９９２／07／08朝日新聞　朝刊１頁）

さらに「平壌」発の「従軍慰安婦拉致」報道（市川速水署名記事）が繰り返された。同年九月一日付で鈴木規雄は、東京本社論説委員・社会部次長に栄進。

㈣　失脚していく金丸と天皇陛下の中国ご訪問

平成四（一九九二）年五月には、金丸信が佐川急便から五億円の闇献金を受けていたことが発覚し、八月に金丸は副総裁を辞任した。

しかし宮澤政権誕生の功績で同政権の支柱となっていた金丸信は、天皇陛下の訪中決定をとまどう宮澤に「天皇訪中問題について決めるべきはごちゃごちゃ言わず早く決めたまえ」[203]と発破をかけるなど暗躍していたという[204]。

同年一〇月一四日、ついに金丸は議員も辞職することとなったが、同月二三〜二八日、天皇陛下が「天安門事件」からまだ三年しか経過していない中国をご訪問になられた。

そして私はこの問題に取り組んで初めて「自由」ということを、そして家族や国家を否定してまでも「理想」を求める思想とはいかなるものであるのかを痛感したのであった。

そのことを私は、「日々平和で健康で楽しく暮らすことができればそれで良く、自分の身の回りの問題でいつも頭は一杯であった」自分に問いかけてみたのである。

中国大陸に暮らす「中華人民共和国」の人々は、共産党（マルクス主義）に支配されて生きる「人民」であって「国民」ではないのである。

そのようなところへ、なぜ国家の象徴である天皇陛下が、何のためにご訪問されたのであろうか？

そして初めて、その時小沢一郎の自宅（岩手）に、後に中国共産党第二位となる李克強が「ホームスティ」[205]していたことを知ったのであった。

「共産主義」を人類の敵と考える私にとっては今でも許しがたく信じがたいことである。

203　『中国共産党「天皇工作」秘録』城山英巳（平成21年8月20日　文春新書）127頁「宮沢に決断迫るドン」。
204　https://ja.wikipedia.org/wiki/金丸信#cite_note-19(https://ja.wikipedia.org/wiki/金丸信)から引用。
205　「李首相、知日派の顔も＝若手時代に交流経験―日中韓」時事通信（2018年5月10日）。

しかし当時の私にとっては、これまでの「朝日新聞社の『従軍慰安婦でっち上げ（ねつ造）』やこれにまつわる政治の動きなどは別世界のことだったのである。

㈤ 「河野談話」と自民党政権の崩壊

平成五（一九九三）年三月、金丸信は脱税の罪で逮捕された。

そして同年八月九日、日本新党の細川護熙を総理とした、日本社会党、新生党、公明党、日本新党、民社党、新党さきがけ、民主改革連合、社会民主連合の八党連立政権が成立し、日本の歴史・伝統・文化（天皇陛下とともに歩んできた国家・国民）を守り抜くために結党され、昭和三〇（一九五五）年以来三八年間も政権を担ってきた「自由民主党政権」はついに崩壊したのであった。

前記若宮が「非常に良くできていて」と評した「河野談話」が、朝日新聞社の取り組みに呼応したかの如く発表されたのは、この四日前の八月五日のことであった。

これに加えて国連人権委員会でも、平成六（一九九四）年一月四日に「従軍慰安婦」を「性奴隷」と定義した「クマラスワミ報告」が行われ、世界はこれを真実と思い込まされて今日に至っているのである。

朝日新聞社は同月二五日、前記「政治動かした調査報道（朝日新聞創刊１１５周年記念特集：下）」」で、「実在が証明しにくかった従軍慰安婦を、マスメディアで具体的に語った先駆けは一九八五年八月のコラム『天声人語』だろう。」と、誇らしげに報じていた（勝利宣言をした）ことを私たちは絶対に忘れてはならないのである。

以上一連の流れは、前記中国共産党の対日工作によるものと考えられるのであるが、前記要綱の「マスコミ工作」には次のように記されている。

《一、新聞・雑誌

（中略）

ⓑ「民主聯合政府」について。「民主聯合政府」樹立を大衆が許容する温床を作り上げること、このための世論造成、これが本工作を担当する者の任務である。

「民主聯合政府」反対の論調をあげさせてはならぬ。しかし、いかなる方式とを問わず、マスコミ自体に「民主聯合政府」樹立の主張をなさしめてはならない。これは、敵の警戒心を呼びさます自殺行為にひとしい。

「民主聯合政府」に関連ある事項を全く報道せず、大衆はこの問題について無知、無関心であることが最も望ましい状態である。

本工作組の工作の進展につれて、日本の反動極右分子は、何等の根拠をもつかみ得ないまま焦慮にたえ得ず、「中共の支配する日本左派勢力は、日本赤化の第一歩として、聯合政府樹立の陰謀を進めている」と絶叫するであろう。

これは否定すべきであるか？　もとより否定しなければならない。しかし、否定は真正面から大々的に行ってはならず、計画的な慎重な間接的な否定でなければならない。「極右の悪質なデマで、取り上げるにも値しない」と言う形の否定が望ましい。》（二五・二六頁）

《第三　政　党　工　作

一、聯合政府は手段

（中略）

本工作組に与える「民主聯合政府の樹立」という任務は、日本解放の第二期における工作目標に過ぎず、その実現は第三期の「日本人民民主共和国」樹立のための手段に過ぎない。共和国樹立へ直結した、一貫的計画の元に行われる聯合政府工作でなければ、行う意義は全くない。》（三三一頁）

つまりここに掲げられた革命手段は、まずは現在の「議会制民主主義」を利用して「共産党」と連携する「民主聯合政府」を樹立し、一気に「革命政府」（「日本人民民主共和国」）へ移行せよということなのであるが、日本国民には絶対にこのことを悟られてはならないと記されているのである。

すなわち、「細川政権」の成立は「民主聯合政府」への一里塚であり、このことを絶対に国民に気付かせないようにするために、同党は敢えてマスコミに「反自民」ではなく「非自民」と言う言葉を用いさせたのだと考えることができるのである。

五　憐れむべき子どもたちの世界

(一)　中学デビルを相手に

私が前記H署から着任した城南地区のO署の中庭には立派な築山と池があった。

昭和六四（一九八九）年一月七日、昭和天皇が崩御された。

「大喪の礼粉砕！」

大警備になれば各署からも警備部隊が編成されて警備に従事した。

元号が平成となった元年六月四日、「天安門事件」が起きたことは当時はおおきなニュースであったが、私にとっては遠い世界の出来事にしかすぎなかった。

案にたがわず暴力団を後ろ盾にした大暴走族が控え、学校は荒れ放題、長期家出状態は放置され、恐喝・ひったくりは日常で上空には警視庁のヘリが飛んでいた。

ホンダCBS二五〇CCは人気の的でことごとく盗まれてなくなってしまったと言われるような状態であったが、補導担当から出発した私は、上級生からカツアゲされたという訴えを受けて三人の中学生を出頭させた。

私の眼前に現れた三人のうち一人はチンピラ風のブレザー、もう二人はボンタン服姿でサングラスをかけ、タバコ（のようなお菓子）を吹かす格好であった。

「きちんとした中学生らしい服装をして出直してこい！」

三人組は私の一喝によって出直してきたが、間もなく私は彼らの背後にいる大犯罪集団に直面していくこととなった。

署の近くの中学校から先生が殴られたと一一〇番があった。

駆け付けると玄関の中に顔を血だらけにした先生と名の知れた番長がにらみ合っており、その奥には先生や生徒たちが遠巻きに見ていた。

するとその中から「誰が警察なんか呼んだんだ！」と言う声が聞こえた。

私はすかさず「今言ったのは誰だ！　やって良いことと悪いことも分からないのか」と一喝

した。

シーンと静まり返った中で、「傷害の現行犯で逮捕する」と時間を告げ、その場から連行したのであるが、その一年ほど前高校に進学した同校の生徒が自殺していた。

聞けば「パシリ（使い走り）をやらされていて両親が先生に相談したが『警察には話さない方が良い』と言われ、そのまま卒業したもののその後も続いていた」というのであった。

振り返ってみれば、日中国交が始まってこの方「水と空気と安全はただ」と揶揄された日本の治安も道徳も地に落ち、私がバスで署に出勤途上、満員の中平然として二人掛けの座席を独占していた男がいた。

署のすぐそばには小学校があり、私が降りるバス停につくとその男も降りたのだが、小学生が挨拶するではないか？

私はすぐさま男の肩を叩き呼び止めると小学生に気付かれないよう「先生なら先生らしくしたらどうだ！」と身分も明かさず言ったものである。

交番から昼間五～六人の小学生が火遊びをしているのを補導したから来てくれと言うので赴くと男の先生もやってきたが、その姿はアロハシャツに履物は「つっかけ」という有様であった。

「管理社会は良くない」という「心理戦」によって、社会教育も学校教育も社員教育も何もかもができない風潮が蔓延してしまっていたのであった。

(二)　一網打尽

家庭の監護が崩壊した中で学校は「給食」の場であり、少年少女たちは自由気ままな生活をしていた。

民生委員から「妊娠した未成年の少女が男と同棲している」と言うので私が出向いてみると、少女は家出状態で男は沖縄県警察から指名手配されていたため逮捕。

沖縄まで護送することとなった。

ある朝出勤すると大事件が起きていた。

それは不良のたまり場であったコンビニエンスストアで、店員の応対が悪いからと案内のプレートを顔めがけて投げ付け失明するかもしれないという傷害事件であった。

やったのは一六歳の少年であったが宿直責任者が「逮捕せず」任意捜査として帰宅させてしまっていた。

私は早速呼び出し簿を前に呼び出しをかけ続けた。

そこは大暴走族のたまり場であり彼もそのメンバーであったことから、そのことを付け加えて逮捕令状を取り、二〇日間の勾留を請求すると認められた。

この調べ次第では、今も彼らが陰でやっていることが解明・解決できると懸命に彼と向き合った。

いよいよ明日鑑別所へという時に、彼は「刑事さんのような（しつこい）人は初めてだ」と「ポツリ」と話してくれた。

かなり前のこと、駅前の空き地に大量の木刀やバットや凶器となるものが放置されていて署員がそれを回収して署に保管していた。

「実はそれは……」ということで、たまたま並行して芋づる式にバイク盗を検挙していたそれらのメンバーの供述とも相まって、対立暴走族に対する加害目的凶器準備結集（集合）並びに車両窃盗事件等の一都七県に及ぶ大捜査となった。

もちろん本部からの応援が来たが、暴力団幹部らを含む三〇数人を逮捕し、車両窃盗等一〇〇数件を解決し、広域にわたる多数のひったくり事件を検挙した。

彼らは週末になるとワゴン車を借りて乗り込み、オートバイ盗やひったくりをするために関東近県に出張っていたのであった。

併せて暴走族一〇〇余人を会員として暴力団の資金源としていた「〇〇会」等を解体、組長にも誓約させせて関係を遮断、解散した少年らが溜まり場の落書きを消す姿等がテレビ等にも大きく報道された。

㈢　幽霊の正体

そのうちの一人に「もう他にやったことはないか?」と尋ねた。

メンバーの中には、最初の逮捕事実は認めてもその他は頑強に否定して他のメンバーの自共によって二回目は鑑別所から、三回目は少年院から逮捕してようやく余罪を話し始めた者もいた。

そのことが彼らの間にも知れ渡っていたらしく、上目遣いに私を見ながら、おどおどと「この署にもオートバイの部品を盗みに入りました」と言う。

いつどこから入ったのか聞くと、ちょうどそのころ自転車でリヤカーを引いていた男性がはねられて死亡する事故があり、そのリヤカーが車庫内に保管してあった。

そしてそのころ、夜中巡視していると築山の中に人影が消えていくと言うので、署内に幽霊が出ると言う話が広がり、交通係が神主を呼んでお祓いまでしていたのであった。

その幽霊の正体とは、確かに築山の奥の壊れた塀の隙間から夜な夜な忍び込んでいた彼らだったのである。

このころになると校内暴力は皆無になっていたが、当初はこれらの勢力を背景に各中学校には番長がおり、中には一年生（一三歳）がいて、「悪いことをするなら今のうち」（触法少年として処罰されないから）とまで入れ知恵をされていた。

一四歳の少年は、家族に暴力をふるうというので訪れると、「おやじ！　憲法を読んだことがあるのか！　個人の自由と書いてあるじゃないか！　俺はてめえらに生んでくれと頼んだ覚えはない！」と言って毒づいたのであった。

(四)　一筋の涙

昭和六一（一九八六）年から始まったバブルがはじけたのは平成三（一九九一）年であるが、世の中に何か嫌な雰囲気が漂うようになったある朝、私がパトカーで巡回中に一一〇番が入った。
○○先の交差点で信号が変わっても止まったままの車があるというので急行した。
運転室をのぞき込むと中年の男性が眠りこけていた。

私たちに気が付いたその男性は、ただ黙って免許証に続いて保護観察証を出してくれた。

何かの事件で服役後仮釈放となり、夜も眠らず働いていたのであろう。ちょうど署も近かったことから私が車を運転し、署の駐車場に車を止め、ここでしばらく休んでいくように言った。

男は黙ってうなずくとそのままシートを倒し目を閉じたのであるが、その目尻から、一筋の涙がこぼれていったのを、私は今でも忘れることができない。

㈤ さらに悪化していく治安の中で

平成四（一九九二）年バルセロナオリンピックのころ、ある日管内の交番内で口論しながら入ってきた男女の取り扱いがあり、そのうち男がトイレを貸してくれと言い出した。奥のトイレに向かった男はそこにあった包丁で警察官に切りかかり、一一〇番が入って私が取り扱ったことがあった。

一人で勤務していたその交番員は、いつもやかましく「流しに刃物を出しておくな」と言われていたにもかかわらず、それを守っていなかったのである。

聞けば二人には男女関係があり、今で言うストーカー対象事件だったのであるが、私は数年後、後に釈放された男が東北の地でその女性と姉を殺傷したことを、新聞報道で知ることとなった。

昭和五六（一九八一）年ころから中国残留邦人（孤児など）の帰還が進められていたが、そのころ中国人同士の凶悪事件が多発するようになっていた。

そのような中で、捜査の大幹部が「中国人同士の事件に何も我々が全力を注がなくともよい」と言ったのには愕然として言葉もなかった。

上野公園などにたむろするイラン人や韓国すり団に加え、中国マフィアが現れて、彼らは警察の一挙手一投足を見ていた。

「人権、人権」で手厚く扱ってくれる警察は全然怖くないと知れ渡るのは時間はかからなかった。

加えて事件を起こしても捕まらないとなったら何が起こるか分からないではないか。

㈥　有名無実の交番となって（「河野談話」とオウム真理教）

平成五（一九九三）年に私は警部補試験に合格したのであるが、同年八月九日「非自民」を掲げた細川政権が誕生し、その五日前（四日）宮澤内閣が「河野談話」（従軍慰安婦）を発表したことなど、当時の私にとっては別世界のことであった。

平成二（一九九〇）年に政界進出（衆議院選立候補）をし始めたオウム真理教がそのころから一気に不穏な動きをするようになっていた。

坂本弁護士一家は平成元（一九八九）年一一月にオウム真理教によって殺害されていたが、全く闇の中に葬られてしまっていたのであった。

しかし管内の不審者の居住の有無など、本来ならば各交番の勤務員は、パトロールや受け持ち区内の家庭訪問によって管轄内の要注意場所や様々な問題を把握し、簿冊を整理して代々引き継いでいかなければならなかった。

それは一朝一夕にできることではなく、おざなりのまま引き継がれればいきおい時間がかかる極めて困難な業務なのである。

しかも三日に一回の当番（交番）勤務が四日に一回になったのは良いが、増員がままならないためか当番日は午後三時ころから翌日九時ころまでとなって、二四時間いて初めて分かる受け持ち地区の実態把握は益々困難となっていった。

その対策もないままに、組織の業務管理のためだけに、何軒巡回して何軒面接できたかと言う実施報告を作成するだけで事足れりとするのであれば、それだけでも時間がかかるのであるから有名無実化していくのは目に見えている。

「管内で事件・事故は起こさせない。起こったら必ず解決してみせる」と言う駐在制度の精神はこのような風潮についていけず、いつのまにか交番は尋ね人に対しても「個人情報ですから」と簿冊も調べてくれない不思議な存在となっていったのである。

念のために申し添えておくと、免許証の写真は行政書類であり刑事手続きなしにこれを利用してはならぬとか、被疑者の取り調べでは喫煙や飲食させてはならぬとか、さらには取り調べの可視化とかが、「冤罪や不祥事防止」と言うご都合のために叫ばれているが一体誰のためにであり、誰がこのようなことを必要とするのであろうか？

本来が「組織として動く『公安刑事』」はもとより、「政官界であれ何であれ悪を暴く『刑事』」という「職人」の領域にまで業務管理の網（規制）がかけられていったのもこのころである。

平成六（一九九四）年六月三〇日に自民・社会・新党さきがけによる三党連立（村山富市）政権が成立する三日前の同月二七日、ついに長野県松本サリン事件が発生し、同年八月私は城東地区にあるH署に転勤したのであった。

六　「中国・日本共産主義連合」に敗れた日本

㈠　党是を降ろす「自民党」と勝ち誇る「朝日新聞社」

平成七（一九九五）年一月、阪神淡路大震災が発生し、その二カ月後にはオウム真理教による地下鉄サリン事件が発生し、国家の危機ともいうべき事態となった。

そのような国家の一大事の中で、同年三月五日の自由民主党党大会（第五九回）で河野総裁は、結党以来の党是として綱領に掲げられていた「自主憲法制定」と党則に掲げられていた「厳に容共的破壊勢力を排除し」と言う文言を削除し、新たな綱領とともに「ニュー自民党」を宣言していた[206]。

一方朝日新聞社は、中江利忠社長が訪中して江沢民・国家主席と会見し、同年八月一二日、同社がその様子を「歴史舞台で余裕の江沢民主席　朝日新聞社と会見　北戴河（時々刻々）」と、「お世辞」とも言うべき表題を掲げて鼻高々と報じていた。

しかも同年にオーストラリアを訪問した武藤嘉文・自由民主党総務会会長（当時）は、同国首相から、

《中国の李鵬首相は、私に「日本はあと三〇年もしたら消えてなくなるのではないか?」と言

206『自由民主党五十年史 二十一世紀の展望と課題』自由民主党（2005年1月5日　国民政経研究所）55頁「第一部　自民党関連資料　第二章　党の規程」・256頁「第四部　連立時代と構造改革」。

ったがあなたはどう思うか？》

と尋ねられていた。このことは、朝日新聞社が「知らぬ顔の半兵衛」を決め込んだ平成九（一九九七）年に国会で明らかにされた。[207]

同年五月一四日、中江利忠、相談役へ、後任社長は松下宗之。

平成八（一九九六）年一月一一日、橋本内閣（平成一〇・一九九八年七月三〇日まで）が成立。

(二)　名ばかり「民主党」の出現とその正体

平成八（一九九六）年、保守政党を装った「民主党」が菅直人と鳩山由紀夫によって結成され、これを朝日新聞社をはじめ日本のマスコミが二大政党の一翼ともてはやしたことは第一章に記した通りであるが、この政党は中国共産党とは強い繋がりを持つ政党だったのである。

その母胎となったのは左翼思想の政治家集団である社会民主連合（当時）であった。

昭和五七（一九八二）年、日中国交樹立一〇周年を期して、前記王炳南を第一副団長とする「日本中国民間人会議」（日本委員会）が設立され、当時の日中友好協会第三代目会長・宇都宮徳馬と廖承志との間で、「日中友好交流会議」の開催が合意されて翌（昭和五八・一九八三）年第一回会議が開催された。

その昭和五八（一九八三）年、つまり、朝日新聞が「吉田清治証言」を報道しているころ、宇都宮徳馬は、同連合の田英夫や横路孝弘らとともに、毛沢東を信奉する元過激派活動家を代表にして「ＭＰＤ・平和と民主運動」（後の「市民の党」）を設立したが、この時「寄付」と称するお金が一億円余りも集められていたという。

そしてこの代表は一部マスコミから「選挙の神様」と称され、民主党政権成立の後押しをしていった人物だったのである。

その一方、昭和四〇年代に岡山大学で殺人事件を起こした「親中国（毛沢東）」過激派組織「マルクス主義青年同盟（マル青同）」は「民主統一同盟」と名称を変え、あたかも保守を支援するかの如く、「『がんばろう、日本！』国民協議会」（バッジをつけない主権者）と称して同党の政権獲得に大きく貢献していったのである。

かくして、「民主党」結党の一三年も前に、同党を支える政治団体が日中友好協会会長の肝いりで結成されていたのである。

民主党が政権を獲得したのはこの結党から一三年後のことであったが、同政権誕生のころ前記中国人女性レポーターが来日した意味もよく理解できるのである。

その七年前の平成一四（二〇〇二）年に暗殺された前記・石井紘基衆議院議員（当時）はこの母胎となった社会民主連合（社民連）の事務局長であった。

このようにして見れば、中国共産党の対日工作において、王炳南がいかに重要な役割を果たしてきたかということが歴然とするのである。

そして再びここで強く問わなければならないことは、日本の警察は「治安・公安」を問わず

207　第一四〇回国会・衆議院・行政改革に関する特別委員会4号（平成9・1997年5月9日）総務庁長官・武藤嘉文喜文発言。

一体何をしているのか？

穿った見方をすれば、すでにその機能は破壊されてしまい、橋本総理（当時）の「ハニートラップ問題」も、この度の安倍元総理の暗殺事件も何もかもこの延長として引き起こされてしまったのではないのか？　ということなのである。

㈢「幕引き」とともに表に出された「日本人拉致事件」

朝日新聞社は、産経新聞が「吉田証言は虚偽」と指摘した報道から約五年後の平成九（一九九七）年三月、「真偽は確認できない（嘘か本当か判らない）」（三一日付朝刊）と、なおも自社の報道を正当としながら「知らぬ顔の半兵衛」を決め込んで「従軍慰安婦でっち上げ（ねつ造）」の幕引きを図ったのであった。

「河野洋平を非常にかわいがり与党の対中外交に影響を与えた」と言われる後藤田正晴が引退したのは、この幕引きの前年のことであった。

「拉致事件」が本格的に動き出したのは、平成八（一九九六）年一〇月に出版された『金日成の拉致指令』の著者が、かねて韓国情報機関からもたらされていた「女子中学生拉致」の話を公にしたことから新潟県警が知ることとなり、翌（平成九・一九九七）年一月、新進党衆議院議員（当時）の西村眞悟が初めて「横田めぐみ」や「久米裕」らの名前を挙げて橋本総理らと質疑を行い、同年三月に「北朝鮮による拉致被害者家族連絡会」（家族会）が、四月には超党派議員の「北朝鮮拉致疑惑日本人救済議員連盟」（旧拉致議連）が設立されてからのことであった。

昭和五二（一九七七）年から数えて実に二〇年も、日本政府と主要マスコミはこの問題に蓋をし続けてきていたのである。

前記の通り有本恵子のご両親の願いを受けた安倍晋太郎はその後も連絡を取り合う中で平成三（一九九一）年五月他界し、その二年後（平成五・一九九三年）に衆議院議員となった安倍晋三がこの問題に取り組み始め、その四年後にようやく日の光が差したのであった。

㈣　千田夏光の高笑い

千田夏光は、このようなことを述べている。

《あの戦争が終わって五十年になるけれど、この国で〝従軍慰安婦〟が問題となったのは数年前からである。四十数年間は問題として取りあげられたことはなかった。ひょんなことから彼女らのことを足かけ七年調べ、二十年前『従軍慰安婦（正続）』なる本としたとき、確かに五十数万部売れたが反響は皆無に近かった経験を私はもっている。

無反響の理由を調べてもらったら、その本を求めたのはかつて戦場の慰安所で彼女らを買った兵隊たちであること、読み終わると彼女らがどのようにして戦地へ連れてこられたかの秘部を知りある種の衝撃をうけ、黙って書架の奥へ仕舞い込み蓋をしてしまった、つまり思い出したくない過去のものとして封印してしまったからということだった。いま一ついえば読み終わって古本屋へ売り払った人のいないことだった。》（『従軍慰安婦・慶子』一頁「まえがき一九九五年三月」）[208]

これは平成七（一九九五）年、「１９８１年に光文社、１９９５年に恒友出版が出版した」同書を平成一七（二〇〇五）年に復刊した書の中の言葉であるがよくもこのようなことが言えたものである。

そもそもその出版活動の資金は一体どこから調達されたものだったのか明らかにすべきであろう。

そしてこの復刊は、前記「女性国際戦犯法廷」をめぐって本田記者が「安倍、中川」を貶める記事を連載した年に行われたものだったのである。

七　破たんしていく日本社会

(一)　新任地の現実

平成六（一九九四）年八月、久々に着た制服はかつての歴史・伝統・文化の匂いが染み付いた重厚なものではなく、「近代的合理化」の掛け声で始まった民間警備と見まがう軽薄な制服であった。

私は新米であったが幸い捜査一課から昇任してきていた強者のK係長が先任として猛者の係員をしっかりと率いていた。

ある朝K係長とパトカーで巡回していると「隅田川で人が流されている」と一一〇番があり駆け付けると川の中に組まれた櫓《やぐら》に、自殺しようとした男が腕を絡ませ今にも流されそうになっていた。

新米係長の私が下着一つとなり、そばにあった浮き輪とロープを腰に巻き、救急車が駆け付けるまで川の中でその男と抱き合っていたが、橋の上は通勤の人々で鈴なりとなっていた。

ある夜、駅前のたまり場で盗難バイクにまたがっている少年に若い警察官が職務質問し、交番に同行しようとすると「令状はあるのか」と毒づき、取り囲まれた末同人が拳銃を取り出すという公務執行妨害事件があった。

にもかかわらず同署には、かつて少年に対する強制捜査の記録がないのは考えられないことであった。

皆が見て見ないふり、「少年に対する強制捜査は！」という批判を避け、目先だけの「健全育成」というご都合主義に隠れて易きに流れる、総じて無責任社会。

私がまだ駆け出しのころ、たとえば緊急配備での検問は道路を封鎖するようにして行われ、「大雨警報」でも「自主参集」しなければならない他、前記のように生活自体にさえ厳しい縛りがあった。

しかしそれはいかなる職業にも付きまとう必然的制約・規則（縛り）の一種であり、それが個人の生命・身体・財産の保護に従事する職業であればなおさらのことである。

同じ人間でありながら同じ人間としての生活はできないという当然の矛盾なのである。

にもかかわらず全て自由で平等でなければならないような風潮の中で、その縛りはどんどん緩やかとなって、すでに昭和六〇（一九八五）年当時にはこのようなことが耳に入っていた。

208　『従軍慰安婦・慶子』千田夏光（2005年10月1日　クラブハウス）。

「今追尾中ですが、五時一五分（退庁時間）になったので打ち切ります」と。

まさか手術中の医師がこのようなことを言い出したらどうなるものであろうか？

人間の意識とは所詮このようなもので、何事も「自らが自分の分をわきまえて我慢する（自分と闘う）」以外ないのである。

しかし先に述べたような個々の問題の内実への対応より、何もかもが、「目に見える仕事を！」などと言うもっともらしいご都合主義となって形式・外形のみによる業務管理へと変わり、それは易きに流れると同時に逆に本来の業務目的を阻害する原因となっているのであった。

つまり、「自分の立場さえ良ければそれで良い」という無責任そのものの風潮は、昭和五三（一九七八）年の制服警察官による女子大生殺人事件以降益々顕著になっていったのであるが、これは間もなく政治の世界にも如実に表れることとなった。

㈡　阪神・淡路大震災とオウム・サリン事件

平成七（一九九五）年一月一七日・阪神・淡路大震災の朝、戸建てに住んでいた私は奇妙な行動をしていた。

午後出勤のため朝遅く起きると妻は働きに出ていたが、私は食事を済ませるとなぜかそれまでやったこともない、和室などに設けていた鍋料理などのためのいくつかのガスの栓を全部閉めて出たのである。

そして通勤途中のニュースで地震を知り、署のテレビの前で釘付けとなっていた。

壊滅状態と伝えられる長田地区には、まだ幼い子供四人を抱えた妹一家が住んでいた。

しかしその安否を知ろうにもなす術もなく、一週間が過ぎた時、無事逃れていた妹からの電話を耳にした私は、涙とともに言葉にならない声を上げていた。

延々と他人事のように自衛隊の出動の是非云々を報じる新聞・テレビを前にして、「日本は本当に国家として存続していくことができるのか？」と思ったのは私だけでなかった（中国共産党の李鵬首相だった）ことを私は後になって知るのである。

平成六（一九九四）年六月に発足していた前記「村山富市政権」の「人にやさしい政治」（リベラル）とは、「人権・平和等が絡む」面倒な問題は「良くも悪くも」避けて通る政治であり、たとえ国家社会が危急の時を迎えても何もできない無責任そのものの政治であったのである。

間もなく私は少年係長を命じられ、平成七（一九九五）年三月二〇日、管内中学校の卒業式の警戒に従事している時、死傷者六〇〇〇人とも言われるオウム真理教による霞が関・地下鉄サリン事件が発生した。

私もその捜査に動員され、病院に赴き収容された被害者からの事情聴取に従事したが、そこは大部屋であった。

看護師が「これがこの方の着衣です」と言ってベッドの下からビニール袋をとり出すと間もなく異様な臭いが漂い始めた。

医師も看護師も青ざめ騒然となったが、見ると少し離れた窓際で背を丸くしたおばあさんが外を見ながら歯を磨いておりその臭いと分かって一件落着となった。

しかし笑っている場合ではなかった。

一〇日後には一国の治安機関のトップである国松警察庁長官が狙撃されたのである。

一命をとりとめたとはいえ、オウム真理教に破壊活動防止法も適用しなかった公安調査庁長官は前記・緒方重威であり、退職後の平成一九（二〇〇七）年六月、朝鮮総連本部売却に絡んで詐欺罪で逮捕されたのであった。

しかしもちろん、当時の私はこのような内情はもとより、自由民主党（河野総裁）が党大会で「自主憲法制定」と「共産主義と闘う」旨の文言を消し去ったこと等知る由もなかった。

かつてH署で少年係を指揮・鼓舞してくれたS課長が防護衣を着けて部隊の先頭に立ち、山梨の第七サティアンに立ち入る雄姿をテレビで見ながら、私は再び管内の環境浄化に取り組み始めていた。

時の警視総監は、私が機動隊当時「自分のためには汗を、人のためには涙を、国のためには血を流せ」と教えてくれた隊長・井上幸彦であった。

㈢　墨東地区に根を張るドラゴン（後の「チャイニーズ・ドラゴン」）

そのころ江戸川区の葛西を根城にした中国人らによるドラゴンと江東区と墨田区の暴走族が三つ巴で対立しており、刃物刺傷事件やひき逃げが発生していてO署時代以上に根深い対立があった。

ある高校生が親と署に訪れ、「少年がゲームセンターで大学生風の二人組に金を持って喫茶店に来いと脅されている」と言うのでその少年と同僚と三人で出向き、少年のそばでコーヒーを飲みながら少年の合図（カネを出せと言った）を待って現行犯で逮捕したのであるが、結果その二人も在日中国人によるドラゴンのメンバーから脅されていたことが分かりそのメンバーも逮捕することとなった。

墨田区内の中学生が暴走族に集団暴行を受けてメンバーに引き込まれ、その少年はその後、中学時代の一つ下の女子を使って美人局をやっていた。

親もほとほと手を焼いており、第一回の逮捕（鑑別所・家庭裁判所）で少年院送りは本当に可哀想であったが、汚れた環境からしばらくの間引き離すにはこれしか他に方法はなかったのであった。

取り扱った少年たちの家庭のほとんどは親はいてもいない状態であった。

父親はおらず、母親はホテルを転々とし、友人の家を泊まり歩くある少年は、ゲームセンターで中国残留孤児として帰国していた老夫婦を殴り逮捕された。

その少年は取り調べの際私に殴りかかってきて取っ組み合いとなった。

しかしこう見えても、このころ警視庁剣道五段の審査で七人の審査員全員から「マル」をいただいた、まだまだの私であった。

間もなく刃物で平気で人を刺していた暴走族の少年を逮捕し、本部事件課から応援をもらい、対立抗争による刃物使用集団傷害・覚醒剤購入やパーティ券購入資金カンパのための恐喝・強盗・ひったくり等五八〇数件の容疑で三〇数人を逮捕して暴力団予備グループを解体することができた。

平成八（一九九六）年には、厚生省の岡光事務次官を筆頭とする「ゴールドプラン」と称する膨大な予算を食い物にした大規模な福祉行政に関わる汚職事件が発覚して政界を揺るがしていた。

当時の厚生大臣は菅直人であった。

その翌年三月、私は突如として、城東地区のH署（生活安全課）から警視庁本部の暴力団対策課へと転勤を命じられた。

私が警視庁に別れを告げたのはそれから三年後のことであった。

そしてその九年後、ついに「事業仕分け」や「コンクリートから人へ」等を掲げ、国が家族（親）に支給する「児童手当」を国が直接子供に支給する「子供手当」とし、しかも「政治主導」と言って党が政府を差配する、まさに「共産主義」を思わせる「民主党政権」が成立し、日本共産党の露骨な「野党連合」の呼びかけが開始され、世界を震撼させた「福島原発事故」が起きたのであった。

気が付いて見れば、これこそが中国共産党による対日工作の成果であり、この中で「従軍慰安婦」のでっち上げ（ねつ造）も、「北朝鮮による日本人拉致」も行われていたのであった。

八 「吉田清治」に罪をかぶせた「朝日新聞社」の大罪

㈠ 「中国共産党」の対日工作機関として

平成二四（二〇一二）年の朝日新聞社の「吉田清治証言」記事取り消しは、当分は「日本人民民主共和国」へ移行することは無理と見た同社が、人間社会の「記憶の劣化」に鑑みれば、この際「不安材料」すなわち「吉田清治証言」は取り消しておいたほうが得策であり、あわよくば、同社も「吉田清治に騙された」被害者であったと勝手に判断してくれるのではないかという一石二鳥の意味を持たせたものであったのではないであろうか？

しかし同社は「報道機関」の地位を利用し、「権力の監視」や「戦時における女性の人権問題」等の名分で、時の政権を攻撃し、千田の『従軍慰安婦』を韓国の人々に信じ込ませるために「従軍慰安婦　城田すず子」までもでっち上げ（ねつ造す）るという取り組みを行ってきたのであった。

これによって平成二（一九九〇）年、韓国に「慰安婦問題」が起こされ、その翌年に所謂「韓国人従軍慰安婦」が発見され、小沢一郎らによって誕生した宮澤総理がその謝罪のためであるかのように平成四（一九九二）年に韓国を訪問し、その翌年下野と同時に「河野談話」を発表して国連がこれを追認し、「非自民」の「細川政権」成立とともに日韓の対立・離反は抜き差しならないものとなってしまったのである。

そして平成七（一九九五）年、自民党が前記党是（金看板）を下ろした翌年に親中国共産党の「民主党」が誕生し、その一三年後ついに同党が政権を獲得したのであった。

このようにして見れば、同社はまさに中国共産党の対日工作機関そのものであると言っても過言ではないであろう。

(二)「自由主義社会」の「報道機関」に求められるもの

「万人が労働者の社会」（「働かざる者食うべからず」[209]）

209　「ソビエト社会主義共和国連邦憲法」（スターリン憲法）第12条（1936年制定）。

人類社会は、自らの意思によらずこの世に生まれ出た千差万別の資質・能力を持った人間の経済活動（労働）によって築かれ、維持されていくものであるが、共産党による独裁によってこれを実現しようという社会の報道機関と、個々人の「自主・自律・独立の精神」によってこれを実現しようという社会の報道機関の違いは、前者は「共産党」のために存在するのに対し、後者は一般大衆のために存在することである。

すなわち、「共産主義社会」の報道機関が同社会を維持するために存在するように、「自由主義社会」の報道機関もまた同社会を維持するためのものでなければならないのではないであろうか。

したがって「自由主義社会」の報道機関は、一般大衆が「あらゆる問題について自主的に判断し、自己抑制ができる」ように、「あらゆる問題の事実」（「犯罪者の実名」等を含む）を可能な限り忠実に報道することなのである。

そのためにこそ高度な「独立性」と「報道の義務（自由）」が求められるのであって、単に「政府批判ができる、できない」ということではないのではあるまいか。

「自由」であるのだから報道機関にも「報道する、しない」という「恣意的報道の自由」や一方的な「論評」が認められるのだというのであれば、それこそまさに「共産主義」の思想に基づくものと言わなければならない。

なぜならば、「共産主義社会」は「大衆を一定方向に導こう」という仕組みにほかならないからなのである。

したがって、たとえ「自由、平等、博愛、反戦・平和」であれ「人権」であれ、ただ一方的に「価値」の押しつけを行うのであれば、それは「共産主義社会」の報道機関と同じであると言える。

私たちの言論空間を支配する「新聞テレビなどの『報道機関』」（強大な力）に、「『報道の自由』が認められる」と言う「安直な思考回路」こそ、私たちを「共産主義社会」に導く恐ろしい仕掛け（罠）と言うべきであり、私たち自身が、私達を代表する政府とともに、「放送法」等によってこれを注意深く（共産主義にならないよう）監視し規制するのは当然のことであろう。

私が今もって悔しい思いをする理由は、朝日新聞社が「吉田清治証言」記事を取り消した後、同社に対する「損害賠償」等の訴訟が起こされたというのであるが、いずれも「現憲法」を盾にとった同社の、「報道の自由」の主張の前に敗訴してしまったということであった。

第七章　日本が消えてなくなる日——李鵬の予言

一　「中国共産党」の正体と「自由主義陣営」の罪

令和元（二〇一九）年六月に駐日中国大使として赴任してきた孔鉉佑《こうげんゆう》は、前記王炳南が引退する三年前、朝日新聞社が「靖国問題」を仕掛け、天声人語で「従軍慰安婦　城田すず子」をでっち上げた昭和六〇（一九八五）年に大阪総領事館職員に着任し、以後平成一一（一九九九）年まで一四年間にわたって第二期工作を推進（？）し、一等書記官に栄進した後本国に戻り要職を歴任してきた機関員と見られる。

その彼は、来日直後、

「アメリカとの戦いは経済だけの問題ではない。二〇年はかかるであろうが我々は絶対に負けない。これからの世界は、全体主義や独裁というイデオロギーを終わらせなければならない。香港問題も必ず解決してみせる。」[210]（概要）

と発言していた。

それは、まさに世界が中国の思想（イデオロギー）で一色になることであり、それから約一年後の令和二（二〇二〇）年七月一日、産経新聞の一面を「香港は死んだ」と言う黒地白抜きの特大の文字が埋めた。

その一二年前（平成二〇・二〇〇八年）には北京オリンピックが開催され、平成二四（二〇一二）年最高指導者となった習近平は、「強い中国となる」ことを公然と謳い「一帯一路」を掲げてその達成を自らが担うかのように、平成二八（二〇一六）年に憲法を改正して主席の任期制限を撤廃した。

そして同人はその翌年と三年前の平成二五（二〇一三）年にもアメリカ（オバマやトランプ）に、太平洋二分割を働きかけていたのであった[211]。

もしもアメリカが、その誘いに応じていたならば、今ごろ世界も日本もどうなっていたことであろうか？

これは私の推測であるが、当時のニクソンと毛沢東の前記交渉において「沖縄返還」も話し合われ、その際、中国共産党は「尖閣諸島は台湾の一部である」と主張し、これに対してアメリカが「それは日中の問題である」としていたのではないであろうか？

その象徴的問題が「『尖閣諸島』領有権棚上げ問題」であり、今や同党が実効支配を試みる根拠となっているのではあるまいか。

210　令和元（2019）年9月10日帝国ホテル。孔鉉佑駐日中国大使講演会「新しい時代にふさわしい中日関係に向けて」（アジア調査会開催）。

211　https://open.mixi.jp/user/3421852/diary/1957634106　時代を越えて（124）　中西輝政「中国外交の失敗」――mixi...
https://www.sankei.com/politics/news/171110/plt1711100036-n1.html　産経ニュース（河野太郎外相、習近平主席の「米中で太平洋二分」発言に不快感「中国は太平洋と接していない」）。

因みに平成元（一九八九）年、「東西冷戦終結宣言」が出されて間もなくソ連は崩壊したが、西側による「天安門事件」の対中制裁の際、米国が派遣したブレント・スコウクロフトに対して、鄧小平は、

《中華人民共和国の歴史は、（中略）二十五年間も戦争を続け、二千万人以上に上る犠牲の上にやっと勝ち取ったものだ。中国の内政にはいかなる外国人も干渉させない。共産党の指導にとって代わるいかなる勢力もない。》[212]

と言い放ち、ひるんだアメリカと、まんまと騙された日本を操りながら「天安門事件」の後始末に「天皇陛下」までを政治利用して今日の中国を築いてきたのであった。

戦後中国共産党が、日本のみならず自由主義社会の人間の「エゴ」と「蒙昧な記憶」と「脆弱な秩序維持の制度」を利用し、「自由」を以て「自由主義社会を破壊」すべく世界各地で取り組んできたであろうことは、前記『解放工作要綱』に記された「無報酬教員の派遣で洗脳」に「孔子学園」を重ねてみれば容易に想像できることである。

チベット、ウイグル、香港、台湾への支配は直ちに朝鮮半島から日本へと及ぶ。

そしてその土地も経済（人・物・金）も全ては同党の支配下に置かれるのである。

それはまさに「新しい封建制（権威主義）」による「帝国（覇権）主義」であると言えるのであるが、このような「モンスター」国家を生み出した原因は、「連合国」が作った今日の世界体制（戦後レジーム）と、マルクス「共産主義」の怖さを見誤った「自由主義陣営」のこれ

までの対応にあると私は考えるのである。

二　日本の罪（飲み込まれてしまっていた自民党）

中国共産党が対日工作を開始して八年後の昭和三五（一九六〇）年一月、自由民主党（岸信介総裁）は、左右の全体主義を念頭に「新しい資本主義と福祉国家への道」として、「保守主義の父」エドマンド・バークに倣う「保守主義の政治哲学要綱」を発表していた。

そこには同党の「保守主義」の定義が次のように掲げられている。

《保守主義の精神は、よき伝統と秩序は、これを保持し、悪を除去するに積極的であり、且つ、伝統の上に創造を、秩序の中に進歩を達成するにある。

このことは、保守主義の世界観が、破壊的急進主義を排するとともに、過去と現状のみを守旧する反動的保守主義とも異なる道であることを意味する。》[213]

エドマンド・バークが言う「高貴なる自由」[214]とは、「我がままに任せた独りよがりの自由」ではなく、「遠く祖先（過去）から子々孫々（未来）へと引き継がれ得る（自他ともに許され

212 『中国共産党「天皇工作」秘録』城山英巳（平成21年8月20日　文春新書）１０８頁「天皇訪中への道」。
213 「保守主義の政治哲学要綱」自由民主党・党基本問題調査会（昭和35年1月復刻版　令和4年8月1日）。
214 『フランス革命についての省察』（上）エドマンド・バーク著・中野好之訳（２００７年7月14日　岩波文庫）62～67頁。

る）自由」（「他をおもんばかる自制心とともにある自由」）であり、これが「リベラル」の本来の意味なのではあるまいか？

したがってここに言う「保守主義の精神」とは、「破壊的急進主義」すなわち「共産主義」によって「我がままに任せた独りよがりの自由」（悪）を除去するのではなく、自らが襟を正しつつ、よりよい「家族、私的所有、国家」社会（伝統と秩序）の構築に取り組んでいくことにほかならない。

私たち国民が「牧羊犬」（高貴なる自由の闘士）たる代議士を一人でも多く「政界」に送り込み、「保守主義の精神」に依って立つ「本来の自民党」を維持することこそが、日本と世界の繁栄と平和への一番の近道だったのではないであろうか？

戦後の「日本国憲法」は、前記の通りＧＨＱが日本を自由主義陣営に取り組むために、にわか作りで制定したものであった。

したがって同憲法は、「天皇の地位」を「国民の総意」とするなど、将来的に「共和国」に進むことができるような条文であると同時に、「ソ連（共産主義）」等にも支持を得られるような条文として作られたものであったと考えることができるのである。

加えて「自由な政党政治社会」なのであるから、当然国家権力（国防・治安・公安機関）は「不偏不党」でなければならず、同時に同社会を転覆するための政治活動を行う団体は禁止（取締り）しなければならないのにもかかわらず、「結社の自由」によって「日本共産党」が「公党」として存在するがゆえに「取締りができない」という極めて大きな問題（矛盾）を孕《はら》む憲法だったのである。

日本がGHQの占領から独立して五年後に登場した岸政権は、「これではならじ！」と立ち上がったのであるが、既にこの時中国共産党の対日工作によって経済界は取り込まれ、この要綱発表から半年も経たずして「新しい資本主義」は消え去り、岸は退陣を余儀なくされ、日本は「共産党の政治活動」を容認したまま、昭和四七（一九七二）年ついに同党に「社会の窓」を開いてしまったのであった。

前記「日本解放第二期工作要綱」に、

《日本の保守反動の元兇達に、彼等自身を埋葬する墓穴を、彼等みずからの手で掘らせたのは、第一期工作組員である。》

と記されている意味は、同党が第一期工作によって岸政権を打倒し、現（軍の保有を禁じ日本共産党の政治活動を許す）「日本国憲法」のまま「日中国交」樹立に導いたことこそが、まさに自民党政権に「自分で自分を埋葬する墓穴を掘らせた」同工作組員の最大の功績であったということなのであろう。

そして同要綱に掲げられた通り「日本が現在保有している国力のすべて」が、中国共産党の「支配下に置」かれ、同党の「世界解放戦に奉仕せしめ」られてしまったのだとすれば、現在の世界を招いた「日本の罪」もまた重大であると言うべきではないであろうか。

その原因は、「日中友好」（国交）とともに「時の政権」が、「治安機関」の「防共活動」を封じてしまった（「自殺行為」だった）だけではなく、現憲法にどっぷりと浸かってきたことであったと言うべきであろう。

加えて自民党が「組織政党」ではない「開かれた国民政党」すなわち「善良な日本国民に信任（選挙）された議員によって成立する政党」（議員政党）であるがゆえに、中国共産党に支配されたマスコミのラッパに対抗できず、ついに党員も議員も一般大衆と同じ「羊」の集団組織（党）にされてしまったということなのである。

かつて自民党に対する「金権政治批判」（政・官・業の癒着）報道華やかなりしころ、堂々と自党の綱領を掲げて自らの信念を語る代議士としてではなく、選挙では「無所属」で立候補する現象が見られた。

「保育園落ちた日本死ね」騒動が起こっても、国会質疑で相手議員に「（統一教会の）信者なのか？」と言う質問を浴びせても、前者に「国家冒瀆（侮辱）罪」も、後者に「憲法違反の懲罰」も科すことさえできなかった。

加えて、「家庭も学校も企業も」、社会全体が「子どもや社員の躾さえもできない」ようにされてきていること自体、戦後私たちが、「占領軍の籠の鳥」のようになったまま「中国共産党の対日工作」（「輿論戦、心理戦、法律戦」）に甘んじ、「国家・国民としての責任・義務はもとより、自信も誇りも持たなくてもよい」ようにされてきたことの何よりの証左と言えるのである。

「政権と国家権力は癒着してはならず権力の行使は抑制されるべき」などと言う「もっともらしい」彼らの高等戦術に乗じて、「言われっぱなし、やられっぱなし！」の有様は、現政権を選択した真面目な有権者にとってこれほど惨めなことはないのである。

マルクスが「われわれとは論争することはしないでほしい」[215]と高言している通り、「革命のための手段は全て合法である（目的のためには手段を選ばない）」という彼らの側からすれば「問答無用」なのであり、したがって私達も彼らとは絶対に妥協してはならず、断固「保守主義の精神（秩序ある進歩）」を貫き通すべきなのである。

三　「犯罪思想」と言うべきマルクスの「共産主義」（諸悪の根源）

㈠　「過去を支配する」思想（思考回路）

そもそも人類が人類として存続していく限りにおいて、個々人にとっていかに「今が全て」であるとしても、それはその人の「主観」であって、「客観的」に見れば、その人の存在（今を生きる生命）そのものが、古代（過去）から連綿として続いてきた今現在の「家族、私的所有、国家」と共に「生み出された」ものであるということは何人も否定できないことであろう。

したがって人類は「過去（因果）」とともに現在を生き、その連続が未来へと続く「（過去から支配されると同時に未来を支配する）のであって、「今」の世界が「今を生きる私（人間）だけのもの」ではないことは明らかなことではないであろうか？

そうであるからこそ私たちは、あらゆる葛藤と悪戦苦闘しなければならないのであって、不運を恨み泣くこともあれば、道を踏み外すこともあり、そうして培われてきたものが「道徳」や「法」や「宗教」であると言える。

215　『共産党宣言／共産主義の諸原理』マルクス／エンゲルス（２００８年12月10日　新日本出版社）78頁。

しかし「宗教」は個々人の内心の問題であることから、これを社会制度（政治）とすることの危険性を歴史や現実に学びつつ人類は「今」を生きているのだと私は考えるのである。

ところが「家族、私的所有、国家」を諸悪の根源と捉えるマルクスとエンゲルスによる『共産党宣言』[216]には、「ブルジョア社会では、過去が現在を支配し、共産主義社会では、現在が過去を支配する。」[217]と謳われているのである。

つまり、「今現在の自分が全て」であり、これによって「家族、私的所有、国家」を否定、破壊、廃止するというのである。

したがって「宗教は阿片」であり、「マルクス共産主義以外の社会主義は空想にすぎない」[218]ということになるのである。

「人間」としての私たちに「責任ある言動」が求められる所以は、「明日（将来＝未来）」には「過去」となる「今現在」を生きるからにほかならない。

その「現在」が「過去」を支配すると言うのであるのならば、それはまさに「言ったもの勝ち、やったもの勝ち」の無責任な「嘘」や偽善やペテンから、果ては暴力（テロなど）が許される社会になっても不思議ではないであろう。

「韓日関係が破綻するまで」を「亡国の予感」として描いた『反日種族主義』[219]は、韓国の民族主義は「物質至上主義とともにあるシャーマニズム」文化からもたらされる「種族主義」であり、それは元来嘘をつく文化ではあるが、昭和三五（一九六〇）年ころから徐々にこの風潮が強まり、昭和六〇（一九八五）年に「学問と思想の自由」が許されるようになって「一九九〇年代に至り」これが「反日種族主義」として「爆発した」と分析している。

その「核心となった」のが、それ以前には存在しなかった「慰安婦問題」であった[220]と説いている。

かつて民主党政権成立間近の平成二一（二〇〇九）年に、厚労省の女性事務次官が「郵便制度（ダイレクトメール）不正利用」に関わったとして逮捕されたが、担当検察官が証拠を改ざんするという、あってはならない前代未聞の事件を覚えておられるであろうか？

さらには、驚愕すべき学術界の嘘（STAP細胞論文事件）や芸術界の嘘（作曲家ゴーストライター事件）が発覚したのは、朝日新聞社が「吉田清治証言」記事を取り消した平成二六（二〇一四）年初めのころのことであった。

かつての同社による「従軍慰安婦でっち上げ（ねつ造）」も「サンゴ礁事件」もこの延長上にあるものであり、このように平気で嘘をつく社会が韓国だけではなくすでに日本でも現実のものとなってしまっていたのである。

(二)「日本国憲法」

自国の安心・安全を他国の意思にゆだねることなどは論外として、私が考える「日本国憲

216 『家族・私有財産・国家の起源』エンゲルス（1990年8月25日　新日本出版社　土屋保男訳）。
217 『共産党宣言／共産主義の諸原理』マルクス／エンゲルス（2008年12月10日　新日本出版社）75頁。
218 『空想から科学へ』エンゲルス（2011年6月20日第11刷　新日本出版社）「Ⅲ　社会主義的および共産主義的文献」。
219 『反日種族主義』李栄薫（2019年11月15日　文藝春秋）。
220 『反日種族主義』294頁「21 解放後の四十余年間、慰安婦問題は存在しなかった 朱益鍾」から最終頁。

法」の不条理な点についていくつか述べておきたい。

まず、「すべて国民は、個人として尊重される。」（第一三条）と言うのであるが、「個人」には、「家族、私的所有、国家」（社会）を構成する一員、すなわち「責任ある社会人としての個人」と、「社会に適応できない全く無責任な個人」の二通りがあるのであるから、後者の「個人として」ではなく前者としての「個人」すなわち「人として」と表記すべきではあるまいか。

しかも「思想及び良心の自由」（第一九条）の「良心」とは一体誰がどのように定め、どのように規制するのであろうか？

ＧＨＱは、「信条の自由」ないしは「内心の自由」とすべきところをなぜ「良心の自由」としたのであろうか？

実はマルクスとエンゲルスは、『共産党宣言』の中で「良心の自由」と言う文言を221用いて、「共産主義革命」はこのような「伝来の諸理念」を「徹底して断絶」するものであることを宣言していた。

無条件に「結社の自由」（第二一条）を謳わざるを得なかったＧＨＱは、「共産主義思想」を排斥する意味で敢えて「良心の自由」としたのではないのであろうか。

そして「すべて公務員は、全体の奉仕者」（第一五条）と言う文言である。

公務員の職種は「学校の先生」から「医者、警察、消防、自衛官」さらには「官僚、代議士」等々多種多様である。

その「公務」とは、自らの「利益」を犠牲にしても遂行しなければならない「国家国民（全体）のための職務」であり、「奉仕者」ではないのである。

「職業によって差別されない」と定めるその憲法が、「公務員」を「奉仕者」と規定すること自体が矛盾であり、このことが「あらゆる『聖職者』の否定」さらには「職業倫理や公徳心の崩壊」へと繋がっていったのではあるまいか。

自由主義社会は、「世のため、人のため」と自らに言い聞かせて汗を流す人々（働き方の自由）と「企業の自由」（労使協調）が存在してこそ成立・発展するものであり、「労使対立」を前提とした「労働基本権」を憲法に掲げることは時代遅れではあるまいか。

加えてその「企業」が、「公共の福祉に反しない限り」あらゆる自由が認められるかのような憲法一三条によって「社員に対する思想的資質等の選別が禁止」され、「採否の自由まで規制」されたまま「共産主義社会」と交易を続けていけば、やがてその「企業」も飲み込まれていくことは火を見るより明らかなことであろう。

そして警察・消防や自衛隊など、私たちの安心・安全のために自らの安全や家族を顧みることもできない「命懸け」の職務に従事する人々の採用に際してまで、「思想・信条」や「素行」調査などが規制されるのであれば、「個人の権利と自由」を「独裁（制限）」する「日本共産党」の政治活動が野放しになることは自明のことである。

第二次世界大戦終結時、連合軍は「国連憲章」を定め、「中華人民共和国」成立前年の昭和二三（一九四八）年には「日本国憲法」によく似た「世界人権宣言」を定めたが、そこには「家庭は社会の基礎的な集団単位」と言う「共産主義」とは相いれない文言が定められ、以後

221　『共産党宣言／共産主義の諸原理』マルクス／エンゲルス（２００８年12月10日　新日本出版社）83・84頁。

世界は東西分裂へと進んでいったのである。

　憲法は私たちのためにあるものであり、憲法のために私たちが存在しているのではないのである。

㈢　日本共産党

「共産党を（中略）非合法化（Outlawed）している国は、アメリカ、スペイン、韓国など約四〇ヵ国にも及んでいます。」[222]と指摘される日本共産党は、「全国で約三〇万人の党員、約二万の党支部」を持ち「国と地方合わせて約二八〇〇人の議員を擁する巨大組織」[223]として、主要メディアをはじめ国家機関から学術・芸術・教育界はては企業の中枢から末端まで根を張りめぐらせ、官公労から医労連など各種労働組合を束ねる「全労連」を組織して活発な活動を展開している。

　そもそも「絶対的『真・善・美』実現が可能」と考えることが「オカルト」であるとすれば、これを実現しようという教祖を中心に存在する集団組織が「カルト」であり、この分派が「セクト」と称されるものであろう。

「理想社会（自由の王国）」を目指す「共産主義」組織もまた同様のものと言えるのではあるまいか？

　さらに重大な問題は、前記、民主党政権時に来日した中国人女性レポーターによる『赵赤旗飄扬——和日共在一起』に、同レポーターの質問に答える日本共産党幹部党員の話が次のように記されていることである。

《しかし、●●委員長は、●●氏の気分の変化に全く気づかず、私の質問に「この党員の中には公の者もいるが、大部分は非公の者である。我々の党員は全員いる」と答え続けた。カバー率は100％（私の解釈では、警察庁、総務省調査局、自衛隊も含まれるはずです。後の事実がこれが真実であることを証明しています）。日本全国の代表的な企業に党員がおり、大学の教授もいますが、政府における共産党員の主な目標は、公務員の過半数に共産党の政策を支持させるか、共産党に入党させることです。なぜかというと、私たちの目標は民主連立政権の樹立だからです、民主連立政権が実現したら、私たち日本共産党の政策は国家公務員を通じて実現しなければなりません、どんなにいい政策をしても公務員の支持を得られなければ、将来的には、それを実装する人がいなくなるでしょう。》（グーグル翻譯による「●●」は筆者）——以下は原文。

《但是●●委员长根本没有注意到●●先生的情绪变化，继续回答我的问题：〝这些党员有一部分是公开的，但是不公开的占多数，在政府所有的机构里面都有我们的党员，覆盖面是100％（我的解读是，也因该包括警察厅，总务省的调查局还有自卫队〓后面的事实证明，真是如此）。全日本有代表性的企业里都有我们的党员，还有大学里面的教授。我们在国家政府里面的共产党员，主要的目标是，要使公务员的大多数能够支持共产党的政策，或者加入共产党。为什么呢〓

222　『日本共産党の正体』福富健一（2019年2月20日　新潮新書）15頁。
223　『日本共産党の正体』福富健一（2019年2月20日　新潮新書）カバー解説と119頁。

因为我们的目标是要建立民主的联合政府，如果一旦实现了民主的联合政府，我们日本共产党的政策要通过国家公务员贯彻执行，如果不能争取到公务员，将来我们有再好的政策也没有执行的人。》（●●は筆者）

つまり国家の命運を左右する中枢機関にまで100％日本共産党員が入り込み、公務員を取り込んで活動しているということなのである

これを読んで思い浮かぶのは、文科省事務方の元トップ（次官）・前川喜平の前記行動や高市早苗総務大臣（安倍政権当時）の放送法をめぐる発言が総務省の内部文書によって国会で問議された問題等である。

さらに台湾危機最中の令和五（二〇二三）年四月七日、もっとも重要な九州防衛の任務にあたる第八師団長以下幹部ら一〇人搭乗のヘリが、離陸から一〇分後に墜落した事故が起きたが、もしも内部情報が漏れていたとしたならば、何が起きても不思議ではないであろう。

五　目前に迫る日本「無血占領（解放）」の筋書き

「自由主義社会の様々な営み」は、個々人の「絶対的自由」と「お互い様」と言う「信頼の原則」（「主観と客観の均衡（バランス）＝自己抑制」）で成立するものであり、個々人が持つ様々な「主観的観念（妄想・偏見や嫌悪の情等）」（「内心の自由」）は、お互いの「秘密」（プライバシー）として絶対に尊重されなければならないのではないであろうか。

と同時に、お互いの約束事（内部規律等）もまた「公序良俗」に反しない限り、絶対に尊重

されなければならないと私は考えるのである。

お互いの自由な営みを認め合う社会であればこそ、本来は法律がなくとも「秩序（自主規制）」が保たれるのが、同社会の原理・原則なのではないであろうか。

しかし、前記『日本解放第二期工作要綱』には次のように記されている。

《一、新聞・雑誌
（中略）

ⓒ　強調せしむべき論調の方向。

（中略）

㈡　人間の尊重、自由、民主、平和、独立の強調。

ここに言う「人間の尊重」とは、個の尊重、全の否定を言う。「自由」とは、旧道徳からの解放、本能の開放を言う。「民主」とは、国家権力の排除を言う。》

「自由主義社会」の国家権力を排除し、「無血占領」しようとするならばまずは「マスコミ」を支配し、官公庁などの「持ち出し禁止の『内部文書』」までも利用して時の政権（政策）や企業・政治家個人等を攻撃し、これらを打倒・排除してゆけばよいのである。

既に日本は行政や企業等の「極秘文書」等が表に出されても取り締まりもできないようにされてしまっているのではないであろうか。

さらに同要綱には、「民主聯合政府」樹立時の「内戦」も視野に入れつつ、極力これを避けるために、先手を取って断固「右翼団体の団結を阻止」し、最終的には「無法者（アウトロー）」を使って「反革命」等の「テロ」を仕掛けるという「無血占領の最終段階」が次のように記されている。

《右翼団体の団結を阻止
第四　極右極左団体工作
一、対　極　右　団　体
我が党の日本解放、日本人民共和国樹立工作を進めるに当たって、日本の極右団体に対する対策は必要であるか？（中略）
問題は、聯合政府樹立直後の民心の大変化にある。（中略）
この時点で、統一された、組織ある極右勢力が存在すれば、これほど大きな危険はない。
（中略）
もとより、最後の勝利は我が方に帰するが、一時的にせよ、内戦は避けられず、それは我々の利益とはならない。
マスコミで右翼嫌悪煽る
以上の分析に従えば、対策は自ずから決まってくる。
ⓐ　極右のマスコミ奪回の反撃戦に対しては、常に先手をとって粉砕せねばならない。
ⓑ　極右団体の大同団結、乃至は連繫工作を、絶対に実現せしめてはならない。
（中略）

ⓒ 各団体ごとに、早期に爆発せしめる。彼等の危機感をあおり、怒りに油を注ぎ、行動者こそ英雄であると焚き付け、日本の政界、マスコミ界、言論人等の進歩分子を対象とする暗殺、襲撃はもとより、我が大使館以下の公的機関の爆破等を決行するよう、接触線を通じて誘導する。

（中略）

小規模暴動で社会攪乱

ⓓ 右のため、必要な経費と少量の米製武器弾薬を与える。これは蔣介石一派が日本の極右に資金・武器を与えたのである、と日本官憲に信じ込ませる如く工作して、二重の効果を生むよう配慮せねばならない。

ⓔ 本工作は工作組長自ら指揮する直属機関「P・T・機関」をして実施せしめる。国外逃亡などを援助

二、対極左団体工作

ⓐ 学生極左団体は、一定任務を与え得ない団体（又は個人）と一定任務を与え得る者と区別して利用する。

ⓑ 前者には、資金・武器を与えて小規模な武装暴動を頻発せしめ、全国的な社会不安を高めると共に、日本官憲をして奔命に疲れせしめる。

犯人及び直接関係者は、駐日大使館において保護し、必要ある場合は我が国の船舶で中国に逃亡せしめる。

ⓒ 後者には、各階層の極右分子中、我が工作の著しい阻害となる者に対しての暗殺・脅

迫・一時的監禁等を使用する。その保護については前項に同じ。

ⓓ 前二項に関連して起きる、日本官憲による我が大使館への「犯人引き渡し要求」又は「捜査への協力要請」は、その事実無し、必要無しとして断固拒否する。続いて、マスコミの全力を挙げて官憲の不当を攻撃せしめ、日本政府へは、国交断絶も辞せずと圧力を加え、官憲の要求を制約せしめる。

ⓔ 逮捕された犯人に対する援助は一切行ってはならない。又、その犯人との接触に使用した中間連絡者に対しては、直ちに「P・T・機関」をして必要、適切なる処置を構ぜしめ、官憲の追跡捜査を許してはならない。

ⓕ 本工作は、対極右工作と共に「P・T・機関」をして実施せしめる。

第五　在日華僑工作

華僑は「利用すべき敵」

（中略）》（四一～四八頁）

ここに言う「極右」とは、私たちが想像する「極右」ではなく、「強固な保守主義者」も当然これに含まれると考えるべきである。

と同時にここに記されていることは、「民主聯合政府」樹立を前提とした最終的な仕上げのための手段方法と見るべきであると私は考える。

つまり長期にわたる「対日工作」によって、日本人の意識が益々低俗かつ破廉恥となり、いつテロが起きても不思議ではない気運とその予備軍が醸成される中で「第一次安倍政権」を倒し「民主党政権」樹立に漕ぎつけた中国共産党は、再び「自公連立政権」に戻し、保守勢力を糾合し得る安倍晋三の下でその打倒すべき勢力の現況・実態を見極めようとしたのではないであろうか？

それが前記朝日新聞のコラム（風考計）「さらば暗い政治　菅首相よ、ゲリラに戻れ」だったのではないのかと私は推測するのである。

それから一〇年、前記のような同新聞の執拗な安倍政権叩きやコロナ等によって内閣が菅義偉から岸田文雄へと交代し、安倍元総理の暗殺後、彼らはあからさまな「自由民主党」内外の保守勢力の一掃を開始したと見るべきではないであろうか？

それが「日本会議」叩きに続く「安倍元総理暗殺事件」後の「統一教会」叩きであり、自民党内の安倍元総理の側近とも言うべき保守主義者（彼らにとっては「極右」）と目される政治家たちを狙い撃ちした徹底攻撃による「打倒・排除」であって、「G７広島サミット」を目前に控えた「岸田総理暗殺未遂事件」もその一環と見ることができるのではあるまいか。

そしていよいよ「国防・治安・公安機関」とともに現政権を骨抜きにした後、「台湾有事」となるや左右のテロリストたちに火をつけ、この鎮圧に追われる国家権力（国防・治安・公安機関）を尻目に、「野党」も「自民党」も一致協力する「連合政権」が成立せざるを得ない状況が作り出され、尖閣も占領されれば、朝鮮半島もろとも大混乱が始まるであろう。

そこで頼みの米軍がアフガンのように撤退するとしたら、かの香港のごとくそのまま政府（司法・立法・行政）と「経済」の上に君臨する「政経一致」の「共産党政権」（日本人民民主共和国）が登場してついに「日本は消えてなくなる」（無血占領）ということになるであろう。

その時「国家権力」（軍や警察など）は、「国家・国民を守るため」のものから「共産主義社会（党と党員）を守るため」のものへとなってしまうのである。

李鵬が言った「日本が消えてなくなる日」はあと一年後、それはまさに昭和で数えれば一〇〇年目のことであり、その時「日本国憲法」にどっぷりと浸り甘えてきた戦後日本人の「エゴ」が、「中国共産党のエゴ」によって「待ったなし」に駆逐（支配）され、日本の歴史・伝統・文化もろともこの世から抹消されてしまうのである。

新しい世代とともに戦後レジーム（体制）を廃し、国の大小にかかわらず平等にお互いの存続を認めるべく「法の支配」（力による現状変更の不可）を世界に呼びかけ、北朝鮮に拉致されていった同胞を取り戻すべく取り組んできた安倍元総理の死が惜しまれてならない。

一三歳を迎えたばかりの時に連れ去られていった「横田めぐみ」は、今や六〇歳である。令和二（二〇二〇）年二月、産経新聞から「【めぐみへの手紙】お母さんは八四歳になりました　残された時間　本当にわずか」が報じられた。

そして願いはかなわないまま父・横田滋は令和二（二〇二〇）年六月、帰らぬ人となり、同月、拉致被害者・有本恵子の母、嘉代子が、そして七月には帰国拉致被害者・地村保志の父、保がこの世を後にされた。

まさにこの「拉致」が、「国家の罪」とも言うべき無為・無策をついて行われた「中国共産党」等による「従軍慰安婦」でっち上げ（ねつ造）工作と密接に関連して行われていたのだという「屈辱の二〇年間」を、私たちは絶対に見失い、また忘れ去ってはならないのである。

安倍元総理を失った今、私達は果たして「ウクライナ」のような戦いをすることができるで

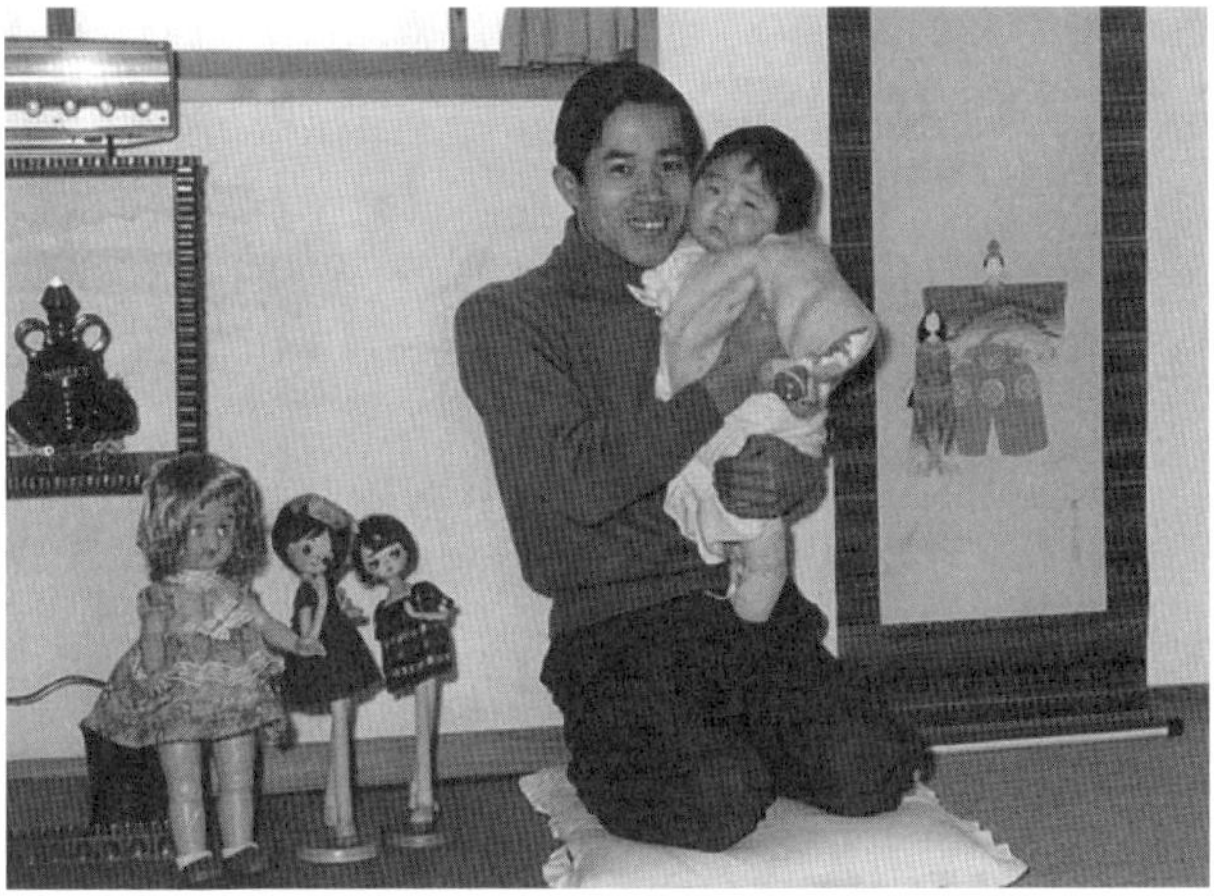

生後5か月の娘めぐみさんを抱く、父・故横田滋さん
(Wikimedia Commonsより)

あろうか?

六　成すべきこと

私たちに今できることは、安倍元総理の殉難を乗り越え、まず朝日新聞社に対し、「自ら従軍慰安婦をでっち上げた（ねつ造した）」ことを認めて「従軍慰安婦報道記事」全てを取り消すよう求めるとともに、日本政府に対しても、すみやかに「従軍慰安婦」のでっち上げ（ねつ造）を明らかにして「河野談話を取り消す」よう求めることであろう。

と同時に私たちは、「自由主義社会」の原点（「一票」を持つ私たち一人一人が国家・社会運営の当事者である）に立ち返り、同社会に相応しい思想（教育）を取り戻すべきである。

その思想（教育）とは、強者がいて初めて弱者の救済が可能であるという、「自他共栄」（おもんばかり）の精神とともにある「自由競争」の原理と「持ちつ持たれつ」の精神であり、弱者はもとより「きつい、汚い、危険」な職業や家族の死に目にも会えず一家団欒もままならない業務（政治家・医者・教職者・官吏等も含む）に従事する人々等をはじめ、実に様々な人々の存在とその先祖（両親を含む先人達）のお蔭で今日があるのだという「社会への感謝（尊崇）の念」の醸成なのである。

そのためにも私たちは、彼らの「赤狩り」などと言う「言論封殺（輿論戦、心理戦、法律戦）」に断固惑わされることなく、こちらもまた堂々とした「輿論戦、心理戦、法律戦」を駆使して、今日のような「ギスギス」した社会の呪縛を解放すべく、各界・各層に巣くう「共産主義活動家やこれらと連動した愉快犯等」の放逐に取り組むべきである。

「共産主義（党）の政治活動を認めたまま」では、「日本版ＣＩＡやＦＢＩ」を持つことすらできないことは自明の理と言うべきであろう。

と同時に、自国本来の歴史・伝統・文化・宗教を学ぶことや近代史（第二次世界大戦）の検証をおろそかにし、日本国家としての世界戦略の策定（自由主義諸国等との連携等）もできず、「文字離れ」のまま「ＡＩ」に頼ろうとするのでは、「共産主義」陣営の「思うつぼ」に嵌り、中国共産党に「無血占領」されることは疑いようもないことである。

私たちは、今すぐにでも自由主義社会に相応しい（「共産主義の政治活動を認めない」）「政党法」や有事における非常事態対処法の制定を含む憲法改正と、自由主義諸国と連携し得る（スパイ防止法等を持つ）国家体制の再構築に取り組むべきである。

にもかかわらず、今もってこれができない理由は、政治家はもとより政治を支える私たち自身が「共産主義と決別する勇気」を持つことができなかったからなのであろう。

「古代から歩んできた私たちの国家（家族、私的所有社会）を、「資本主義」（暴力装置）として端から蔑み、「汚辱に満ちた社会」と決め付け、これを「なくす」という建前で人類社会を左右に分け隔てる「共産主義」という思想ほど、私を「陰鬱な気持ち」にさせるものはない。

今日の「家族、私的所有、国家」とともに在る私たちの「自由」こそ、「与えられた自由」ではなく、過去の先人たちの尊い犠牲の上に「勝ち得られた自由」である。

この自覚の上に立つのであれば、靖国神社の御霊に対し、天皇陛下はもとより、私たちの代表たる総理大臣や閣僚たちが、その立場から公式参拝することは当然過ぎることであろう。

その「自らの自由」に伴う「自らの責任」は、まずは自らが負うべきものであり、「法律による」ことなく他人の「自由」や「名誉」や「命」を奪う「理不尽」は絶対に許されてはならないのであって、自他ともにまずは自らを律することが自由主義社会（法治）を維持するための絶対条件であると言えるであろう。

　これができない人間に対しては断固として「法を執行」すべきであるにもかかわらず、「夜警国家反対」等という「自由と民主」に名を借りた「自由主義社会を破壊する」取り組みによって、厳正な「法の執行」もできなくされてきたのが「現在の日本の警察」だったのである。

あとがき

「従軍慰安婦」のでっち上げ（ねつ造）工作は、「共産主義思想」の「過去を支配する原理」とともに、私たちの世代交代によって起こる「歴史の断絶（記憶の劣化）」と「今を生きることに精一杯」の現実を突いて行われたものであった。

「過去」は文字によって残されるものであり、私たちが判断に迷った時、その「現在」の指針（道標）を示してくれるものが「温故知新」、すなわち「歴史、伝統、文化」とともに残された貴重な資料や書籍なのである。

今私の手許に

《近来、国語辞典、（中略）の刊行が、やや戦前の域まで達したことは、我が国の文化の推進のために、大きなよろこびでなければならない。》（「序」東京大学名誉教授 文学博士 藤村作）

と記された『新国語図録』[224]がある。

前記の通り「焚書」などの言論統制がＧＨＱによって行われた後の昭和二七（一九五二）年

224 『新国語図録』小野教考（昭和27年4月20日 白楊社）。

一月付のものであるが、これが古典文学を理解するための図録、すなわち衣食住から自然・動植物に至るまでの「生活とともに生まれた言語」によって紡がれた日本の古典文学を理解するためのものであったことを、私はこの問題に取り組んで初めて知ったのであった。

そして先人・三島由紀夫の文学が、彼が幼いころから慣れ親しみ世に出るまでに読み込んだ膨大な古典文学によって紡ぎ出されたものであった[225]ことを知った時、私は彼の市谷駐屯地での壮絶な自決の意味を、戦争末期の「神風特別攻撃隊」に身を捧げられた先人たちの姿とともに、改めて思い知らされたのであった。

『教育勅語』（明治天皇が東大を視察され、学術一辺倒の有様に杞憂の御言葉を発せられたことがきっかけとして作られたものであった[226]）と『済生勅語』は、私たちの「心・身」（社会）を健全に維持するための指針であり、「天皇は神聖にして侵すべからず」は、この「範」を示すべき天皇陛下が御自身を戒めるものであった。

西洋には「貴族たるもの高貴なふるまいをする義務がある」という「ノブレス・オブリージュ」と言う言葉がある。

しかし貴族や富裕者でなくとも、私たちにも「社会人」としての「立ち居振る舞いを行う（周囲に迷惑をかけてはならない）」義務があると私は考える。

その遠い過去において、誰よりも優れた知力・体力に加えて慈悲力に富む人物が生まれ、その人物を中心として国家が形成されていく時、その「他人を思いやる血」を絶やすまいとして今日を迎えてきたのが、「私たちの先祖」とともに歩んでこられた「日本の皇室（天皇陛下）と私たち」ではないのであろうかと私は考えるのである。

『新国語図録』(昭和27年、白楊社発行)

その「血」を絶やさないために、「明治憲法と皇室典範」[227]とともに終戦まで存続してこられたのがかつての御皇族だったのである（戦後一五宮家から四宮家に削減）。

私がまだO署にいたころ、「覚せい剤取締法違反」の容疑で、暴力団担当係長以下の応援を得て親分の家の一階入り口を入り、すぐ一直線に二階に続く階段を上って若衆部屋に立ち入ったのであるが、上り切ってすぐの所にトイレがあった。

捜索が始まって間もなく、白い粉が出ると当人が「小便がしたい」とトイレに向かった。気配を察した私が後を追うと案の定、男はその階段を飛び降りたのである。

私も一緒にその男に組み付いたのであるが、その瞬間私の脳裏にはっきりと「妻と子供たちの顔」がよぎった。

気が付いてみると二人とも階段の下に真っ逆さまに落ち、後を追って駆け降りてきた同僚たちが将棋倒しとなって私たちに覆いかぶさり、先頭にいた捜査員は両脛に傷を負ってしまったが、私たち二人は、私の腕時計のガラスの縁に見えるか見えないかの傷がついただけで何事もなかったかのように無事であった。

その時計は義父の大切な退職記念の品であったが、義父は私に戦場での戦友の死に際の話をよく聞かせてくれていた。

私の脳裏に浮かんだ「妻と子供たちの顔」こそ、かけがえのない先祖代々の命の結晶であり、私の命そのものだったのである。

このようなかけがえのない「家族」が築いた「財産」を、将来にわたって引き継ぎ、社会を支えていくのが私たちの子々孫々なのである。私たちはその「家族」を、皆（国家・社会）で支え合おうというのであるが、同時に私もまた「自分ではどうしようもない問題を背負っている人たち」をそのまま見捨てて良いとは決して考えてはいない。

そのためにこそ私たちは「自助、共助、公助」の制度を、知恵を出し合い作り上げていかなければならない。

ずいぶん昔のことになるが、私が某署にいるころ、殺人事件の被疑者（見た目は女性であるが男性）に向き合ったことがあった。

その人は、中学生のころ胸の病で手術をしたところ、長じるにつれて今のような体になってしまったという。

当然職場はなく、夜の盛り場で酔っぱらった男を騙しながら生活費を得ていたが、運悪く質の悪い男に見破られ、もみ合いとなり、持っていた果物ナイフで相手を刺してしまったのであった。

当時はまだ「男女一緒のトイレを別々にしよう」という時代であったが、留置担当者が頭を抱えたことは言うまでもないことであった。

その人は今ごろどこでどうしているであろうか？

「同性婚」や「ＬＧＢＴ」に対する「偏見や差別」をなくそうという問題は当然のことである

225　『「花盛りの森」出版の経緯』宇都宮毅彦（平成28年5月1日　岩波ブックセンター）。
226　『天皇と東大（３）』立花隆（２０１３年1月4日　文春文庫）３６０～３６２頁。
227　三潴信吾著『皆で考えよう日本の憲法』（平成6年4月10日　洋販出版）。

が、しかしいかなる社会であれ、「自らの自由」を貫徹しようとするのであれば、それによって生じるいかなる不自由も受けて立たなければならない。

つまりは「自らの責任」において戦わなければならないのであり、そこで初めて理解者もあれば、対応策も法的救済も講じられるべきであって、そうではなく、これを「普遍的価値」ででもあるのかのように主張すると言うのであれば、それは「親子兄弟という血族からなる家族の否定・破壊」（マルクス共産主義）に繋がるものであり、「ＬＧＢＴや同性婚禁止法」を作れということになるであろう。

そのマルクスですら、「なんじの道を進め、そして人々をして語るにまかせよ！」（ロンドン、一八六七年七月二五日）[228]と謳っているのである。

いったい何のための「売春防止法」だったのであろうか？

ＧＨＱや中国共産党も、歴史・伝統・文化の象徴である「天皇陛下を中心とした国家観」こそが、世界を驚愕させた旧日本軍の強さの根源であると痛感していた。

旧日本軍は、古来から我が国に存在してきた「遊郭」を、地元民らとの「不祥事」を防ぐために「慰安婦制度」として利用してきたのであった。

しかし「売春防止法」をきっかけとして、これをあたかも「犯罪」であるかのように思わせたのが「従軍慰安婦」という作り話だったのである。

私はある時、平成九（一九九七）年から四半世紀、取材する側にもされる側にも、並々ならない人間的信頼があってこそ継続報道されてきたのではないかと思われる稀有な番組『７男２女の大家族　石田さんち！』（日本テレビ）でのお母様の、「ハは半分でいい。ヒは人並みでいい。フは普通でいい。へは平凡でいい。ホは程々でいい。」（ハヒフヘホ）という発言に釘付けとなった。

大変な家事労働とともにある「家族」の重要性とともに、これこそが「足るを知る」[229]教えであり、「共産主義」社会の中での「競争をやめようという」不条理な病にかからない何よりのワクチンであり特効薬であると考えさせられたからである。

『共産党宣言』で、「家族を廃止」すれば不倫も売春もなくなる[230]というマルクスは、「万国の労働者よ団結せよ！」[231]と叫び、「正義者同盟」の党名を「共産主義者同盟」として「人類はみな兄弟！」の標語を廃していた。

そうであればこそ私は、「人類はみな兄弟！」の精神に立ち返り、「持続可能な開発目標」（ＳＤＧｓ）の基盤こそ全世界の「家族、私的所有、国家」であることを訴え、「万国の自由とともにある保守主義者よ団結せよ！」として本稿を閉じたいと思う。

「彼を知り、己を知れば百戦危うからず！」。

私たちの「拉致被害者奪還」の叫びは、私たち一人一人が「自らの歴史（事実）を知り世界

228　マルクス著『資本論①』（２０１７年1月20日　新日本出版社　資本論翻訳委員会訳）14頁「序言〔初版への〕」。

229　『親が育てば子も育つ』栢木寛照（２００２年12月15日　徳間書店）２５３頁。

230　『共産党宣言／共産主義の諸原理』マルクス／エンゲルス（２００８年12月10日　新日本出版社）「Ⅱプロレタリアと共産主義者」七八―八一頁。

231　『共産党宣言／共産主義の諸原理』マルクス／エンゲルス（２００８年12月10日　新日本出版社）「解説」１６４頁。

に明らかにする」ことによって、初めて諸外国を動かす力となるものと信じ、私の拉致被害者の皆様への贖罪とさせていただきたい。

本文中敬称を略させていただいたことをお断り申し上げるとともに、出版に当たり、ひとかたならぬご指導・ご鞭撻をいただいた多くの皆様方と、大変なご尽力をいただいた新潮社の森重良太氏以下スタッフの方々に、この場をお借りして衷心より深甚なる御礼と感謝を申し上げる次第である。

令和六（二〇二四）年秋

藤原道政

参考文献

まえがき

『現代戦争論―超「超限戦」』渡部悦和・佐々木孝博（２０２０年７月８日　ワニブックスＰＬＵＳ新書）

『Ｃｈｉｎａ　２０４９　秘密裏に遂行される「世界覇権１００年戦略」（「中国の１００年マラソン」）』マイケル・ピルズベリー（２０１５年９月７日　日経ＢＰ社）

『共産党宣言／共産主義の諸原理』マルクス／エンゲルス（２００８年12月10日　新日本出版社）

『超限戦　21世紀の「新しい戦争」』喬良・王湘穂（２０２０年１月10日　角川文庫）

『崩壊　朝日新聞』長谷川熙（２０１５年12月29日　ワック）

第二章

『いと小さく貧しき者に　コロニーへの道』深津文雄（１９８０年２月25日再版　日本基督教団出版局）

『マリヤの賛歌』城田すず子（かにた出版部　１９８５年８月15日）

『従軍慰安婦―〝声なき女〟八万人の告発』千田夏光（昭和48年10月20日　双葉社）

『久布白落実の研究：廃娼運動とその周辺』嶺山敦子［他］(2013-12-04 https://kwansei.repo.nii.ac.jp/?action=repository_action_common_download&item_id=22233&item_no=1&attribute_id=20&file_no=1)

二〇一三年二月関西学院大学院　人間福祉研究科　嶺山敦子著「関西学院大学審査博士学位申請論文（題目）久布白落実の研究―廃娼運動とその周辺―」

千田夏光さんと不破哲三氏　満州っ子　平和をうたう／ウェブリブログ「江東革新懇ニュース　Ｎｏ１１１号　２００１・４・２５」https://38300902.at.webry.info/201105/article_9.html

『従軍慰安婦とは何か　高校生徹底質問!!』千田夏光（１９９２年７月25日　汐文社）

『上海より上海へ』麻生徹男（１９９３年12月20日　石風社）

『出家とその弟子』倉田百三（昭和24年11月10日　新潮文庫）
https://kotobank.jp/word/公娼-495672　世界大百科事典 第2版の解説
『慰安婦と医療の係わりについて』麻生徹男・天児都（２０１５年８月31日　梓書院）
『日本の戦歴』毎日新聞社編（昭和42年４月５日　毎日新聞社）
「国民勤労報国協力令・国民徴用令」http://dl.ndl.go.jp/info:ndljp/pid/1459752/47
『愛と肉の告白』城田すず子（昭和37年７月30日　桜桃社）

第三章

『「慰安婦」言説再考：日本人「慰安婦」の被害者性をめぐって』木村直子　https://catalog.lib.kyushu-u.ac.jp/opac_download_「〔九州大学学術情報リポジトリ　出版情報：九州大学　２０１３　博士（比較社会文化）課程博士〕」
『従軍慰安婦・慶子』千田夏光（昭和56年11月30日　光文社）
『慰安婦と戦場の性』秦郁彦（２０１５年５月15日　新潮社）
『私の戦争犯罪　朝鮮人強制連行』吉田清治（１９８３年７月31日　三一書房）
『従軍慰安婦　正篇』千田夏光（１９７８年９月30日　三一書房）
『朝鮮人慰安婦と日本人　元下関労報動員部長の手記』吉田清治（昭和52年３月１日　新人物往来社）
『続・従軍慰安婦　償われざる女八万人の慟哭』千田夏光（昭和49年７月15日　双葉社）
『朝日新聞社史　資料編』（１９９５・平成７年７月25日　朝日新聞百年史編修委員会編）
『かにた便　40』かにた後援会発行（１９８５年９月１日）
『かにた便　41』かにた後援会発行（１９８５年12月１日）
『かにた便　43』かにた後援会発行（１９８６年６月１日）
インターネット「二〇一五年二月五日（木）若宮啓文・元朝日主筆　櫻井よしこが直接対論」「テキストアーカイブ―　ＢＳフジ　ＬＩＶＥ　プライムニュース『赵赤旗飘扬―和日共在一起』忆宁　２０１１年６月26日 https://www.miliya.com.cn/article/jzfplq

『国際友和会・日本友和会の歴史』（政池仁「日本友和会とは何か」２００３年「日本友和会の歩み」誌より抜粋）
ブログ版『ユーリの部屋』https://itunalily.hatenablog.com/entry/20150402
『みんなでつくった小さな学校愛真高校物語』外村民彦（１９９４年１月１日　教文館）
『支部報で見る中連山陰五〇年の歩み』機関誌（１９５６．９～２００６．９）
『小菊の悲願』多田さや子（１９８０年５月20日　聖燈社）
『かにた便　7』かにた後援会発行（１９７７年６月１日）
高橋喜久江さんと矯風会―その I enderlaw.jp/otomo/inoue051514.html
『売買春問題にとりくむ』高橋喜久江（２００４年５月25日　明石書店）

第四章

『「反日思想」歴史の真実』拳骨拓史（２０１３年６月１日　扶桑社新書）
『ぼくの自画像』深津文雄（１９８１年４月20日　日本基督教教団出版局）
『逐条　帝国憲法講義』（底本　原著者　清水澄　昭和７年８月18日　松華堂書店　平成28年１月５日　呉ＰＡＳＳ出版）
エミール・ブルンナー - Wikipedia　https://ja.wikipedia.org/wiki/ エミール・ブルンナーから引用
「戦後宗教者平和運動の出発」http://www.ritsumei.ac.jp/acd/re/k-rsc/hss/book/pdf/no82_05.pdf
『バッハの暗号　数と創造の秘密』ルース・タトロー（訳）森夏樹（２０１１年１月10日　青土社）
王炳南（原中国外交部副部长）_百度百科
『昭和史20の争点　日本人の常識』秦郁彦（２００６年８月10日　文春文庫）
『中国共産党「天皇工作」秘録』城山英巳（平成21年８月20日　文春新書）
『中国の日本乗っ取り工作の実態』福田博幸（２０１０年５月25日　日新報道）
『反日国家・日本』名越二荒之助（昭和60年４月１日　山手書房）
『マオ　誰も知らなかった毛沢東（上）』ユン・チアン：ジョン・ハリディ（訳）土屋京子（２００５年11月

17・18日　講談社）
西園寺公一（さいおんじきんかず）とは - コトバンク　https://kotobank.jp/word/西園寺公一-67706
『週刊日録20世紀』（平成10年1月6・13日合併号「１９３２・昭和7年」　講談社）

第五章

『閉された言語空間』江藤淳（２０１４年2月25日　文春文庫）
『靖国神社と日本人』小堀桂一郎（２０１６年7月29日　ＰＨＰ新書）
『日本の近代と現代』正村公宏（２０１０年8月5日　ＮＴＴ出版）
『「悪魔祓い」の戦後史』稲垣武（１９９７年8月10日　文春文庫）
『ＧＨＱの検閲・諜報・宣伝工作』山本武利（２０１３年7月18日　岩波書店）
王炳南（原中国外交部副部长）_百度百科。
『共産主義黒書』ステファヌス・クルトア、ニコラ・ヴェルト（２０１６年3月9日　外川継男訳　筑摩書房）
https://wpedia.goo.ne.jp/wiki/中国人民解放軍政治工作条例
https://kotobank.jp/word/王炳南-38857
『哲学の貧困』カール・マルクス（２０１６年2月23日　岩波書店　山村喬訳）
『マオ　誰も知らなかった毛沢東（下）』ユン・チアン：ジョン・ハリディ（訳）土屋京子（２００５年11月17・18日　講談社）
『表舞台　裏舞台　福本邦雄回想録』福本邦雄（２００７年4月9日　講談社）
『「虹の懸け橋」中日交遊録　鈴木一雄氏と中日貿易」（筆者略歴　元中国対外貿易部地区政策局副局長、元駐日中国大使館商務参事官。）
『田中角栄こそが対中売国者である　だから今も日本は侮られる』鬼塚英昭（２０１６年3月15日　成甲書房）
『真の「文化交流」とは何か：井上靖と冰心を通して』（著者：虞　萍）nufs-nuas.repo.nii.ac.jp/index.php?

active_action = repository_view_main_item_detail&page_id = 13&block_id = 17&item_id = 353&item_no = 1「名古屋外国語大学・名古屋学芸大学 竹の庫：学術情報リポジトリ」
『謀略 熟練工』青山和夫（昭和32年4月10日 妙義出版）
『朝日新聞社史 資料編』（1995・平成7年7月25日）朝日新聞百年史編集委員会編
「もの書きを目指す人びとへ—わが体験的マスコミ論」https://www.econfn.com/iwadare/soumokuji.html
『回想 戦後主要左翼事件』警察庁警備局編（昭和43年1月1日 警察庁警備局）
『日本革命の展望』宮本顕治（1967年、新日本新書）

第六章

『中共が工作員に指示した日本解放の秘密指令』国民新聞社編（昭和47年8月25日初版発行。昭和47年9月15日五版）
『中国の正体』西内雅（昭和48年10月1日 日本教文社）
三菱重工爆破事件 https://ja.wikipedia.org › wiki ›
『定本 後藤田正晴』保阪正康（2017年8月10日 筑摩書房）
『皇后の股肱』千田夏光（1977年6月1日 晩聲社）
『尖閣諸島資料ポータルサイト』(https://www.cas.go.jp/jp/ryodo/shiryo/senkaku/detail/s1979070000103.html)

第七章

【朝日新聞 自壊の軌跡①】「誰かをかばう空気」で再取り上げ困難に 赤坂次郎 https://socra.net/society/%e3%80%90%e6%9c%9d%e6%97%a5%e6%96…
『Journalism』朝日新聞社発行（2015年3月号）85頁「第三者委員会に関わった体験や見聞についての『調査報道』」
『抵抗の拠点から』青木理（2014年12月17日 講談社）

ハンギョレ新聞［ニュース分析］許宗萬議長・家宅捜索は朝鮮総連没落の劇的な象徴（登録：2015-05-23 08:57　修正：2015-05-24 05:43） http://japan.hani.co.kr/arti/politics/20760.html
「小沢一族の深き闇―実母を巡る謎と『朝銀信組』の金」君島文隆（『「小沢一郎」研究』新潮45四月号別冊平成22年３月５日発売）
『わが朝鮮総連の罪と罰』韓光熙（２００５年５月10日　文春文庫）
『慰安婦狩りを偽証した吉田清治　韓国スパイ説を追う』大高未貴（『月刊正論 11月号』平成28年11月１日通巻第５４０号）
『秋霜烈日 検事総長の回想』伊藤栄樹（１９８８年７月１日　朝日新聞社）
『反日種族主義』李栄薫（２０１９年11月15日　文藝春秋）
小沢一郎が明かす「宮沢内閣誕生の舞台裏」ライブドアニュース　https://news.livedoor.com/article/detail/17262983/
朝鮮半島出身者のいわゆる従軍慰安婦問題に関する加藤内閣官房長官発表 https://www.mofa.go.jp/mofaj/area/taisen/kato.html
https://ja.wikipedia.org/wiki/金丸信#cite_note-19（https://ja.wikipedia.org/wiki/金丸信
「李首相、知日派の顔も＝若手時代に交流経験－日中韓」時事通信（２０１８年５月10日）
『日本警察が潰れた日』小野義雄（平成22年５月20日　産経新聞出版）
『先生たすけてください』鷲野一之（平成17年４月３日　展転社）

あとがき
『ＳＨＯＫＵＮ』特集〈お騒がせな朝日新聞「天下の朝日に『本田雅和』記者あり」西村幸祐〉（２００５・３月号　文藝春秋）
原川貴郎（２００９年12月10日）〝小沢氏、胡中国主席と会談「私は人民解放軍の野戦軍司令官」〟産経新聞
https://ja.wikipedia.org/wiki/小沢訪中団#cite_note-sankei20091210-1225-6
「『中国大使館』にゴルフ代を立て替えさせた４人の民主党代議士」（『週刊新潮』２０１０年12月９日号

新潮社）
「菅直人よ、『日の丸に唾する』政治団体に『年間５０００万円』貢ぐつもりか！」田村建雄（『サピオ』２０１１年6月15日号　小学館）
日本キリスト教婦人矯風会 https://ja.wikipedia.org/wiki/
第一四〇回国会・衆議院・行政改革に関する特別委員会４号（平成９・１９９７年5月9日）総務庁長官・武藤嘉文発言
『メディアは死んでいた』阿部雅美（平成30年5月28日　産経新聞出版）
「２０１８年6月11日（月）３０１７号　民主青年新聞　列島 FULASH　前川喜平氏　講演会」
『日本人に謝りたい』モルデカイ・モーゼ（訳）久保田政男（１９９９年5月20日　日新報道）
『南十字星に抱かれて—凛として死んだＢＣ級戦犯の「遺言」』福冨健一（２００５年7月23日　講談社）
『国際政治　恐怖と絶望』高坂正堯（２０１７年10月25日　中公新書）
『保守主義の政治哲学要綱』自由民主党・党基本問題調査会（昭和35年1月復刻版　令和４年８月１日）
『フランス革命についての省察（上）』エドマンド・バーク著・中野好之訳（２００７年7月14日　岩波文庫）
『日本共産党の正体』福冨健一（２０１９年2月20日　新潮新書）
『共産主義の誤謬』福冨健一（２０１７年3月25日　中央公論新社）

※ＵＲＬは取材時のものです。

【関係事項　主要年表】

●1950（昭和25）年
【内閣】吉田茂
【社会】朝鮮戦争。
【対日工作】中国・日本共産主義者連合設立。／日中友好協会（工作活動拠点）開設。

●1951（昭和26）年
【内閣】吉田茂
【社会】朝鮮戦争。
【対日工作】王炳南・人民外交学会理事。
※日本の広範な文化界を結集した組織化を目指す（周恩来）。

●1952（昭和27）年　日本独立
【内閣】吉田茂
【社会】朝鮮戦争。
【対日工作】第一期（国交樹立）工作開始。
【経済】中国国際貿易促進協会（国貿促）設立。

●1953（昭和28）年
【内閣】吉田茂
【社会】朝鮮戦争停戦。
【経済】高良とみら訪中（民間貿易協定）。／鈴木一雄・広州へ、7月帰国。

●1954（昭和29）年
【内閣】吉田茂
【対日工作】中国人民対外友好協会設立。／日本国際貿易促進協会（日本国貿促）設立（毛沢東主義の拠点）。

●1955（昭和30）年
【内閣】鳩山一郎
【社会】自民党成立。
【対日工作】王炳南・ポーランド駐在大使へ。ジュネーブ、ワルシャワにおける中米大使級会談の中国代表を務める。
【文化】11月、片山哲ら訪中。日中文化交流協会設立申し合わせに調印。／日中文化交流協会設立（役員の一人に村松謙三）。

【慰安婦関係】三原良枝、慈愛寮入所。

●1956（昭和31）年

【内閣】石橋湛山

【社会】5月24日売春防止法成立。

【慰安婦関係】深津文雄、売春婦保護施設造りに着手。／千田夏光、毎日新聞社退職。

●1957（昭和32）年

【内閣】岸信介

【社会】4月1日売春防止法施行。

【慰安婦関係】4月1日、高橋喜久江、矯風会に就職。／久布白落実ら4月7日から5月17日まで訪中。秋、三原良枝、慈愛寮から深津文雄の下へ（軽井沢）。

【朝日新聞社】12月9日朝刊「マグラダのマリアをつくるため」などと深津の施設を一面トップで報道。／12月24日朝刊「人」欄で「深津文雄」を紹介。編集長・広岡知男、辰濃和男記者は深津文雄に「有利な報道を流し続けた」（深津文雄）。

【文化】10月、井上靖1回目の訪中、旧ソ連の10月革命40周年の祝賀の式典に参加（日本作家代表団の一員として）。

【慰安婦関係】麻生徹男元軍医、博多の情報誌「うわさ」に慰安婦検診手記『戦線女人考』発表。以後、これを基に伊藤桂一、千田夏光は本を書き、吉田清治らとも知り合う。

●1958（昭和33）年

【内閣】岸信介

【慰安婦関係】四月、いずみ寮に三原良枝入所。／11月、三原良枝、脊椎骨折入院、寝たきりとなる。

●1959（昭和34）年

【内閣】岸信介

【文化】日中文化関係懇談会設立（井上靖が発起人の一人）。

●1960（昭和35）年

【内閣】池田勇人

【経済】周恩来、鈴木一雄に対日「貿易三原則」

（「政治三原則」と「政治経済不可分の原則」）提示。
【文化】井上靖『蒼き狼』出版。

●1961（昭和36）年

【内閣】池田勇人
【文化】井上靖2回目訪中、周恩来は「成吉思汗のことを「蒼い狼」と言った（中国人民対外文化協会、中国作家協会の招請）。

●1962（昭和37）年

【内閣】池田勇人
【経済】鈴木一雄ら訪中、「友好貿易協定書」調印。／廖承志と高碕達之助「備忘録貿易」（LT貿易）。
【慰安婦関係】深津文雄と久布白落実が相談の上、城田すず子（三原良枝）の伝記『愛と肉の告白』出版。

●1963（昭和38）年

【内閣】池田勇人
【対日工作】中国人民解放軍工作条例公布。／中国日本友好協会（名誉会長・郭沫若、会長・廖承志）、対日「貿易三原則」（「政治三原則」と「政治経済不可分の原則」）を貫徹。
【文化】井上靖3回目の訪中、郭沫若と親しく話す（周恩来と握手、日本文化界代表団の一員として）。
【慰安婦関係】吉田清治『私の八月十四日』（下関での労務調達風景）週刊朝日に応募。

●1964（昭和39）年

【内閣】佐藤栄作
【対日工作】「日中双方の新聞記者交換に関するメモ」（「日本新聞協会」と「中国新聞工作者協会」との間で）、「中国を敵視しない」「二つの中国を認めない」「友好発展を妨げない」との三原則で合意。／王炳南・外交部副部長。
【経済】廖承志東京駐在事務所。／村松謙三と廖承志が会談。
【慰安婦関係】千田夏光『日本の戦歴』写真編集作業に従事。

●1965(昭和40)年
【内閣】佐藤栄作
【社会】日韓基本条約。
【慰安婦関係】かにた婦人の村(コロニー)開設、城田すず子(三原良枝)退院し入所。

●1966(昭和41)年
【内閣】佐藤栄作
【社会】中国、「文化大革命」始まる。
【対日工作】文学者、郭沫若の変節。

●1967(昭和42)年
【内閣】佐藤栄作
【対日工作】王炳南、表舞台から姿を消す。

●1968(昭和43)年
【内閣】佐藤栄作

●1969(昭和44)年
【内閣】佐藤栄作
【社会】ソウル新聞(昭和44年8月14日号)「解放回想特集号」(従軍慰安婦の原型)。
【慰安婦関係】1月、深津文雄が自伝『いと小さく貧しき者にコロニーへの道』出版。／伊藤桂一『兵隊たちの陸軍史』出版。

●1970(昭和45)年
【内閣】佐藤栄作
【社会】3月31日、日本赤軍が日航機を乗っ取り北朝鮮に亡命(よど号事件)。／11月25日、文学・文芸を政治利用する「文革」に反対していた三島由紀夫が、自衛隊の決起を促して自決。
【朝日新聞社】3月20日、広岡知男は松村謙三と「友人」の資格で、現職社長でありながら、株主総会を欠席までして訪中し、周恩来と会見。
【対日工作】千田夏光「特別レポート日本陸軍慰安婦」週刊新潮(6月20日号)に寄稿。

●1971(昭和46)年
【内閣】佐藤栄作
【慰安婦関係】2月、城田すず子(三原良枝)『マリヤの讃歌』出版(実質は深津文雄)。

●１９７２（昭和47）年

【内閣】田中角栄／官房副長官・後藤田正晴（公安警察の対中国共産党・諜報謀略活動を抑制か?）。

【社会】日中国交樹立。

【対日工作】第二期（民主連合政府樹立）工作開始。自民党を分裂させ、民主連合政府から第三期（日本人民民主共和国樹立と天皇処刑）へ進む。

【文化】日本軍の悪逆を描いた『中国の旅』（本多勝一）。

【慰安婦関係】千田夏光訪韓。

●１９７３（昭和48）年

【内閣】田中角栄

【慰安婦関係】多田さや子が矯風会に入会し、深津文雄に大金を贈る。／千田夏光『従軍慰安婦―声なき八万人の告発』出版。／高橋喜久江、千田夏光と面談、韓国への拡散に取り組む。

●１９７４（昭和49）年

【内閣】三木武夫

【対日工作】１月５日、新たな日中貿易協定に伴い、「日中両国政府間の記者交換に関する交換公文」として「三原則」を継続。

【文化】９月、井上靖４回目訪中（日中文化交流協会代表団の一員として）。

【慰安婦関係】麻生徹男、情報誌「うわさ」２月号に「続女人考」を発表。／千田夏光『償われざる女八万人の慟哭　続・従軍慰安婦』出版。／病に倒れた麻生徹男は、病床で「上海より上海へ」を書き上げ、伊藤桂一に見せる（その中に「王炳南先生」がある）。

●１９７５（昭和50）年

【内閣】三木武夫

【対日工作】王炳南・中国人民対外友好協会会長に就任（８月）。

【文化】日中文化交流協会の招きにより中国報道界代表団が来日（５月５日）、新華社社長・朱穆之団長一行を井上靖が接待。／５月８日、井上靖５回目の訪中（日本作家代表団の団長として、中国人民対外友好協会が宴席を主催）。

●1976(昭和51)年
【内閣】福田赳夫
【対日工作】王炳南、来日。／周恩来没、毛沢東没。
【文化】11月、井上靖6回目の訪中(日本作家代表団の団長として。以下、訪中回数は省略)、伊藤桂一を同行。11月30日、中国人民対外友好協会が宴席を主催し、12月7日、廖承志、王炳南らと会う。

●1977(昭和52)年
【内閣】福田赳夫／12月、金丸信・防衛庁長官に就任。

【社会】日本人拉致(9〜11月)。

【朝日新聞社】4〜5月、社長・広岡知男「日本報道界代表団」を率いて訪中。／12月、広岡会長へ(後任社長・渡辺誠毅)。

【対日工作】華国鋒、中央委員会主席に就任。

【慰安婦関係】1月、毎日新聞社『1億人の昭和史』(従軍慰安婦千田夏光も登場)出版。／3月、吉田清治『朝鮮人慰安婦と日本人 元下関労報動員 部長の手記』出版。／6月、千田夏光「皇后の股肱」出版(終戦で引揚げてくる日本人女性を強姦したのは朝鮮人が一番多かったのをソ連人と捏造)。／RKB毎日放送が「二日市保養所」をTBSネットワークで放送(9月と12月)。

●1978(昭和53)年
【内閣】大平正芳
【社会】1月、制服警察官・女子大生殺人事件。日中平和友好条約締結。／7月、栗栖統幕議長が有事法制の不備を指摘して更迭される(「目前で武力行使が行われた場合には独自に対処せざるを得ない」と)。／日本人拉致(6〜8月)。

【対日工作】鄧小平、最高指導者に就任。

【文化】5月井上靖訪中(中国人民対外友好協会の招宴を受ける)。

【慰安婦関係】9月、千田夏光『従軍慰安婦 正編』出版(「従軍慰安婦」の第1、2作はアジア各地の駐大公使館に常備されていると豪語)。12月、吉田清治『朝鮮人慰安婦と日本人元下関労報動員 部長の手記』出版。

●1979(昭和54)年
【内閣】大平正芳/11月、後藤田正晴・国家公安委員長就任。

【朝日新聞社】靖国神社A級戦犯合祀問題を報道。/10月、社長・渡辺誠毅訪中、鄧小平と会談。/深津文雄に「朝日社会福祉賞」授与。

【文化】井上靖訪中(『天平の甍』の中国ロケーションに立ち会うため)。/井上靖、東京で中国からの多勢の友人を迎える。

●1980(昭和55)年
【内閣】鈴木善幸
【社会】サンケイ新聞「アベック三組ナゾの蒸発」(1月7日)報道。

【朝日新聞社】3月7日付朝刊で「吉田清治証言」を報道。

【文化】井上靖訪中(6月、日中文化交流協会会長に就任)。NHK「シルクロードを翔ぶ」(1月)、秘境 シルクロードへの誘い」(3月)を放送。4月から翌年3月までNHK特集「シルクロード」中国シリーズを12回にわたり放送。

【慰安婦関係】2月、深津文雄『いと小さく貧しき者にコロニーへの道』再版(朝日社会福祉賞受賞の帯を付して)。5月、多田さや子「小菊の悲願」を出版(千田夏光の「従軍慰安婦」と深津の「朝日社会福祉賞受賞」紹介)。

●1981(昭和56)年
【内閣】鈴木善幸
【社会】3月、「二日市保養所」跡地に、「ソ連兵によって犯され…」を「千田の書によって知った」という人物による石碑が建立される。

【朝日新聞社】4月、東京本社代表(専務取締役)は田代喜久雄から後藤基夫(常務取締役)へ交代、総務・労務担当(常務取締役)伊藤牧夫は編集担当へ。

【文化】3月、日本中国文化交流協会創立25周年記念レセプション開催(王炳南を団長とする中国人民対外友好協会代表団、中国文学芸術界連合会代表団が参加)。/「中山王国文物展」、「南京博物院展」開催。

【慰安婦関係】11月、千田夏光『従軍慰安婦・慶子』出版。

●1982（昭和57）年

【内閣】中曽根康弘／第一次内閣改造により、官房長官は宮澤喜一から後藤田正晴へ。

【文化】8月26日「歴史教科書」に関する宮澤内閣官房長官談話発表。

【朝日新聞社】6月22日、大阪本社代表（常務取締役）一柳東一郎、代表取締役兼専務取締役へ。伊藤牧夫は代表取締役兼専務取締役へ。東京本社編集局長中江忠利は取締役へ昇格。／6月26日、「教科書かき換え（検定で「侵略」を「進出」に訂正させた）問題」（誤報）報道が始まる。／9月2日朝刊（大阪本社版）で「吉田清治証言」を報道。

【対日工作】王炳南、日中民間人会議中国代表団第一副団長に就任（1988年まで）。中国共産党（「人民日報」）は日本の歴史教科書について7月20日、以下の見解を発表（短評）した。《この教訓はしっかりとおぼえておかねばならない》。7月24日、《日本の中国侵略の歴史は改ざんを許さない》。

【文化】12月29日、井上靖訪中、中国文学芸術界連合会（文連）の招宴に参加（12月31日、王炳南の自宅に招かれる）。

●1983（昭和58）年

【内閣】中曽根康弘

【朝日新聞社】10月19日夕刊「韓国の丘に謝罪の碑『徴用の鬼』今建立」と報道。／11月10日朝刊「ひと吉田清治さん」（「人」欄）で報道。

【文化】井上靖訪中、1月3日昼、廖承志に招かれ、夜は中国作家協会と中国ペンセンター共同主催の招宴に参加、中国人民対外友好協会のメンバーに会う。12月、中国人民対外友好協会の招きで訪中、王炳南の自宅を訪問（日本中国文化交流協会代表団の一員として）。

【慰安婦関係】7月、吉田清治『私の戦争犯罪　朝鮮人強制連行』出版し、韓国に謝罪碑建立。

●1984（昭和59）年

【内閣】中曽根康弘／10月、自民党幹事長に金丸信が就任。

【朝日新聞社】 1月17日夕刊「吉田氏が朝鮮人強制連行業務の一端に連なった」などと報道。／12月、社長交代(渡辺誠毅から一柳東一へ)。

【文化】 日本中国文化交流協会は、日本ペンクラブに協力。／中国文学芸術界連合会代表団、中国ペンセンター代表団が来日、国際ペン東京大会に参加。／朱穆之文化部部長が外務省賓客として来日し、井上靖を含む日中文化交流協会が中国側一行を接待。

●1985(昭和60)年

【内閣】 中曽根康弘／12月、第二次改造内閣で官房長官に後藤田正晴、国家公安委員長に小沢一郎が就任。

【朝日新聞社】 8月7日朝刊「靖国神社公式参拝問題」を報道。8月15日、千葉県館山市の施設「かにた婦人の村」で、「従軍慰安婦」の慰霊祭に編集委員で「天声人語」担当者の辰濃和男が一泊し、城田すず子(三原良枝)に面談。終戦時「慰安婦の面倒を見ていた」と言う同女の経歴を共に否定して「特要隊」の慰安婦であったとでっち上げ(ねつ造)。8月19日朝刊「天声人語」で、千田夏光の『従軍慰安婦・慶子』とともに紹介し、あたかも「性奴隷にされた女性が実在する」かのように欺く。同日、深津文雄『マリヤの讃歌』再出版、あとがきに「私は女の地獄を見た」という城田すず子(三原良枝)の訴えを深津が加筆。

【対日工作】 8月14日《靖国神社参拝についての外交部スポークスマン発言》、同日《内閣総理大臣その他の国務大臣による靖国神社公式参拝についての藤波孝生内閣官房長官談話》、8月15日《中曾根康弘首相並びに閣僚らによる靖国神社の正式参拝に対する日本野党と東南アジア新聞の反対表明》、8月21日、新華社社説「侵略戦争の本質は曖昧にしてはならない」。

●1986(昭和61)年

【内閣】 中曽根康弘／第三次改造内閣、国務大臣兼副総理に金丸信が就任。／8月14日「近隣諸国の国民感情に配慮する」旨の後藤田正晴官房長官談話が出され、公式参拝は中止される。

【社会】 1月19日20時から55分、全国TBS系の

29局を動員して『ある従軍慰安婦の記録—石の叫び』が放送される（「車椅子の本人を山の頂まで押し上げてのナマの証言で、終戦の詔勅から、空襲の擬音までいれて真面目に構成された。圧巻だった。」〈深津文雄〉）。／5月、小沢一郎の親族が同人の母親の実家を担保に、千葉朝鮮信用組合から3億5千万円の根抵当権を付けて融資を受ける（同実家には、陸山会事件で逮捕された秘書が出入りしていた。同銀行には、「日本人拉致」の北朝鮮と関係が深い朝鮮総連副議長＝当時＝許宗萬が勤務するようになっていた）。／7月「死んだふり解散」衆参同時選挙、自民圧勝。／11月、日本共産党は神奈川県警の警備・公安部が、東京都町田市にある日本共産党国際部長緒方靖夫宅の電話を傍受していたことを「盗聴」であるとして国会で問題にし、朝日新聞も加わって大騒ぎとなる。その結果、業務を遂行していた警察官が「急死」（自殺？）する事態となる。北朝鮮などを担当する公安調査庁調査第二部長・緒方重威は、この事件発覚の翌年、同庁総務部長に栄進。

【朝日新聞社】8月16日朝刊「従軍慰安婦に鎮魂碑　募金実り館山のかにた村に」と報道（「終戦記念日の15日午後、除幕式があった。（中略）碑には深津施設長の文字で『噫々（ああ）従軍慰安婦』と刻まれている。世界の戦争史上にも例がないという従軍慰安婦の碑を建立しようという動きは、村に身を寄せている元慰安婦三原良枝さん（64）のことが去年夏、朝日新聞『天声人語』に取り上げられたことなどがきっかけ。」などと記す）。

【対日工作】8月14日《内閣総理大臣その他の国務大臣による靖国神社公式参拝についての後藤田内閣官房長官談話》。

●1987（昭和62）年

【内閣】竹下登／内閣官房副長官に小沢一郎が就任。

【社会】5月、朝日新聞阪神支局襲撃事件（赤報隊事件）。

【文化】4月、中国作家協会主席団委員を団長とする中国作家代表団（5名）に続き、王蒙文化相が外務省の賓客として来日（日本中国文化交流協会が接待した）。

●1988(昭和63)年

【内閣】竹下登

【社会】1月28日、衆院本会議で民社党の塚本三郎衆議院議員が竹下総理の施政演説に対し、昭和53(1978)年の拉致事件は北朝鮮によるものではないかと具体的氏名を挙げて質問するも総理は明言せず。2カ月後の衆議院予算委員会で日本共産党の橋本敦衆議院議員が同様質問を行い、そこで初めて梶山静六国家公安委員長が、「北朝鮮による拉致の疑い」を認め真相究明に全力を尽くすことを表明、当時の外相、法相、警察庁警備局長までもが「捜査中」などと答弁。しかし日経新聞と産経新聞がベタ記事で報じただけで、たまたま同年8月、ヨーロッパにおいて拉致されていた石岡亨さんからの手紙が実家へ届き、有本恵子さんも北朝鮮に拉致されていることを知った同人のご両親が、同年9月安倍晋太郎衆議院議員を訪ね、当時秘書であった安倍晋三の案内で初めて直接政府(外務省・警察庁)に伝える。/6月、リクルート事件発覚。

【朝日新聞社】8月10日「従軍慰安婦 鎮魂碑に心の重荷解く(証言私の戦争:一)千葉」(朝刊)として大々的に「従軍慰安婦・城田すず子さん」を報道(「千葉支局デスク・鈴木規雄が、『韓国にも慰安婦がいるんじゃないか』と植村隆を韓国に語学留学させた」〈植村隆〉)。

【対日工作】王炳南は日中民間人会議中国代表団第一副団長の役目を終える。

●1989(昭和64/平成元)年

【内閣】宇野宗佑から海部俊樹へ。/自由民主党幹事長に小沢一郎が就任。

【社会】1月7日、昭和天皇崩御。4月、朝日サンゴ礁事件。6月、天安門事件。11月、「ベルリンの壁」崩壊。

【対日工作】江沢民、総書記に就任。

【慰安婦関係】麻生徹男元軍医没。

●1990(平成2)年

【内閣】海部俊樹

【社会】8月、金丸信が訪中。/9月、金丸信、小沢一郎は社会党田辺誠委員長らと北朝鮮を訪問

（金丸訪朝団）。／11月6日、韓国挺身隊問題対策協議会結成（初代代表・伊貞玉）。

【文化】4月、中国人民対外友好協会代表団、中国国家文物局代表団来日（日本中国文化交流協会が招き、秋に井上靖は訪中を予定）。

●1991（平成3）年

【内閣】海部俊樹、8月訪中。海部内閣総辞職（小沢一郎は同年10月10日、宮澤喜一、三塚博、渡辺美智雄と面談し、その日のうちに、竹下も金丸も異存なく渡辺を支持していたが、「その翌日、金丸から『宮澤にしてくれ』と頭を下げられて、仕方なく『宮澤を支援する』ことになった」〈小沢一郎〉）。

【朝日新聞社】6月24日朝刊（大阪版）「『自虐趣味』の投稿に思う（手紙 女たちの太平洋戦争）」報道。／8月11日朝刊（大阪版）「元朝鮮人従軍慰安婦戦後半世紀重い口開く」として「朝鮮人従軍慰安婦・金学順」を報道。

●1992（平成4）年

【内閣】海部俊樹／8月、金丸信、副総裁を辞任。

【社会】加藤紘一官房長官が「お詫びと反省の談」を発表。／1月16日、宮澤喜一総理訪韓して謝罪。／2月、佐川急便事件。／4月30日、産経新聞社が秦郁彦による「済州島実地調査、吉田清治への聴き取り等による吉田証言の虚偽結果」を報道。／10月14日、金丸信、衆議院議員辞職。／10月23日、天皇陛下中国へ。／自民党分裂。

【朝日新聞社】産経報道を打ち消すかのように「天声人語（従軍慰安婦と政府）」や「平壌」発の「従軍慰安婦拉致」報道（市川速水署名記事）を報道。／1月23日夕刊「窓」で、「吉田証言」を紹介。これに疑問を呈した読者に対し、3月3日夕刊「窓」で「知りたくない、信じたくないことがある。だが、その思いと格闘しないことには、歴史は残せない」と見下す（朝日新聞論説委員・北畠清泰）。

【対日工作】岩手の小沢一郎の自宅に李克強（後のナンバー2）がホームステイ。

●1993(平成5)年

【内閣】細川護熙(非自民)

【社会】8月4日、官房長官・河野洋平が韓国政府とすり合わせした上で、「従軍慰安婦」について「軍が強制連行した証拠は見つからない」が「軍の関与があり」、「慰安婦制度には全体に強制性があった」という、まるでそのまま「従軍慰安婦」を認めてしまったかのような「河野談話」を発表。／10月、朝日新聞社に抗議に訪れた野村秀介が、中江忠利らと面談後拳銃で自決。

●1994(平成6)年

【内閣】細川護熙(非自民)／羽田孜(4月)／村山富市(6月)

【社会】後藤田正晴・小沢一郎らが、55年(自民党結党)体制は「なれ合い政治」であり、「二大政党制」によって終わらせるという策略によって「小選挙区制」や「政党交付金(政治資金規正法)」などの「政治改革」が行われる。／後藤田正晴、「日中友好会館会長」に就任。

【朝日新聞社】1月25日朝刊「政治動かした調査報道(朝日新聞創刊115周年記念特集:下)」、「隠れて生きるほかなく、実在が証明しにくかった従軍慰安婦を、マスメディアで具体的に語った先駆けは1985年8月のコラム『天声人語』だろう」と、自らの昭和60(1985)年の「天声人語」報道が「従軍慰安婦報道」の「先駆け」であり、その後の一連の取組みが「河野談話」を出させたことを堂々と謳う。

●1995(平成7)年

【内閣】村山富市

【社会】1月17日、「阪神淡路大震災」。／3月15日、自由民主党第59回党大会開催(河野総裁は、来賓・村山総理(当時日本社会党委員長)の前で「ニュー自民党として再出発した」ことを宣言し、立党以来の党是であった「自主憲法制定」と、常に党則の前文に掲げてあった「議会政治の本義に徹し、厳に容共的破壊勢力を排除し」と言う文言を削除。／3月20日、オウム真理教「霞が関サリン事件」。公安調査庁長官に就任していた緒方重威は、同教団に破壊活動防止法(解散指定処分)を適用せず。

【朝日新聞社】5月、中江忠利相談役へ、後任社長に松下宗之が就任。／8月12日、中江忠利相談役が訪中、「歴史舞台で余裕の江沢民主席 朝日新聞社と会見」と大きく報じる。

●1996(平成8)年
【内閣】橋本龍太郎
【社会】9月28日、鳩山由紀夫と菅直人を共同代表とする「民主党」が結成される。これを実働面で支えたのが、昭和40年代に岡山大学で民主青年同盟員を殺害した「親毛沢東」過激派組織「マルクス主義青年同盟(民主統一同盟)」。あたかも保守を支援するかの如く、「頑張ろう日本国民協議会」と称して活動(表組織)。もう一つは昭和58(1983)年、朝日新聞が「吉田清治虚偽証言」を報道しているころ、日中友好協会会長を務めた自民党の宇都宮徳馬が、社会民主連合(当時)の田英夫や横路孝弘らとともに、毛沢東を信奉する元過激派活動家を代表とする「MPD・平和と民主運動」を設立。このとき「寄付」と称するお金が1億円余りも集められていたが、これを機に「市民の党」の名称を加えて活動を開始(裏組織)。

●1997(平成9)年
【内閣】橋本龍太郎
【社会】かねて韓国情報機関からもたらされていた「女子中学生拉致」の話を新潟県警が知ることとなり、1月、新進党(当時)の西村慎悟衆議院議員が初めて横田めぐみさんや久米裕さんらの名前を挙げて橋本総理らと質疑を行う。同年3月に「北朝鮮による拉致被害者家族連絡会」(家族会)が、4月には超党派議員の「北朝鮮拉致疑惑日本人救済議員連盟」(旧拉致議連)が設立される。

●1998(平成10)年
【内閣】小渕恵三

●1999(平成11)年
【内閣】小渕恵三(連立)、小沢一郎(自由党)／

総理が病に倒れる。／10月、公明党が連立に参加。

【朝日新聞社】 社長に箱島真一が就任。

●2000(平成12)年

【内閣】 森喜朗(4月)／自由党、連立を離脱(反対グループが保守党結成)。

【社会】 7月30日、元日本共産党員・吉田清治没。／12月8日、「女性国際戦犯法廷」が韓国女子挺身隊問題対策協議会(代表・伊貞玉)と共同で開催される(主催者は『戦争と女性への暴力』日本ネットワーク」(「バウネットジャパン」)。代表はかねて「従軍慰安婦」報道に関わり、昭和天皇の処刑を夢見て退職した朝日新聞記者松井やより)。現役記者・本田雅和が加わり、同年11月「性暴力裁くモデルに女性国際戦犯法廷 来月東京で」(12日)との記事を皮切りにキャンペーン報道を実施(8月には、元赤軍活動家と深い関係にあった辻元清美が設立したピースボートでの訪朝団にも同行)。北朝鮮対外文化連絡協会・日本局長(工作員)である黄虎男(ファン・ホナム)らが検事役を務める。／12月22日、日本共産党活動家・千田夏光没。／12月30日深夜、世田谷一家4人惨殺事件発生。

●2001(平成13)年

【内閣】 小泉純一郎(4月)

【社会】 1月30日、NHK教育テレビ「女性国際戦犯法廷」放送。／9・11アメリカ同時多発テロ事件。／10月15日、日本人拉致被害者、地村保志さん夫妻・蓮池薫さん夫妻・曽我ひとみさんの5人が羽田空港のタラップに降り立つ。／10月25日、「民主党」の前身とも言うべき「社民連」の事務局長であった石井紘基衆議院議員が暗殺される。

【対日工作】 明治学院大学「国際研究所」で行われた「女性国際戦犯法廷」のシンポジウムに、NHKチーフプロデューサー・長井暁が参加。NHK教育テレビ番組で「女性戦犯国際法廷」を採りあげ、「戦争をどう裁くか」第二夜「問われる戦時性暴力」として放映、抗議を受ける。

●2002(平成14)年

【内閣】 小泉純一郎

【対日工作】胡錦濤、党総書記に就任。／中国で反日デモ。

●2003(平成15)年
【内閣】小泉純一郎

●2004(平成16)年
【内閣】小泉純一郎
【社会】4月、大掛かりな「イラク・自衛隊派兵反対」運動が起こり、左翼反戦運動の若者3人らがイラクで人質となる事件が発生。

●2005(平成17)年
【内閣】小泉純一郎
【社会】1月12日、本田雅和記者は「女性国際戦犯法廷」を巡って、中川昭一経済産業相と安倍晋三内閣官房副長官からNHK上層部に圧力があったと報道。NHK・朝日新聞・政府三つ巴の「報道の自由」と適正な取材と公正な報道か否かの大きな論争が巻き起こり、第三者委員会が設置される騒ぎとなる。

●2006(平成18)年
【内閣】安倍晋三(9月)
【社会】8月15日、小泉純一郎総理靖国参拝。／4月17日、伊藤一長・長崎市長を山口組関係暴力団員が射殺する事件発生。
【対日工作】小沢一郎は胡錦濤と「日中交流協議機構」設置を合意。

●2007(平成19)年
【内閣】福田康夫(9月)

●2008(平成20)年
【内閣】麻生太郎(9月)
【社会】6月8日、東京都千代田区内において秋葉原無差別殺傷事件が発生し、7人が死亡、10人が負傷(重軽傷)を負う。／10月、小沢一郎のグループ「一新会」を中心とした「健全なネットワークビジネスを育てる議員連盟」(マルチ推進議員連盟)問題が勃発。／11月、「消えた年金」で大騒ぎのなか、年金を担当していた二人の元厚生事務次官宅が連続して襲撃され、一組の夫婦二人が殺害され、もう一組の妻が重傷を負うという不可解極まる事件が発生。

●2009(平成21)年

【内閣】鳩山由紀夫・民主党政権成立(9月)

【社会】12月10日、小沢一郎が名誉団長となり民主党国会議員143名、その他483名の大訪中団を編成して、人民大会堂で胡錦濤国家主席と会談。「(2010年夏の参院選について)こちらのお国(中国)に例えれば、解放の戦いはまだ済んでいない。人民解放軍でいえば、野戦の軍司令官として頑張っている」と発言。／12月25日、天皇陛下のご健康に鑑み、御公務の要請は1カ月前までに行うとの政府の取り決めを小沢一郎は無視、習近平国家副主席(序列第6位)と天皇陛下の特例会見を行わせた。

【朝日新聞社】9月16日、朝日新聞、コラム(風計考)「泣いている自民党だから言ったじゃないの若宮啓文」を掲載。

●2010(平成22)年

【内閣】菅直人(6月)

【社会】1月、検察庁が市民団体の告発により小沢一郎の秘書3人(前記、実家に出入りしていた秘書を含む)を政治資金規正法で逮捕、20億円を超す不実記載で起訴される。／1月22日、小沢一郎の犯行は、自らの地位を利用して、「政治改革」と称して政治団体も不動産(建物)を持つことができるように「政治資金規正法」を改正し、これに便乗したものであり、2004年に購入した世田谷の土地代4億円については、出所を隠蔽するために、秘書を通じてつじつま合わせの記載(不実記載)をしていたとして、市民団体が告発。小沢一郎は被疑者(刑事被告人)として取り調べを受け10月に強制起訴される。しかし「秘書が忖度してやったことで知らなかった」と言う小沢一郎の言い分が通り、平成24(2012)年無罪が確定。／9月、尖閣沖で中国漁船による公務執行妨害(体当たり)事件が発生。中国を恐れた総理の指示によって、逮捕された船長は、『『検察の判断』によって」とされて釈放される(総理自身が、「憲法に三権分立の文言はない。選挙によって政権を任せられた以上4年間の独裁は許される」という思想の持主)。／11月、海上保安庁が公海上で撮影(採証)したビデオがあるのに、中国に忖度する政府が公開を禁じ、「国民の知る権利」を封じたため、義憤にかられた職員がインターネットに公開。海上保安庁は警視庁に告発し、職員は自ら名乗り出て書類送検される。／11月、航空自衛隊の式典に出席した基地支援団体代表が民主党政権を批判する内容のあいさつをしたため、防衛省や自衛隊が主催する行事での部外団体代表らの政治的発言(表現の自由)を事実上制限するよう求めた防衛事務次官通達が出される(平成26年2月廃止)。／11月、衆議院予算委員会で自衛隊のことを「暴力装置」と述べて抗議を受ける。／11月、民主党の山岡賢次・党副代表、笠浩史・文部科学政務官、長島昭久・衆院外務委員会筆頭理事、太田和美衆院議員、中国大使館の接待ゴルフをしていたことが、「週刊新潮」で、「『中国大使館』にゴルフ代を立て替えさせた4人の民主党代議士」と報じられる。

●2011(平成23)年

【内閣】菅直人から野田佳彦へ。

【社会】3月11日、東日本大震災が発生。福島第一原発爆発(菅直人総理)。

※菅直人は、自由主義国の総理でありながら、よど号事件の主犯格田宮高麿の息子を市会議員候補に擁立した前記元過激派「市民の党」と密接な繋がりがあり、同メンバーが民主党国会議員秘書に就いたり事務所責任者になるなどしていたことが産経新聞で報じられ、国会で追及される。

●2012(平成24)年

【内閣】安倍晋三

【対日工作】習近平、党総書記に就任。

●2013(平成25)年

【内閣】安倍晋三

【社会】ブエノスアイレスで次期オリンピック開催地、東京と決定。／「特定秘密の保護に関する法律」成立。

【対日工作】習近平党総書記がオバマ米大統領に

太平洋二分割を持ちかける。

●2014（平成26）年
【内閣】安倍晋三
【朝日新聞社】8月5日、「吉田清治証言記事」を取り消す。

●2015（平成27）年
【内閣】安倍晋三
【社会】「安全保障関連法案」成立。

●2016（平成28）年
【内閣】安倍晋三

●2017（平成29）年
【内閣】安倍晋三
【社会】「森友学園」「加計学園」問題勃発。
【対日工作】習近平党総書記がトランプ米大統領に太平洋二分割を持ちかける。

●2018（平成30）年
【内閣】安倍晋三

●2019（平成31／令和元）年
【内閣】安倍晋三
【社会】「桜を見る会」問題勃発。

●2020（令和2）年
【内閣】菅義偉
【社会】2月以降、新型コロナウイルス禍。

●2021（令和3）年
【内閣】岸田文雄

●2022（令和4）年
【内閣】岸田文雄
【社会】2月24日、ロシア、ウクライナ侵略。／7月8日、安倍元総理暗殺。

【筆者略歴】

藤原道政（ふじわら・みちまさ）

昭和二〇年代に生まれ、昭和四〇年代に警視庁警察官となり中央大学を卒業。

三〇年奉職後退職して「思想と犯罪」の研究に取り組み出版に至る。

日本《にっぽん》が消《き》えてなくなる日《ひ》

著者
藤原道政《ふじわらみちまさ》

発行日
2024年11月30日

第2刷
2024年12月30日

発行　株式会社新潮社 図書編集室

発売　株式会社新潮社

〒162-8711　東京都新宿区矢来町71
電話　03-3266-7124(編集室)

印刷所　錦明印刷株式会社

製本所　加藤製本株式会社

乱丁・落丁本は、ご面倒ですが小社宛お送り下さい。
送料小社負担にてお取替えいたします。

ISBN978-4-10-910251-3 C0031

価格はカバーに表示してあります。